50

子金山　著

北方联合出版传媒(集团)股份有限公司
万卷出版公司
2018年·沈 阳

ⓒ 子金山 2018

图书在版编目（CIP）数据

曹操.阿瞒出道/子金山著.—沈阳:万卷出版
公司, 2018.8（2018.12重印）
ISBN 978-7-5470-4984-6

Ⅰ.①曹… Ⅱ.①子… Ⅲ.①曹操（155-220）—生
平事迹 Ⅳ.①K827=342

中国版本图书馆CIP数据核字(2018)第126443号

出 品 人：刘一秀
出版发行：北方联合出版传媒（集团）股份有限公司
　　　　　万卷出版公司
　　　　　（地址：沈阳市和平区十一纬路25号　邮编：110003）
印 刷 者：辽宁新华印务有限公司
经 销 者：全国新华书店
幅面尺寸：146mm×210mm
字　　数：250千字
印　　张：10.5
出版时间：2018年8月第1版
印刷时间：2018年12月第2次印刷
策　　划：陈　赋
策划合作：天逸传媒
责任编辑：张雪娇　张洋洋
责任校对：高　辉
封面设计：范　娇
版式设计：马婧莎
ISBN 978-7-5470-4984-6
定　　价：45.00元
联系电话：024-23284090
传　　真：024-23284448

阅读精彩的子金山及其笔锋流出的历史

我认识子金山是通过他的词曲，那时我正在写《明朝那些事儿》的蓝玉远征，应该说我不是一个喜欢研读诗词曲赋的人，但他的词曲确实打动了我，于平凡之中显现万千豪气，其才华实在让我惊讶，短短几十个字就把那一幕波澜壮阔的景象表现得淋漓尽致。

在当时的我看来，他是一个很有文字表现力的人，到后来听说他开始写《曹操》，便颇有期待地准备拜读，现在大作完毕，一阅之下确实不同凡响。其文字于诙谐中显肃穆，于史实中见人性，我是一口气读完这部书的。唯有对那段历史有着深入了解的人，方才有这样的功力。

历史是严肃的，但并非要用严肃的方式来表达，把深刻的东西用深刻的方式解说出来，是远远不足够的，唯有将阅读的快感与历史的感悟结合起来，才是理解历史的正途，而在我看来，子金山做到了。

当年明月

1

开篇碎语

　　小时候，我们当地过这么一个节：五月十三，对了，是农历的，节名实在是记不起来了，节的来由记得十分清楚，与曹操、关羽有关，说是每年的这一天，关老爷都会扛着他那柄青龙偃月刀去杀白脸曹操，所以人民当然要助点威了，助不上威跟着庆祝一下还不行吗？于是就有了这个节日。

　　至于为什么神通广大的关老爷每年都杀——却很明显地并没有杀死曹操，大家是不会追究的，反正能解气就行。

　　可见，这曹操在群众中的口碑实在不怎么样：民间形象不大好。

　　原因呢？据说都是罗贯中惹的乱子，曹氏后人大有举起法律武器追究这罗某人侵犯曹操名誉权恶行的必要，一部《三国演义》，白纸黑字，铁证如山，官司必赢无疑。

　　在五月十三那天，孩子们通常会蹦跳着唱这样一首儿歌："五月十三，不用看天，关老爷磨刀，要杀曹操，曹操变鬼，要喝凉水……"

　　五月十三，不用看天，就是说每年这一天都会下雨，那是老天爷在给关老爷的磨刀石添水。

嘿嘿，曹操真是惹得天怒人怨！一个人能混到这份儿，还有何求？连玉皇大帝每年不辞辛苦当劳役都对曹操无可奈何，曹操又怎一个"牛"字了得？

可也怪了，在笔者的记忆中还当真大多数是在雨中唱这首儿歌的，也可能那些当天没下雨的年份根本就没注意。这也是常情，连雨都不下的日子通常是不会存入记忆的。

曹丞相被污蔑，引多少史林文士义愤填膺？几百年来，为此冤案无偿奔走呼喊的大有人在！

一位文坛泰斗也有过此类不忿："现在我们再看历史，在历史上的记载和论断有时也是极靠不住的，不能相信的地方很多，因为通常我们晓得，某朝的年代长一点，其中必定好人多；某朝的年代短一点，其中差不多没有好人。为什么呢？因为年代长了，做史的是本朝人，当然恭维本朝的人物了，年代短了，做史的是别朝的人，便很自由地贬斥其异朝的人物，所以在秦朝，差不多在史的记载上半个好人也没有。曹操在史上的年代也是颇短的，自然也逃不了被后一朝人说坏话的公例。"他进一步指出："其实，曹操是一个很有本事的人，至少是一个英雄，我虽不是曹操一党，但无论如何，总是非常佩服他。"

这位就是以我们民族的灵魂医生著称的鲁迅先生。

可是，曹操的群众关系还是不见改善，周围的人群中如哪位同学过于奸诈、狠毒，经常会被人在背后起个"曹操"的绰号。注意，这可不是在夸你！

曹操到底怎么啦？

声明：本人绝没有替曹操翻案的意思，只是想公正地送给大家一个真实的曹操、一个鲜活的曹操。

有道是：

千古风流诗一首，
　黄沙淹尽王侯。
万家灯火却依旧。
　残阳铺绿野，
　愁月照荒丘。

南来北飞沧桑雁，
　只见白云悠悠。
日出日落信天游。
　长歌荡今古，
　爱恨一曲收。

　　　　——子金山侃史：寄调临江仙

目 录

1

第四章　陈留起兵

第五章　独霸一方

第一章

任侠少年

天上掉下来一顶皇帝帽子

二十岁前的曹操实在没什么值得显摆的。

历来不管哪朝哪代给自己的开国领袖脸上搽粉抹油向来不惜笔墨，奉魏晋为正朔的《三国志·魏书·武帝纪》里对自己的太祖却是寥寥几笔：

"太祖少机警，有权数，而任侠放荡，不治行业，故世人未之奇也。"

注意！小孩子"机警"是好事，但要是有人夸你的孩子"有权数"就不一定是好话了；这里的"任侠"也未必是褒奖，反正绝对不是郭靖郭大侠那个侠字；"放荡"倒是写得明明白白的；至于"不治行业"，说穿了就是不务正业，所以"世人"也就是老百姓也就没把这孩子看成什么天生神童。

很敬佩古时的史家，在当时的环境下能把他们的开国老祖宗写成这样，已经是相当客观了。

说太祖小时好话的据史载倒是有两三个人：

南阳名士何颙分析过曹操："汉室将亡，安天下者，必此人也。"

还有一个叫许劭（字子将）的名士，他这样对曹操说："你这个人哪，如果在太平时代，可能成为能臣；要是在乱世，你就是奸雄。"老曹听了这褒贬难辨的话哈哈大笑起来。至于这大笑是得意还是不屑，曹操至死没有曝光心里的真话。（原话是：子将曰："子治世之能臣，乱世之奸雄。"太祖大笑。）

另一个地位显赫，是当时的太尉桥玄（字公祖），他说："天下就要乱了，没有上承天命下安黎民的天才出世汉朝可就要玩完了！那个天才就是你曹操哇！"

鉴于桥太尉响当当的名头和地位，笔者就从桥玄细细说起。

三十六岁过早驾崩的汉桓帝刘志竟然无人接班，没法子只好肥水暂流外人田了，其实也算不上太外，也是五服沿上自家的血亲——汉肃宗的玄孙刘宏。

刘宏本来小日子过得挺滋润的，世袭解渎亭侯。

靠着祖宗的荫护，当时的刘宏家在河间的一亩三分地里也属一方土皇上。汉时兴封地，河间是他曾祖父河间王刘开的封地，也就是说他家可以享用这一方老百姓上交的一切赋税，论说可比当什么皇帝自在多了。

可是一个人的命运大多都不是由自己安排的，更别说他这个十二岁的娃娃了，稀里糊涂的小刘宏被稀里糊涂地从河间拉到了洛阳，又稀里糊涂地当上了皇帝，称为汉灵帝。

说起来也够可怜的，你想：一个十二岁的孩子，正是贪玩的时候，一下子当了这么个大官，全中国最大的官，那还不得累死？

尤其还是接了个烂得不能再烂的烂摊子，那这个烂摊子保证会更加烂下去也就是必然的了。

没有人不想当皇帝，真当上了是幸运还是不幸就不好说了。

记住，这年（汉桓帝永康元年，公元167年）我们故事的主角

4

曹操才十三岁，还是小曹，正是斗鸡玩狗、气得试图管教他的叔父发疯的时候。

死后买不起棺材的高干桥玄

俗话说，上梁不正下梁歪，偏偏灵帝这个上梁歪得前无古人、后无来者。但桥玄这个下梁却是全然没学会灵帝上梁的歪门邪道，竟然"出淤泥而不染"：当了一辈子高干（司徒、司空、太尉都干过），最后竟然是穷死的！据史载，他咽气后家里连棺材都买不起。

此人是睢阳（今河南商丘南）人，生于汉安帝永初三年（109），任太尉之前便以清明知人闻于朝野。

群鸦鼓噪，残阳如血。

桥玄三骑两从，悠行于江淮古道。

此刻他的心里是既沉重又轻松，轻松的原因很简单：刚卸去了太尉重担，确有一种无官一身轻的惬意；可这惬意只是在内心一闪而过，沉重却是越来越有感觉，仿佛胯下的花斑马也渐渐地经不住自己心情的重压了。

辞官不做在他这一生早已不是第一次，被皇恩浩荡从高位上赶下来也算是轻车熟路。但这一次不同，这一次他是真正地心已灰、意已冷：

"这翻来覆去的朝局我早已司空见惯，没有听说过有一个小圣主是长命的，近十朝天子即位时就没有一个满十五岁的，历代都是不同的太后秉政，外戚专权也就难以避免，只是权力这东西最易成瘾，小皇帝一旦大了，除了靠着小皇帝掌权的亲娘以外，相关人等都会毫不犹豫地让他死掉，换一个小顽童，便又可以名正言顺地把持朝政十几年了。

"真正让老夫忧虑的是那些五根不全的宦官啊！我同情你们，又不能不鄙视你们，但还是要打心底叹服你们，惑圣主，老夫不如啊！

"你们只能让我忧虑，能让我五内坠铅的人却绝不是你们，你们不配！让我忧虑的是那个我为之尽忠的圣上啊！唉！扶不起来的……"

那时候是光和二年（179），刘阿斗还没出世呢。

震古烁今的玩乐小皇帝

从古到今干皇帝这个职业最难的就是想不起来自己缺什么，其实他们普遍缺少一样：爱！

是啊，连爹妈都是靠着自己富起来的，整天忙着与朝臣、宦官们钩心斗角、争权夺利，谁有闲心了解这条人间真龙最需要什么？

坐在云端的人肯定是这个世界上最孤独的人。

哪里有需求哪里就有市场。宦官们就是钻了这个空子，与小主子朝夕相伴，贴身伺候，大皇帝都经不住，何况稚幼儿童？所以，在身边最贴心人的苦口婆心教导下，小皇帝终于找到了做皇帝的感觉。

比如，做皇帝的一般没福气逛大集、庙会，皇帝突然想过把购物瘾，怎么办？不要紧，宦官们有办法。

某年某月某日，宫女、宦官忽然在后宫内真的开起了超级市场，大内珠宝、凤冠霞帔，一一上了货架，闹着玩？保证是真金白银实在铜子，皇帝也就乐在其中，买卖双兼，血本全包。

再比如，某年某月某日，一时兴起，成天驾玉骢金辇，实在腻了，换换口味，尝尝驾驴车的滋味。于是宦官们一片忠心对天子，不惜重金为驴举办选美大赛，严格把关，层层筛选，终于选出四头美驴。天子亲赐四驴"贤冠""带绶"，自驾游于皇宫。

上行下效，皇宫内外，士子庶民，无不争购竞买，一时洛阳驴贵。

有一天小皇帝忽然发觉钱不够使了，那还了得？天子富有四海，随便卖点啥还不照样腰缠万贯？时任小黄门之职的宦官蹇硕奉旨代主做起了生意，地点就设在后宫西园，明码标价，童叟无欺，倒卖点啥？好东西：官！上至三公下至县令，按年俸禄多少，每石一千万铜钱，一手交钱，一旨封官。

据史载，我们故事主人公曹操的老爸曹嵩也不能免俗，他的太尉高官就是狠心花了一亿铜钱买来的。

帝心如佛心，为了照顾家贫而又一心报国的德才兼备之士，又出台了赊官——先上车后买票的优惠政策，不过售价当然要合理加倍。

桥玄身在马上，心游洛阳：小皇帝对我却真算得上君恩似海，这次辞官的理由是憋了七天七夜才红着脸奏出来的：京师地震，郡国多灾，皆是俺德才欠损造成的，遵照干部问责制，引咎辞职。

桥太尉把自己当成了造物主，地祸天灾一概招惹上身，这由头也真亏他想得起来！

灵帝当即准奏，并拜赏光禄大夫闲职，年奉两千石。桥玄不由感激涕零：没这两千石，包成饿殍！

其实皇帝心里更乐：空出来的太尉一缺，倒手卖出，何止两亿？谁赚谁赔呀？你以为当皇帝是傻帽儿啊？

然而早已上了灵床的东汉王朝却没有在他这个花花皇帝手里寿终正寝，汉灵帝是幸运的，最幸运之处莫过于死得早。

桥玄宦海沉浮多年，可谓老马识途，对这大厦将倾之朝局，又怎会不了然于胸？俗话说，人一走茶就凉，落魄的凤凰不如鸡。现今人过老耄，妻儿家人即将卷入战乱，不托付一铁腕之人又怎能放心西归？

桥玄就是为找寻一位他心目中的英雄安排后事而来，不用说大家也已经明白了，本书的主人公马上就要出场了：他乳名吉利，绰号阿瞒，姓曹名操字孟德。

曹阿瞒和他的铁哥们儿

沛国谯县（今安徽省亳州市），一对忘年交坐到了一起。

刚因堂妹夫强侯宋奇被诛而免官的曹操对这位父亲的同事是敬畏的，感激更是不消说，自己在少时鲜有享受赞美，这老头却是为数不多的几人中的首位。

千里马如有情感，内心最感激的就应该是伯乐。

曹操对桥玄便是如此，所以在桥玄未辞世时连玩笑都未敢开过，后来他率军北征乌桓时路经桥墓，行文作祭，才得以过了一把瘾，与早已长眠的桥玄开了个小小的玩笑。此是后话不提。

按父执之礼寒暄已毕，原太尉直截了当地说明了来意：

"看来老夫没看走眼啊，以后天下有可能是你的，能不能实现就看你的能力了，望你珍重自己；我这个太阳快要落山了，长话短说，就一件事：看在你我的情分上，待老夫死后，照顾我的妻子儿女。"

其实原话极简单："……吾老矣！愿以妻子为托。"

为什么以太尉之尊的桥玄会如此看重名不见经传的曹操呢？据史载说是桥玄"世名知人"，也就是说大家都知道桥玄会相面，是个八卦高手。

事情肯定不是这样的。

笔者不相信桥太尉得到了周文王的《易经》真传，从现今有据可查之寥寥的曹丞相童年故事中，还是能看出他日后成为名人的前兆的。

每个人都有自己难忘的童年。日后贵为魏王，礼加九锡，死谥太祖的曹操也不会例外，不过那个时候大家是称太祖阿瞒的，吉利虽是乳名，大概用的人不多，只限于阿瞒的父母。

曹操对大家送给自己的绰号倒是不大反感，虽然从字面看这个"瞒"字略带贬义。多年以后，一些铁杆发小还是有意无意地当众这么称呼曹丞相，也没见丞相有什么明显的不乐。至于心里怎么感觉就不好说了。

小时的铁哥们儿当众称呼丞相的绰号，绝不是戏谑丞相，只不过是为了显摆给众人看："瞧见了吧？咱跟曹哥的关系！?"——如此而已。

建宁元年之前的阿瞒肯定喜欢这个绰号，毕竟是自己一拳一脚地辛苦挣来的亲切称呼，在曹操少时胡作非为的小圈子里，获得这些哥们儿的亲切可不大容易，这是帮什么人？地道的高干子弟！堪比后世的太子党。这里面就有将来与曹操理不清恩怨的袁绍、张邈、许攸等人。

曹操的爷爷曹腾从小就进宫当了宦官，历经四代小皇帝，终于趁着宦官得势的东风爬到了中常侍高位。

太祖阿瞒的老爸曹嵩原来是一方望族夏侯氏家的宝贝疙瘩，这夏侯家为了巴结曹腾，不惜让儿子弃祖卖身，于是曹腾便有了一个养子。宦官有了儿子，仿佛也给仕途带来了运气，曹腾坐上了宦官这个辉煌事业的最高位：大长秋！即皇后的近侍，专门代表皇后管理宫中事务。皇帝年幼，少不更事，其实是皇后执政。曹腾当然也就在朝中炙手可热。

自古道：一人得道，鸡犬升天！老爸得宠儿子当然升官。曹嵩也就凭着德才兼备成为朝廷大员。

后来随着进入开放的官员市场时代，曹嵩也就顺应时代潮流，以勇于随大溜吃螃蟹的小无畏的精神，在西园的售官拍卖会上，以一亿铜钱（按汉制等于一万斤黄金）的超低价，拍下了大汉太尉的高官。

袁绍（字本初）不同，根子红，苗子正，家族四世五公，也就是说往上数四代中，有五个人在朝廷里做三公（相当于现在的国务院总理）的！厉害不？比起阿瞒的太监爷爷，何止光彩万倍？不过小孩子们的心理与成人士大夫不同，顽劣不问出身，小袁倒是从没鄙视过阿瞒，反曾被阿瞒结结实实地涮过一把。

据史载，这一帮公子哥没做过多少行侠仗义的壮举，没听说有谁得过"见义勇为"奖，倒是有过这么几档子给太祖纯真童年脸上抹黑的事：

某年某月某日，哥儿几个鹰狗玩腻了，阿瞒出了个新鲜点子："看见没？这家娶新媳妇呢，有没有胆量随我把新娘子偷出来？"

美女当前，几个人当然色胆包天，于是周密计划，详细分工，当夜付诸实施。

阿瞒自告奋勇，亲临洞房偷美女，哥儿几个把风的把风，装贼的装贼，一声"有贼"齐行动，阿瞒当真不负众望，竟真的趁乱把新娘给背了出来。

可惜袁绍毕竟没有曹操的胆子，也可能是见到曹操已捷足先登，近得芳泽，一时心不在焉，竟然失足跌倒在荆棘丛里，短袍后襟又被荆棘钩住，做贼心虚，越着急越挣扎不起。眼看就要偷香不成反挨一顿扁。

新娘子红蒙头遮面，耳只听得众人乱喊"有贼啊……抓贼啊！"心中暗自感激这位见义勇为的英雄背自己避难。

下边的阿瞒可急眼了：身上还背着一个活人呢！真沉啊，也不在娘家彻底减减肥再出嫁，看来这回要窃玉不成反要赔上几两肉了。

心中暗恨袁绍："什么本初？分明是笨雏！"

贼有贼智，急中更智："我先拉个垫背的再说，兴许祸水东引，我能独享美色呢。"

曹操当机立断,把手往袁绍藏身处一指,口中大喊:"贼在那荆棘丛里藏着呢!"

趁众人全力围捕袁绍之际,曹操小朋友竟然载美扬长而去,下面就不必细说了……

被出卖的袁绍呢?听得阿瞒如此见色忘友,胸中怒极!生气事小,挨揍事大,情急之下竟然挣脱了荆棘,顾不得手脚被扎,奋起直窜。俗话说,一人拼命,万夫莫当。一时间竟以百米冲刺的速度顺利突围成功。

这还能饶得了曹操?

谁知曹操面对袁绍的铁拳,面不改色心不跳,大义凛然:"本初,我救了你半条性命,你准备怎么谢我呀?"

见过脸皮厚的,没见过脸皮这么厚的!袁绍做梦也没料到自己的铁哥们儿会这样说,一时气噎无语。

"逃脱才是硬道理,你自己拍拍胸口说,你现在是不是全身而退逃脱了出来?"

"这……我听到你小子卖我,情急拼命,才得以全身,能逃脱与你何干?"

"哦,情急?是谁使你情急如此?"

"是你阿瞒这坏小子!"

"让你情急得以逃脱的是我,那我坏从何来?"

"这……"

"没有我阿瞒救你心切,大喊使你情急逃命,你现在又能在何处?"

"这……"

"是不是我阿瞒救的你呀?"

"……"

五内仇消成雨露,一腔怒散化甘霖。

袁绍被阿瞒一通忽悠,细想也不无道理。此事理所当然地不了了之。

做了一回武林高手

阿瞒、袁绍这帮纨绔公子哥的家庭背景有一点是极相似的,都是属于率先富起来的那批人。自古就有物以类聚、人以群分之说,穷哥们儿是进不了他们这个富崽圈子的。他们玩鹰遛狗、偷香窃玉、胡作非为,却也有一个光荣传统:从不祸害穷苦百姓,更不恃强凌弱。他们专门和那些风光人物过不去,谁在洛阳这块地界太风光了,那你可要小心了,这几位太岁通常会给你找点儿小麻烦的,为啥?不需要理由,大爷想散心,行了吧?

这帮人谁是头?不一定,那要看干什么事,多是"皇帝轮流做,明年到我家"那种样子。

不过这个世界上大多数人还是乐意出风头的,那年头还没有报刊、广播、电视之类的传统媒介,想出风头怎么办?那就全靠你自己弄出点动静了,这点上哥儿几个是"杀猪捅屁股,各有各的门道"。

袁绍可是个聪明小子,只露了一手"以静止动"便轰动京师,名扬四方。

某年某月某日，几个哥们儿碰面了：

"哎，这几天没见袁哥呀，这小子是出家当了和尚，还是钻地洞啦？"

"呦嗬？这么大新闻都不知道？袁绍最近可了不得了，在家闭关修炼呢！"

"告诉你们，袁哥金盆洗手弃武从文了！大门口贴着告示呢：非鸿儒之士博学之才，概不接见。"

"被蒙了不是？那告示也就忽悠你这样的傻帽，袁绍现在是啥人都揽，我亲眼看见前天接进去了几个跑江湖的剑客，他现在是三教九流无所不招揽，家里都养了千把人了！为这他老爸都揍了他几顿了，儿大不由爷，管不住了，他要学战国四公子呢！"

"原来如此啊。"

"了不起……"

"真是钱多得找不到地方烧了。"

……

这些对话当然都是瞎传的，不能全信，可袁绍刻意作秀确凿无疑，也确实产生了名动一时的轰动效应。

曹阿瞒呢？也没闲着，天生一个好惹事的主。那几个哥们儿继续聊天：

"听说阿瞒了吗？昨晚捅老虎屁股了！"

"当然知道，昨晚阿瞒手持双戟独闯中常待张让府，张府那十几个侍卫硬是没沾上边！牛！"

这张让是何许人呢？那可是个在洛阳提起来小孩都不敢哭的

人物，还没听说文武百官之中有哪个敢不买账的，时下掌管朝廷文书和传达诏令，权力能大到啥程度？举一例你就明白了：汉灵帝常挂嘴边的一句话就是："张常侍就是我的亲爸！"牛不？能让皇帝喊亲爹的人肯定本事不小！

可曹操却是个天不怕地不怕的人物，经常领几个哥们儿去他家中骚扰一番，自己的爷爷也算是这个让天子喊爹的人的前辈同僚，谅张让也磨不开脸当真拾掇自己。当然是连吃带拿不说谢，临走还要学孙悟空告别老龙王："聒噪，聒噪！"

这天阿瞒二两酒进肚，胆气陡升，竟然独自一人持械拜访张府，忘了看时辰，深夜去的；也忘了走大门，翻墙去做客了。这下张家不买账了，看见也装着不认识了，想趁黑装糊涂宰了这个祸害。

十几个家丁护卫长枪短刀一起招呼上了，口里还大喊："宰了他……宰了他！"

真有本事的人啥时候能看出来？出事的时候。

这未来的太祖武皇帝提前用上了这个"武"字，酒壮英雄胆，恶向胆边生！双戟在手，大喝一声："谁敢近我？"一边吆喝一边舞动双戟向外杀去。

这护院的哪里犯得上跟玩命的人拼命啊，轰走了也一样是尽职尽责，再说谁也不愿意挑明得罪势大得吓人、钱多得没边的曹家，所以个个勇往直退地大喊："关了大门！别放跑了贼人！"

曹操一听就明白了：哦——这是让我从哪里进来还从哪里出去啊。那还不容易？原样翻墙出去就是了。

就这样，一个真逃，一群假追，曹阿瞒一路拼杀，威风凛凛地逃出了张让府宅。回去后趁酒性与哥们儿大大忽悠了一番，曹阿瞒只身独闯龙潭虎穴的英雄壮举就此流传开来，要不是后来出了个关公云长，今天的武圣肯定姓曹了。由此推论，现在小商铺里供着的兴许就是曹操的光辉形象了。

牛刀小试的作秀大师

　　一般来说，一个事业的成功者之所以成功，与他的早期教育是密切相关的。

　　曹操在母亲肚子里时接受过胎教没有？不得而知。大家肯定会认为没有。按说不一定，时任司隶校尉的曹嵩富甲一方，与当宦官的干爸不同，那也是妻妾成群的，家中也是宴乐不断。曹嵩是个文雅之士，据史载官声不错，估计来往家中的文盲也不会多，曹操在娘肚子里生活的时候当然也会感受乐舞不断，诗书多多，不用看别的，仅从曹嵩给阿瞒起的"操"这个名字就非同凡响。

　　《荀子》篇中有句："夫是之谓德操。"这就是曹阿瞒名操字孟德的出处。

　　由此可知曹嵩也绝非泛泛之辈。更不用提曹操后来开一代文风先河的旷古诗文，确有大宗师气派！由此证实曹操本身的遗传基因是绝对优秀的，无意中被迫享受胎教也在情理之中，少年时也绝不会只懂得飞鹰走狗、顽劣胡混，聪明是肯定的，顽皮也是肯定的。

　　往往大英雄都孕育于这些顽童之中。往往乖孩子长大后却没出息。

阿瞒小时候家教严吗？答案是否定的，已自封魏王的曹操自己就不无遗憾地这样行文明示天下："既无三徙教，不闻过庭语。"

"三徙"就是说孟子的母亲为了让儿子不受坏环境的影响，竟三次搬家。"过庭"则是说孔圣人的儿子两次从庭院中走过，都受到了老爸的教训。看，他在找老爸老妈的后账呢。优点和成绩那是我个人后期自学成才；某些不足那都是爹妈早期疏于管教自己造成的。

这点上太祖有点不厚道，有点贪爹之功、委儿之过的味道。

其实，老爸也没少管过阿瞒，只不过老子不如儿子聪明，经常被阿瞒给忽悠过去。

阿瞒的叔父看着亲侄子游荡无度，除了好事不做，没有不敢做的事，自认没有管教恶侄的能耐，便向哥哥曹嵩告了一刁状：

"管管咱小子吧，不能光顾着升官发财，养下个败家子你攒再多的铜钱有啥用？十年栽树，百年育人啊！"

凡是家长，最抹不下脸的就是吃学校老师的"发面馒头"。

现在的曹嵩已升任中央财政部长（大司农），当然，给皇帝孝敬点钱是免不了的，好在羊毛出在羊身上，再想法从下边捞回来就是了。曹嵩现在受到弟弟一番数落，此时的心情与刚接待完老师的差生家长一样，要跟阿瞒动真格的了。

阿瞒今个儿一回家就感到气氛不对，老爸脸铁青，盯着自己的目光有点像大灰狼打量无辜羔羊……

好在阿瞒随机应变的本领犹如天授，不慌不忙地走到父亲面前，双膝跪倒，从怀里摸出一捆写满字的竹简。

　　"儿子近日承父亲教诲，把父亲平日的叮嘱一句当成一万句，活学活用，急用先学，学为其用，立竿见影，经呕心沥血，终于不负父亲厚望，新注《孙子十三篇》已毕，还请父亲百忙中给予指正。"

　　父亲愣住了，儿子求自己批改作业，你总得先看完了再动手吧？

　　一边接过竹简，一边厉声责问："你近日做的好事！"

　　阿瞒刚大闹过中常侍张让府没几天，自然是哑巴吃饺子心里有数，伏在地下作声不得。

　　"你叔父总不会冤枉你吧？你这让人恨铁不成钢的逆子！"

　　当老爸的也不大地道，先把告状的亲兄弟给卖了。

　　阿瞒心中大怒："是你这个吃饱了没事干的老小子啊，点我的眼药？等着瞧，有仇不报非丈夫也！"

　　慢慢地抬起头来：一脸的天真，满面的无辜：

　　"父亲，孩儿……"竟然呜咽难语，"孩儿委屈啊……"

　　话未吐尽，双手掩面，跌撞而奔乎门外，溜之大吉。

　　曹嵩手拿着阿瞒批注的《孙子十三篇》还没回过神来，儿子早已没影，只得先看看儿子的作业再说了，反正跑了和尚跑不了庙，想揍你这小子，还不是分分钟的事？

　　这曹操也的确是个天才。

　　"中国几千年、世界几百年才出现的一个天才。"批注《孙子十三篇》，曹操为古今第一人，而且见解独到，不然哪来的他日后辉煌的军事成就？

　　再说跑到洛阳街头的曹阿瞒，远远瞅见了叔父，眉头绝对没皱，突然目光呆滞，四肢战抖，仰天狂喷一口鲜血，一头栽到地上，不省人事，眼看出气多、进气少，人快不顶事了。

当叔父的大为恐怖，忙不迭喊来了兄长曹嵩。

曹嵩气急败坏地随兄弟赶到儿子中风昏倒之处，两人顿时愣住。

但见阿瞒正襟危坐于路边青石，满脸无辜依然，委屈依旧。

"你这是……"老兄弟俩满腹狐疑。

"二老慌张所为何事？"阿瞒双眼童真，一时不解。

明白了，叔父心中顿时雪亮，万念俱灰，一声长叹，尴尬而去。

"你叔父说你命在旦夕，昏倒于此，这是为何？"

"叔父自小就不待见我，背后说我什么也在情理之中，只是儿子何曾有恙？正苦思最近做了何等惹父亲生气之事，青天昭昭，路有神灵，孩儿可是撒谎之徒？"

"这……"

知子莫若父，儿子撒谎的本事绝对是一流高手，可是眼前的事实却又证实了儿子是无辜的，谁是谁非？难煞人也。

最后还是按郑板桥先生的指示：难得糊涂。

此事不了了之以后，做叔父的再也没厚着脸皮多管过闲事，因为他知道了两点：

一、说了哥哥也不会信的。

二、自己确不是阿瞒那小子的对手。

啄败的鹌鹑斗败的鸡，服了！

从"愤青"到东汉干部

就这么一个歪瓜裂枣偏有人当成宝贝,不用说大家也知道了是谁:也就是笔者前文说过的当世高人桥玄。

高人就是高人,看问题和我们这些凡夫俗子是不一样的。

人家从棋盘摆开心里就有数了,你这个小边卒刚拱了第一步,桥玄心说:"九十九步以后,就是这个不起眼的边卒威踞九宫中央,灭老帅者必此卒也!"

我们读了魏太祖童年二三事以后,领教的是阿瞒的顽劣狡诈,人家高人桥玄不这么看,人家会透过表象看本质。

从巧偷新娘,桥太尉看到的是一个"狠"字,紧要关头不惜舍友救己,曰"狠"。

从勇闯张府,桥太尉看到的是一个"勇"字,关键时刻豁得上泼皮命,曰"勇"。

从首注兵书,桥太尉看到的是一个"才"字,注释兵书的确见解独到,曰"才"。

从离间叔父,桥太尉看到的是一个"智"字,诈病装疯做得天衣无缝,曰"智"。

看见了吗?这样一个狠才兼备、智勇双全的人,将来能不成气候吗?

阿瞒现在需要的就是一个包装公司。

桥玄既然打定主意把妻女相托,也就索性帮人帮到底,送佛送到西，先帮阿瞒解决舆论传播难事。

为什么是难事呢？那时候和现在不同，电视上面一露脸，千家万户当夜知。东汉末年唯一的传播媒介就是人的两片嘴皮子，所有的新闻政要、闲情韵事都靠口口相传，朝廷的公告那是给当官的看的，当官的告示也要雇个识字的人给念出来，老百姓有几个识字的？

大柱子听人念了，回去再学给二狗子，二狗子再吹给三秃子，大概如此吧。

不过也要看谁说，就像大家都相信名人语录一样，汉灵帝时代也有那么一个名人，虽然没有领袖职务，却也非同小可，别说是普通山野村民，就是朝堂官府、士子公卿，也都把他发布的消息作为新闻联播。

这个人就是笔者前面提到的汝南平舆（今河南平舆）名士许劭许子将。

他这个新闻中心——好像称作人物论坛更合适些，这个论坛还真有名号，叫"月旦评"，又叫"汝南月旦评"。他因爱在每个月的初一，对当时人物品头论足，所以他的"粉丝团"就给他的论坛送了这么个字号。

关键在于这许劭评论当代人物的权威性在当时是不容置疑的，只要有幸从他口里吐出的名字，无论结论如何，这人便立时身价倍增，笔者实在想象不出这许劭用的是啥邪术包装的自己，确实比高家庄还高！真令后辈五体投地，心悦诚服。

太尉桥玄一简荐书把阿瞒送到了高人许劭面前，许劭是何等人物，本来不屑理睬这位宦官的干孙子，可怎奈推荐人的分量太重,这面子是万万要给的。

再说许劭素来消息灵通,要不然有啥资本评论张三李四?对阿瞒的伟行劣迹他了解的绝对不是一二的问题,所以才有了令阿瞒大笑的那句名评:"子治世之能臣,乱世之奸雄。"

阿瞒也因此声名远播,桥太尉的包装策划大获成功。

一锤敲定千古音,

数语挑得半生雄。

可怜阿瞒当世醉,

后人恶骂源此评。

这句没盖棺先论定的话,令阿瞒兴奋了半生,估计在他自封魏王后便不屑此句过时的评语了,已经事实坐在了皇帝的龙椅上,就差那顶没用的帽子了,谁还会稀罕什么能臣?在乎什么奸雄?

古人定下的规矩:男子二十冠而字。意思就是说男子二十岁了,可以举行冠礼,并赐予字了。从今年起你就是成人了,该就业了,再啃爹妈就说不过去了。

现在阿瞒也到就业的年龄了,老爸曹嵩准备给刚取字孟德的曹操找个官来做,跻身于汉朝的管理体制内,做一名旱涝保收、外快肥丰的朝廷命官,这事曹操的老爸早就替他想好了。

这与儿子曹操的志愿正好吻合,曹操那时候绝没有将来进入汉朝中央政府做官的想法,能混上个市长他便心满意足了。他后来在戴上魏王王冠后颁发的十二月己亥令中说:"孤始举孝廉,年少,自以本非岩穴知名之士,恐为海内人之所见凡愚,欲为一郡守,好作政教,以建立名誉,使世士明知之。"

也就是说,他最大的理想就是做一个好郡守,相当于现在一

22

个合格的市长。但东汉时做官也必须拿到一张文凭，叫"孝廉"。

怎么办呢？推荐与选拔相结合，由各州郡的一把手负责向中央推荐，要求的条件很简单：孝敬父母，廉洁奉公。

这有点儿小问题：孝字还好考察点，父母证明，如有舞弊嫌疑，那还有四邻八舍的数不清的活口呢，廉字怎么界定？官还没影儿呢，难道还有傻瓜自己提前声明："本预备官员，上任之后，贪是免不了的！"

虽然大家都明白这个傻瓜说的是实话，但总不会因为哥们儿实在就让他做官吧？

所以现任官员们也只好举行考试，考什么？看谁"孝敬"本官员的铜钱多呀！至于"廉"嘛，你要先廉自己，把兜里的金银广施，那就自然孝廉俱全了。

所以，东汉末年到处传唱这样几首歌谣："举秀才，不知书；举孝廉，父别居"；"直如弦，死道边，曲如钩，反封侯"。

对于"孝敬"钱这样的小事，势大财粗的曹家是没有什么问题的。朝里有人好做官，孝廉身份对于曹操来说，连个三寸高的门槛也算不上。

一切都那么平静、那么顺利、那么合理、那么顺理成章地走了过来。

汉灵帝熹平三年（174），曹操在二十岁那年，被荣举孝廉，接着便凭资历参加了工作，暂屈任洛阳北部尉。洛阳为东汉都城，是皇亲贵势聚居之地，地面不大好管，但级别相当高。

啥时能熬成个市长？别急，初入仕途，来日方长，都是圈内人，升官何难？只要父亲在朝中不倒，前程一定辉煌！

曹　操

——阿瞒出道

第二章

失控的帝国

面子工程与为官之道

从领导干部年轻化这点来说，东汉王朝做得绝对出色。

一百多年来，变戏法似的前仆后继了十位皇帝，最大的是十五岁的桓帝，最小的殇帝才一百天，不知哪位调侃大师给谥了这么个分明挖苦的帝号：殇！是啊，还没学会说话就驾崩了，两岁就加冕了"先帝"的头衔，堪称"国殇"。

话又说回来，不这么频繁地更换皇帝，又哪来的前后六位太后临朝的机会？问题是大汉时期还有一项优良传统，就是大面上极讲究礼法，身为女人的太后，尽管能在后宫发布绝对能得到有效执行的命令，但是不能亲自参加御前会议。

一个女人在一群大老爷们儿堆里抛头露面，成何体统？这就是东汉年代包括太后本人都认可的精神文明。

这样必然需要一个传话筒，这个传话筒就非宦官莫属了。这个话题咱们以后细述，还是接着说以"孝廉"的身份推举为郎官，接着"屈就"洛阳北部尉的曹操。

成了"孝廉"就意味着具备了当官的资格，当官就意味着权力，权力就意味着荣华富贵，事情就这么明白，就这么简单，就这么顺理成章。

可你如果真的认为升官发财就这么简单，那就只能说明你自己的头脑简单。

就算你拿到了"孝廉"的文凭，那也不是随便什么人都能做官的。

首先你要上边有人，其次你还要准备好成堆的铜钱。

现在大家已经知道了，这两点曹操都具备，所以二十岁的年轻副县级干部横空出世也就合情合理了。

前面说过，二十岁时曹操的远大理想是当一个人民的好市长，现在开始了第一步，任重道远！

估计那时的曹操是不服气任何人的，至于后来他遇到了皇叔刘备，一时兴起，对刘备说："今天下英雄，唯使君与操耳。本初之徒，不足数也。"那也就是往刘备嘴里塞一颗蜜枣，说说而已，已经把当时的汉献帝攥在了手里，并且兵多将广的曹丞相，难道还当真瞧得起这织席贩夫不成？

曹操没打算指望老爸的提携，他对自己的能力有相当的自信，你想，连高人许劭都认定自己是治世的能臣，退一步到了乱世，还混个"奸雄"的角色。即使是一个非常自卑的人，有了这些话的支撑也会牛气冲天的，更何况是曹操这样从小就在"太子圈"里混的人。他要是安心指着老爸的提携来升官，他也就不是曹操了。

遥遥仕途，曹操要靠自己的才智打拼前进，漫漫风雨，曹操要凭个人身手一洗晴空。

就算是后台硬气，升官也要有让上边看得到的政绩，做面子工程是当时所有官员必然的通病。曹操也未能免俗，决心来个新官上任三把火，从市政衙门形象着手，然后来个综合治理，先在天子脚下露露脸再说。

让别人听自己训话的感觉永远是良好的。曹操对自己的下属马步差役首次训话：

"有谁愿意随我取富贵吗？"

一语惊人，差役们第一次见识这么个当官的，立时百众一心，群情激昂：

"愿意！"

"钱从哪里来？就在诸位的手中，自现在起，我负责动口，你们负责动手，咱们干出个样子让百姓们瞧瞧，我曹某愿与尔等同甘苦、共富贵！"

掌声如雷。

"看看你们以前过的啥日子？破墙烂院，锈刀裂棍，就不怕百姓笑话？怪不得那些衙内、地痞敢骑在百姓头上拉屎，就是因为你们的威风没了，猫懈了老鼠还不欢？"

差役们无语，心里说："哪个孙子不愿意抖抖威风！可得有个人给发话呀，真惹了事得有个人给撑腰啊。"

"张三。"

"在！"

"带你那班弟兄弄些红白涂料，三日内我要看到署衙里外一新。"

"得令！"

"李四。"

"有！"

"你这班负责整修席榻台案，先从本尉处支取银钱。"

"好嘞！"一听银钱，大伙儿全兴奋了。

"王五。"

"小的侍候！"

"给本尉准备七尺木棍百根，漆成五色，署衙两旁各列五十根侍候。"

"是！"

"贴出告示，自今日始，子时宵禁，有胆敢犯禁者，不论何人，重责五十大棍！"

"遵命！"

就这样，没出三日，署衙内外，一片肃然，辖区上下，气象蔚新。

尤其是那一百根五色棍，森森然犹如寻食的饿狼，令人一见便毛骨悚然、心胆俱裂！

一日，子时早过，曹操勤政爱民，亲带差役街头巡夜。一帮人手执五色棍精神抖擞地在洛阳的大街上晃荡，这些人心里真盼望着能出来个不怕死的，好让他们施展一下手脚，展显一下威风。正当大家心里这样盼望，好事就真的来了。只见迎面撞来几骑烈马，深夜中的醉吟狂喊分外刺耳。

"站住！"曹操大怒。

"是谁吃了豹子胆，敢拦老夫的马头？"声音慢条斯理，可绝对透着傲慢与威严。

差役们顿时傻了，犯禁的是谁？了不得！宫里现今最红的宦官、灵帝最爱幸的小黄门蹇硕的叔父！那谁能惹得起？哥们儿，瞧好戏吧，这位前天还铁口钢牙的北部尉大人今儿个要吃瘪。

俗话说，初生牛犊不怕虎，打小曹阿瞒怕过谁？正想杀鸡给猴看呢！

差役们心说，这只鸡可非同小可啊，弄不好能把咱这帮小差役全给啄了！

"给我拖下马来！"

"好！"差役们兴奋异常，巴不得把事情闹得越大越好。

两只狗咬架都能引得大群人看，何况是大司农的公子北部尉对决当红太监的亲叔！

闹夜的老爷子酗酒狎妓尽兴而归，做梦也不会想到在这洛阳地面上竟有人敢捋虎须，被扯下马来还虎威不倒。

"何人大胆？敢欺老夫？"

曹操气急反笑：咱这是谁审谁呀？

"违禁者何人？"

有个老差役一听，坏了，咱这位爷是一个刚上任的新官！问他是谁干啥？要是装着不认识还兴许能稀里糊涂地拾掇他两下，你这一问，麻烦了，得反过来和他磕头见礼。

"我是何人？"对方一听就知道遇上了个没当过官的毛头小子："天子驾前蹇硕公公是老夫嫡亲子侄，老夫的名讳也是尔等能问得的？说出来你不怕被吓煞？"

"知道宵禁令吗？"

"当然知道。"

"这么说你是明知故犯？"

"那又如何？"

"违禁者须身受五十刑棍！汝可晓得？"

"哈哈！老夫晓得，只怕能杖责老夫之人还未出世！"

"你错了，此人已虐待你二十载矣，给我架起来，重责五十大棍！以儆后效！"

"尔等大胆！啊……啊谁敢打我？啊？真打呀……哎哟！疼煞我也……"

差役们早就手痒了，大棍抡起来更是拼上了十二分蛮力，便宜大家沾，五棍一换人，噼里啪啦，劈柴一般，三十棍不到，棍底人已没了气息，打一只死老虎更显英雄胆量，不一会儿五十棍执行完毕。

"啊？死啦？"差役们有点慌乱。

曹操倒是毫不在乎："给我拖在告示旁边，号令三日！"

就这样，整个京师无不凛然，只苦了曹操的老爸曹嵩，只吓得心惊肉跳，忙不迭上下打点，铜钱流水似的泼将出去。

那蹇硕却怎肯甘休？只是一个小小的北部尉与自己的地位相差太过悬殊，反而无法下口。

再说还有曹嵩这个硬茬挡在那儿，那可是九卿之一，硬扳谈何容易？

最主要的是叔父犯法在先，曹操执法有据，明拾掇这小子还真有点费难。

不要紧，明的不行咱就玩阴的，宦官报仇，十年不晚。

有这么个愤青在洛阳城中像被窝里塞了一只活刺猬，难以睡得舒服，不定哪天有个不长眼的再撞在那五色棍头上，岂不冤哉？——这是朝廷所有权贵们难得的统一认识。

怎么办？先把他从眼皮子底下赶走再说，对，升他的官，给他个穷县的县令，培养接班人嘛，先下去锻炼锻炼吧，曹司农那里还送了个空头情，朝廷明诏嘉奖，提拔重用，你老还能有啥话说？心里不满意也得打掉牙咽到肚里吧？

还有更漂亮的词："令郎才高九斗，年少英侠，后生可畏呀。圣人云：故天将降大任于是人也，必先苦其心志，劳其筋骨，饿其体肤，空乏其身，行拂乱其所为，所以动心忍性，增益其所不能。"

你还能挑肥拣瘦？最好能超越孟圣人要求的：苦晕心志，劳断筋骨，掏空其身，一命呜呼！

公元 177 年，在朝野众多官员的推荐与赞扬声中，曹操被任命为顿丘县令，当即走马上任。

阿瞒的升官之路

且说曹操，三年不到，副县转正，尤其值得注意的是：这由副转正的一大步完全是凭自己的血气拼上来的，而且附带着名声大振，官声远播。仕途顺利，旗开得胜！

百里小县，对大才来说，根本就谈不上用心治理之说。这一点可以从以后的凤雏庞统就任耒阳县令后的表现及语言中得到证实。

曹操的天分及才学又岂是庞统所能够比及的？当然也不会拿这个正县级干部当回事。所以上任后权当进入了做官学校的初中部学习了，小时候缺的文化课也好趁机补一补。

这段时间曹操主要以修文为己任，习武当然也是必修课程，不过这时的曹操在武学方面早已不屑于"哼哼！哈哈！"的小儿科阶段了，他要研究的比楚霸王还要厉害百倍——完善自己的《孙子十三篇》注释。

后来文学方面曹操的成就是非凡的，不但一扫前人辞赋中的脂粉气息，而且以磅礴之势横开建安文坛一代先河！所留诗赋至今读来仍觉豪情如在，荡气回肠！

时光如梭，秋去冬来。

曹操在顿丘任上晃悠几个月了，这次他没再启动什么面子工程，也没有遇到什么不长眼的豪强前来送死，所以也没有什么明显的政绩。反而倒是有关曹操武功深湛、力敌万人的传说越播越远，越传越邪乎。

据说，人一旦倒了运，喝口凉水也会塞牙；走了大运呢，出门绊倒也会拾个金元宝。曹操眼下就是如此，至少从表面看来是像走了红花运。

忽一日，曹操接到朝廷明发公文：因曹公孟德勤政爱民，政绩卓著，特予表彰，并同时因公能明古学，征拜议郎。升官了！而且这官升得稀里糊涂，莫名其妙。能明古学？这是哪儿跟哪儿的事啊？

这次升迁绝对与老爸曹嵩没有任何关联，如是他老人家使的暗劲，家书早该到了，不管怎样，升官总是好事吧？反正比降职强得多。先上任再说吧。

这笔功劳应该记在曹操大大得罪过的小黄门蹇硕身上。

汉灵帝一日忽然心血来潮，让在朝官员们推荐几名精通古文的人，给予议郎的高官待遇，帮皇帝教化天下子民。

这蹇硕一看，机会来了。这议郎是个什么官呢？郎有四种：议郎、中郎、侍郎、郎中。郎官负责给皇宫掌守门户，出充车骑。议郎却是文职，在郎官中级别最高，属于朝廷的言官，掌顾问应对，能参与朝政议事，由于接近朝廷中枢，虽品级与县令相当，但对将来的仕途发展、也就是我们现在所说的"进步"却是大大有利，前途远非一个地方县令所能比拟。

那小黄门蹇硕难道如此大量，对棒杀自己亲叔父的曹操竟然仇将恩报？这里面大有奥妙。

百里县令，虽不起眼，却是身兼县长、法院院长、检察长于一身，要不，为啥有一方父母之称谓？并有灭门县令一说自古流传，手下虽无正规部队，马、步、刑三班衙役还是齐全的，在一方混久了，拉起自己的一帮人马来并非难事。

而蹇硕素闻曹操勇武过人，是不能容忍曹操在这个用得上武略的位置上长待的。你的特长不是会功夫吗？好，咱家就荐你个文得不能再文的官做，有武功你就在竹简上施展吧——他把曹操看成个半文盲的大老粗了。

再一说：议郎是独自一人办公，连随从也没有资格配备，拾掇个孤家寡人总比杀一帮人的头要容易得多。

在其位就要谋其政，我就等着瞧你曹某人妙笔生花的文章；你就算是文武全才，能蒙出奏章来，那更好，只要把鸡蛋攥在咱手里，何愁挑不出骨头？

就这样，同年（汉灵帝熹平六年，公元 177 年），在县令这个位置上还没坐热屁股的曹操离开了顿丘，重回京师，前边等待的是福是祸，不得而知，但对于年方二十三岁的曹操来说，只不过是在做官的初中学校里又升了一级，不管是朋友还是敌手，他们都是自己的任课教师。

有时候，反倒是高明点的敌人上课更认真些，教的课程更为实用，学到的东西更能让学生一生不忘。

没用蹇硕费多少心思，机会就像金元宝从天上掉下来一样，砸在了曹操的头上，这回可不是上天送给曹操的礼物，是送给蹇硕的，只不过擦过了曹操的头皮，砸落了曹操的乌纱帽，落到了蹇硕的衣兜里。

光和元年（178），曹操二十四岁，因堂妹夫强侯宋奇被诛，曹操从坐免官。

也难怪，摊上了一个被政府镇压的亲戚，开除公职那是顺理成章的事，这回老爸曹嵩也没帮上忙，泥菩萨过河的时候，绝对不会照应众多善男信女的，哪怕是亲儿子也不行，神不为己，也是天诛地灭的。

塞翁失马，焉知祸福？离开了议郎这个言官的岗位，实际上等于远离了一颗定时炸弹。言官的工作就是专门给政府提意见，上边说不定哪天一翻脸，到时候，七大姑八大姨都要被你连累，运气好的话，兴许碰上个明主，给你摘帽平反，你还要千恩万谢皇恩浩荡，打心窝里赞叹东汉皇朝英明伟大。

真正的无官一身轻。曹操算是从做官学校辍学回家，进入了自学阶段，学习时间与学习内容是受自己控制的。这一阶段，他学了很多很多，也想了很多很多，现在，他已不满足于做上一个好市长了，而是把人生目标一下放在了更遥远的地方。

随便说一句：曹操趁这时空闲娶了一个小妾，光和二年（179），曹操二十五岁，在谯县纳卞氏为妾。这卞氏我们在以后还要与她打交道，就是她，在八年后给曹操生下了一个皇帝，就是那位敢做老爸曹操不敢做的事、把汉献帝的皇冠抢过来戴在自己头上的魏文帝曹丕。

其实，曹操自己在九泉之下也是应该感激这位皇帝儿子的，就是他，让自己在死后过了一把皇帝瘾，入土不久便被尊谥为魏太祖武皇帝。当然这是后话。

在此时的京城里，还有两个人没有忘记曹操，一个是他的老爸曹嵩，另一个就是权势愈重的小黄门蹇硕。

而曹操本人又何尝是甘居田园的陶渊明？英雄也好，奸雄也罢，反正前面等着曹操的是无限的精彩！

提意见的工作不好干

一提起"仇"字，大家大概马上就会想起一句成语：杀父之仇，夺妻之恨。光和三年（180），小黄门蹇硕心里对曹操的仇恨要远远超过这两种。

大家会问了："这宦官蹇硕就那么孝顺他叔叔吗？"

非也，亲叔是死是活，蹇硕还真没觉得有什么了不得，他自小被送进皇宫做太监，对这位极少见面的叔父也没那份深厚感情。再说他也清楚这位叔父在外面的德行，一贯依仗着自己在宫里的势力，飞扬跋扈，逞强凌弱。

对狐假虎威的人谁不讨厌？

关键是这个脸面他蹇硕丢不起！

古人云："饿死事小，失节事大。"为啥失节事大？还不是要那点脸嘛！堂堂皇帝身边的近侍，栽在了一个小小的北部尉手里，那还像话？

他爹是大司农又怎么啦？你给皇帝行礼的时候咱家还不是高高地站立在上？你磕几个头咱家还不是随着皇帝受你几个头？这脸要是丢在你曹操手里，咱家还怎么在洛阳混？朝臣们又怎会拿我蹇硕当一碟菜？

上次宋奇被诛，没趁机掐死你这小子，不用说是他老爹使了暗劲儿，你以为这就算完了？想仗着家里有几个臭钱，躲在老家享清福？没那么美，我还得把你揪回咱家够得着你的地方，曹操，你死定了！

光和三年（180）六月，曹操接到诏令，官复原职，还是那个理由：能明古学。还是那个级别：征拜议郎。还是那种工作：专给政府提意见。

曹阿瞒现在是何等人？他才不会傻帽儿到往枪口上撞呢。哪些意见该提哪些意见不该提，他心里明镜似的。

汉灵帝发明了一项专利，让我们后来的一些人学会了——建立个人"小金库"，专门用来存放卖官得来的钱。天下虽是朕的，但管家太多，爹有娘有不如自己有，皇帝想攒点私房钱也是可以理解的。这样的意见就提不得——妒忌之心害人害己。

后来把铜钱放在西园的小金库里也难让皇帝放心，就大车小载地往娘家藏——在老家河间专门建了一个堆铜钱的地窖，能过日子还不是好事？这样的意见也提不得——既然是藏，你如给挑明了，那还能有好？

再后来皇帝还是不放心，干脆把体己钱分散寄存在信得过的宦官家里，他认为自己身边的这些宦官就是一个大保险柜，比放在国库里保险多了，且不说这种方法是否保险，这种意见却提不得——除非你嫌自己的脑袋长在脖子上碍事。

那总不能做一个哑巴言官吧？

为啥不能？这年头当和尚不撞钟的官多得是。

不过曹议郎却并非不撞钟的和尚，满腹锦绣文章还是有机会显摆的。

据史载："朝廷诏公卿以民谣检举害民之州刺史与两千石官吏。曹操上书言所举不当。汉灵帝以灾异询问群臣得失，曹操复上书切谏。"

咦？这曹操还有这两下子！几道奏章滴水不漏，居然把标准的官样文章做得四平八稳。蹇硕晕了：还能就这样让你舒舒服服地把这议郎议下去？

刚瞌睡就有人送来了枕头，除掉曹操的大好机会来了。

这枕头是哪个送的？此人在历史中大大有名：天公将军张角是也！

张角大师是这样炼成的

对统治者不满意的人民就是干柴。

冰冻三尺，非一日之寒，想生产出遍地干柴来也绝非一朝一夕之功，经过东汉皇朝几代政府的不懈努力，终于积攒了足够焚烧自己的干柴。

在这种持之以恒的生产过程中，居功至伟的当属桓、灵二帝，而灵帝更是二人中的佼佼者，这位天子的干柴生产工艺简直称得上"炉火纯青"：

皇宫里面玩得不过瘾了，一心想到洛阳郊区去返璞归真，圈上几万亩好地，修几个皇家园林，在这自然保护区内保护些濒临灭绝的珍稀动植物，岂不是大大的功德？天子嘛，不玩得空前绝后还能算上天之子？

司徒杨赐和侍中任芝、乐松为此事掐了起来。

杨赐："周围的百姓都已经饿得相互交换孩子吃了，哪能再赶走他们去养些野生畜类？城外光园林都建了四五座了，还玩不开吗？"

任芝、乐松："最贤明的周文王的园子方圆百里，老百姓还都嫌小；恶名昭著的齐宣王的园子才五里，老百姓还都说大，主上是愿意做周文王还是学齐宣王呢？"

皇帝绝对圣明，当然要做周文王，你杨赐是教唆朕做齐宣王啊！

于是毕圭、灵昆二苑当即上马动工。

世界上怕就怕"认真"二字，汉灵帝在玩乐方面就最讲认真。

干脆挖条御用河吧，直接引水入宫，多安几部水车，路面时刻洒水，瞧，多高明的防尘压沙措施！这也是间接地为民服务，减轻了百姓运水洒道的力气呀！

灵帝又挖空心思出了个捞钱的巧招：宫殿需要修缮，为避免重复建设，一并铸四个铜人，再捎带着铸就四口大钟，以鸣皇威。

铜哪里来？不要紧，众人拾柴火焰高，天下的田亩每亩捐助十文，一切搞定。

就这样，灵帝不光备足了干柴，连火种都准备妥当，万事俱备，只欠东风。

深藏于内的被拯救原始意识，人人都有，只是自己不一定觉察。

东汉中平元年（184），冀州钜鹿（今河北平乡西南）人张角瞅准了在中国历史上留下自己名字的机会。

张角在中原大地上掀起了狂飙，点燃了东汉桓、灵二帝堆积在全国的干柴，大河上下，顿时风起云涌，火趁风势，风助火威，烈焰霎时席卷华夏。

张角以自创太平教起家，自称"大贤良师"，广招信徒，潜心经营十余年，到了灵帝中平元年，已发展成一个庞大的政治及军事组织，青、徐、幽、冀、荆、扬、兖、豫八州的地面上，分布着信徒数十万，并严密地组织为三十六个方，大方万余人，小方也六七千之多，每方各立渠帅，从者早逾百万之众。

张大师以给人看病起家，笔者估计张角所施给患者的符水极有可能是用中草药煎制的，不会全是空口说白话忽悠人。

关键是由桓、灵二帝所创造的客观条件已成熟，老百姓已经到了实在没法活下去的地步了。

人们如果到了与邻居交换孩子杀了充饥的绝境，还有啥不敢干的？

张角的黄巾军起事之后,一呼百应,随者如流,旌旗指处,无不望风披靡,所经州县,皆如摧枯拉朽,一时天下震动,朝廷震动,唯有灵帝逍遥如旧,安然玩乐。

此时皇宫内盛传:天公将军法术天授,撒豆成兵,并有天赐神言:"苍天已死,黄天当立;岁在甲子,天下大吉。"两个主要宦官封谞、徐奉早已暗中备下退路,要与张角里应外合,宰了灵帝,再奉新主。

蹇硕心中大喜:你曹操不是会两下子吗?咱家就助你一臂之力,让你与那天公将军去拼上一拼,到时候张角一把黄豆就替我报仇也!

三月,曹操被夺笔从戎,任命为骑都尉,率兵与皇甫嵩、朱儁一起抵抗颍川的黄巾军。当然,工资也提了,由之前的年俸六百石火线提为两千石。

从现在起,曹操将会逐渐懂得"手里有军队就有了话语权"的绝对真理,就此开始了他戎马一世的厮杀生涯。

菜鸟政府军 VS 泥腿子神兵

张角和他的黄巾军最终以失败告终。然而,黄巾军吃大户的行动却是了不起的,他们吃的是他所能遇到的一切州府郡县。这是一支世所罕见的部队,携家带口,老幼随军,攻下城市的唯一目的就是为了吃一顿饱饭。

也难怪,当时赤地千里,遍地白骨,哪来的后方安顿家小?

丢下了父母妻儿，作战便失去了目的，总不能革命的目标是为了一人吃饱全家饿死吧？所以，部队的累赘也正是它的士气之所在，士兵们的背后就是自己的家小，拼命是不用做政治动员的。

所以，这支百万大军更像漫山遍野的蝗虫，吞噬着所能接触到的一切，所过之处，寸草不留，未经洗劫之州县，惶惶不可终日。

东汉的国家政权慌了神，马上开动了支撑这个政权的军事机器，哪里有反抗，哪里就会有镇压。

久经训练的边防军被紧急调往内地，天下所有地方政权管理下的顺民被紧急动员，无数支新组建的救火大军启动了事先没有预定的灭火程序，武装到牙齿的官军再加上民团——地主豪强组建的地方军队——与渴望翻身做主人的奴隶，展开了你死我活的拼杀！

保皇派：刚被封为慎侯的河南尹何进晋升为大将军，率左右羽林军及京师五营卫戍部队拱卫洛阳。

外围防线由函谷、太谷、广成、伊阙、镮辕、旋门、孟津、小平津八关都尉构成。

另组编了三支机动部队，分别由左中郎将皇甫嵩、右中郎将朱儁、北中郎将卢植率领，实施机动"围剿"作战。至于各地郡守各守本土那自然是分内职责。

另外又大发慈悲，对之前所拘押政治犯、刑事犯一律赦免，一概允许戴罪立功。

造反派：张角称天公将军；其弟张宝称地公将军；张梁称人公将军。主力很快形成了三大军事中心。

人公将军张梁活动于冀州（州治邺城，今河北省临漳县西南邺镇南）的广大地区；地公将军张宝屯兵下曲阳（今河北晋州市西北）；天公将军张角驻广宗（今河北威县东南），成为领导起义的中枢。

其部将张曼成自称"神""卜使"，率南阳黄巾军屯兵宛城，成为南方的黄巾主力；波才、彭脱领导的黄巾军，控制颍川（郡治阳翟，今河南禹州市）、汝南、陈国（治所今河南淮阳市）一线，成为东方的黄巾主力。此外，还有卜已等领导的黄巾起义队伍，分别活动于东郡苍亭（今山东阳谷东北）。

各方黄巾军从北、东、南三个方向对京师洛阳形成包围之势。

其中对京师洛阳威胁最为严重的是颍川方向的二十余万黄巾军，由波才、彭脱率领，剽悍异常，已进军至距洛阳不足三百里。

右中郎将朱儁的三万铁骑没把这支乌合之众放在眼里，贸然"进剿"，结果铁骑难挡亡命之徒，竟被一帮泥腿子杀得丢盔弃甲，以致后勤供应基地长社（今河南长葛东北）暴露敌前，城中仅有左中郎将皇甫嵩率领的步骑兵三千余人，眼看不免城陷人亡，军需资敌。

波才乃张角麾下一员悍将，当然趁大胜余威不失时机地倾巢出动，十万余人将一个仅有三千守军的长社城围了个铁桶一般，并承诺部众：破城之后，开戒三天，劫掠归己。将士们无不雀跃，攻城时人人前仆后继，个个舍命求财。

而那左中郎将皇甫嵩是个极会带兵之帅才，平日对部属恩威有加，虽然兵少，却镇静如常，依仗着长社城高墙厚，将士一心，顽强据守。

只是不知援军何日来到，满城军民寄希望于一人：指挥着五千羽林军的骑都尉曹操。

那初涉军旅的曹操曹孟德现在又在何处呢？

攻城为下，攻心为上

曹操率领着五千羽林军踏上征途，二十九岁的曹操踏入仕途不足十年，已坐上骑都尉——相当于一个旅长的高位，还不暗自庆幸生逢乱世吗？

至于他在自己的诗歌《蒿里行》中所流露出的悲天悯民的句子，那绝对是蒙人的。诗人这样感叹：

> 白骨露于野，
> 千里无鸡鸣。
> 生民百遗一，
> 念之断人肠。

别被曹操给忽悠了，曹操从没因百姓的白骨露野断肠过，也就是想感动一下读诗的人。上了战场，哪怕是对待俘虏，他砍别人的头也从没犹豫过。

现在曹操的部队已悄悄地靠近长社，离波才的黄巾军最外围的包围圈已不足十里。他命令士兵停止前进，借着一大片树林，傍着穿林而过的小河立下了临时应急营寨。

通过不断的斥候骑回报，曹操早已清楚了自己将要面对的是什么，长社被围攻已半月之久，敌人达十万之众，又持击溃右中郎将朱儁三万铁骑的余威，士气正盛；自己如想以区区五千骑兵解长社之围无疑白日做梦，贸然进攻等于飞蛾扑火。

况且自己属长途奔袭，临近敌人时已人困马乏；人是铁，饭是钢，不光士兵需要进食，战马更需要喂饮，傍河结寨便是为了解战马之渴。

《孙子兵法》曹操早已背得滚瓜烂熟，岂能不知"知己知彼，百战不殆"的基本常识？可现在呢？长社城中主帅皇甫嵩的情况不明，敌方波才的具体部署不明，就连自己率领的这五千人马的战斗力也是不明，刚接手的部队，士兵对自己的主将也毫无了解的可能。这仗怎么打？

最要命的是自己部队官兵的士气，士兵紧张的下马动作及略带慌乱的眼神使曹操感到不容乐观，他需要等待战机，尤其是需要解决士兵的怯敌心理。孙子曰：攻城为下，攻心为上。先需要解决的是自己部队的军心！

唯有两点令曹操心里稍安：

一是对左中郎将皇甫嵩的指挥作战能力早有耳闻，提起皇甫嵩的大名，人们都是用崇敬口气的。

二是己与敌人接近到了可以用骑兵冲锋的距离，可还未曾见到过黄巾军的哪怕一个探马，这只有两种可能：要么敌人极度傲慢而大意；要么波才根本就不懂最起码的作战常识，不管是哪一种，都是好事。

曹操沉思片刻，叫过两个副手，如此这般交代一番。二人各率五百骑向东西不同方向疾驰而去。

长社黄巾军包围圈的外围，东西两个方向同时出现官军的小股骑兵。

波才分析，这一定是被击溃的朱儁残余部队，因战败后无法向朝廷交差，而赖在这里进行的骚扰行动。

"把他们诱近些，多预备些绳索、陷阱，人要死的，马要活的，老子正想弄些新鲜马肉补充军粮呢。"

战鼓声声，呐喊阵阵。不一会儿部下来报：

"禀将军，来骑只接近到我军一箭之地，放了阵骑弩便溃散退去，我军追之不及，伏军伤亡十余人。"

波才更加相信了自己的判断："多置藤牌防护，不要再理睬他们，各营留五千军士保护大营妇孺，其余全力攻城！"

长社城头。皇甫嵩被城外的几阵战鼓催上了城楼，开始以为是曹操的羽林军到了，哪知远处空轰隆了一阵雷，没见下雨，城头守军有些沮丧。

远方又是几通战鼓声，皇甫嵩现在有些明白了：这是援军在向自己通风报信呢：我们已经到了，你们一定要坚持下去，如果突围，我们会策应的。

突围？皇甫嵩看着城外密密麻麻的草舍木寨，苦笑着摇了摇头，自己的这三千来人，如离开了坚城的依托，将如同大海里撒进了一把沙子，连浪花都不会惊起的；也万幸敌方没有登城的器具，光靠一些绑扎在一起的云梯暂时还奈何不了长社城。

"传令下去，擂鼓三通，严密监视，不得妄动。"

城外骚扰的小股骑兵，闻到城内的战鼓，像得到了军令一样扬长而去，停止了骚扰。

未损一人一骑的千名羽林军绕道回来了。

进入隐藏在树林中的营寨时大家异常兴奋，出发时的恐惧心理一扫而光，第一次打这么轻松的仗，像去做了一场射击表演，也没见天公将军撒豆来拾掇我们哪。

出发时这位发音"草草"的主将并非草草传令，交代说我们不准近敌百步以内，只准呐喊，不准厮杀，听到城内的战鼓响起便可急退，如折损一骑定要拿将领说事。这回呀，曹操的军队碰上了好运气，像赶集似的一趟跑回来，还超额完成了任务：回营时碰上了一个黄巾军的探马，顺手给俘虏过来，带到了曹操大帐。

阳春四月，天尚微寒。被俘虏的黄巾军探马还赤着脚，身上破衣烂衫，除了包头的一方黄布外，怎么看也不像个当兵的，小伙子憨厚可掬，做了俘虏也没见十分害怕。

曹操大喜，赶紧吩咐手下拿一块马肉来，并松绑赏浑白酒一碗。

等小伙子恢复了精神头，曹操开始了拉家常：

"小伙子，有二十了吗？娶媳妇了没有？"

探马十分不解：怎么这官军里还有好人？这个当官的面虽不善，看样子心还挺好的。吃人家的东西嘴短，总得陪人家聊几句吧？于是有点害羞地回答：

"您眼力不错，俺今年刚二十，媳妇在那边老营里呢。"

"看你身上穿的，咋不让媳妇给做身像样的呢？"

"俺将军说了，打开城就给俺发新军装。"

"在这儿待了多久啦？"

"半个多月了，那城太高，难爬得很。"

"哦——这些天晚上够冷的吧?"

"不冷,俺将军说了,要长住,困死守城的,让俺们都搭了避风的草庵屋,再说,还有俺媳妇每晚陪着俺呢……"小伙子脸有些微红,看样子新婚不久。

"草屋?"曹操心里微微一动,继续和俘虏扯皮:"听说你们都被天公将军施了符咒,上阵刀枪不入,你有这功夫吗?"

"当然,俺曾在天公将军面前演示过,天公将军还赏过俺两斗米呢!"小伙子有些自豪。

"出去给我们这帮弟兄露一手怎么样?不看看谁能信啊。"

"不行,师父说了,随便施法要遭天谴的,我给你们逮住了,也没打算活着回去,只是俺媳妇……"探马显得既坚决又沮丧。

"嗯……你犯的是造反的大罪,论法该灭九族,我今天判你身受一刀之刑,如果真的一刀砍你不死,我就放你回去与媳妇团聚,你服气吗?"

"说话算数?"

"我乃大汉朝廷命官,岂能失信于你一介草民?"

"那俺先给您磕个头,挨完这一刀俺就走,到时候省得告辞了。"小伙子扑通跪下,给曹操磕了个响头,站起身向外就走。

当下曹操心里有点打鼓:难道真的一刀砍不死他?看他心中有数的样子,还真说不定。

来到帐外,几千人除了警戒哨全都把目光集中在了这小伙子身上。

只见这敌军探马甩去上身破衣,扎了个马步,双手按住自己小腹，口中念念有词，登时面色涨红，前胸后背鼓起了数个大包。

军营里的专职刽子手得到曹操的示意，提着行刑的专用鬼头大刀，走到小伙子面前，口里说起了杀人前必说的套话：

"冤有头，债有主，丧命莫怪刀斧手，魂别散，往西走，家人等你去喝酒……挺住了！"

只听一声暴喝，如同刮喇喇半空中响了一声霹雳，寒光一闪而过！大伙全愣住了！

那小伙子不失时机地将身一长，让过脖项，一刀砍在后背之上，啊？竟将锋利无比的鬼头大刀"砰"的一声弹了出去，再看小伙子身上，隐隐只见得一道红印，眼见是分毫未损。

树林内一下子鸦雀无声，空气仿佛凝固。

只听得曹操一声朗朗大笑："雕虫小技，何足挂齿？歪门邪道，斩你易耳！"

曹操亲自走到行刑之处，对呆若木鸡的刽子手说道："借你刀一用。"接过鬼头刀，对刽子手说："还要借你一物。"

"向标下借……？"刽子手一时不解。

"对，把裤子解开，向这刀上撒上一泡热尿。"

四周的士兵却没有一人有取笑之意，还没从刚才的震惊中恢复过来。

"邪不侵正，自古有闻，污秽之物，可破百邪，撒尿上去，待我斩他！"

"你……你说话不算数！"小伙子气极，张嘴欲骂，旁边几个机灵的亲兵伸手把不知什么东西塞进了他的口里，小伙子不断挣扎，却动弹不得。

这边刽子手也顾不得害羞，当即在众目睽睽之下把一股热尿直射到鬼头刀之上。

正尿之间，忽然刀身不见，却见一颗血淋淋的人头滚在了脚下，原来那小伙子已经身首异处！曹操这时已将鬼头刀扔在地上，向大帐走去。

不用多做动员，士兵们一片欢呼，树林里响起了暴雨般的"哗哗"撒尿声。

战地黄花血染红

入夜，东南风大作，曹操听着风声，忽然记起傍晚被斩的小伙子说过的"草屋"一词，若有所思：初次领军，最应谨慎，不怕一万，就怕万一，左中郎将皇甫嵩是个善用兵之将，现在已经知道外面有援军接应，怎会没有任何动作？

敌营全是草木结营，而上风头正是长社城，一旦皇甫嵩有行动，最大的可能便是以火代兵，而自己部队所藏身宿营的树林则正处于下风位置……不好，这个险冒不得！

当即传令：紧急集合，全体拔营，绕过长社城，直扑城南方向的黄巾军后方。

白天的杀俘行为，全体羽林军没有一个人认为有什么不对，反而对主将能破解黄巾军的邪术感到由衷的佩服，现在接到移营的命令自然是理解的要执行，不理解的也要执行，没用一个时辰，部队已顺利出发。

两个时辰的急行军，天未明已集结至预计位置，长社城南二十余里的要道。突然，正北方向一片通明，曹操心中暗呼一声："好险!"

随即吩咐部属全体下马，休息马力，士卒分别以携带的干粮进食，做好行动的一切准备。

回头说长社城中。皇甫嵩白日知道了援军已至，心中稍安，虽不能完全断定是曹操的羽林军，但援军主将是个会用兵之人是无疑的，此人用骚扰之计通知了守城部队，暂时稳定了城中军心，同时又告诉给了自己：兵力不多，暂无力解围。

长社城的防守是没问题的，但有一条战争定律皇甫嵩是明白的：战争的目的是消灭敌人，从没有靠一味防守能赢得战争的。面对拥有十万之众的一只疯牛，从哪儿下刀宰杀呢?

还是呼啸的东南风惊醒了皇甫嵩的沉思，他马上想起白天在城楼之上看到的情形：一眼看不到边的是黄巾军连绵不绝的草舍营寨，眼前突然出现了一幅遍地火海的图画，他甚至听到了敌人的营寨在烈焰中噼噼啪啪的燃烧声，哼！敌人毕竟是一群乌合之众，大概连《孙子兵法》是何物都未知也！

在军事行动上，皇甫嵩历来是雷厉风行，从不拖泥带水，时已三更，再不行动，更待何时？当即传令：所有部队，全部集中北城待命突击，紧急悬赏敢死队员三百名，各带火种，用长绳缒城而下，秘密接近敌营，同时举火，火光就是城里突击部队的命令，到时城门大开，趁风跟在大火后面，扫荡残敌。

风火席卷之处，人海又有何用？至于外围的援军，想来也绝不会隔岸观火，一场大胜，就在今日。

　　一切正如皇甫嵩所预料，城外的黄巾军自恃人多势众，根本就没料到敌人会骤然而至，但只见瞬间火起，周围已是满目通红，风借火势，呜呜怪响，火光之中，敌军呐喊如潮，谁能知索命者有多少？

　　波才从睡梦中惊醒，不及披挂，火龙已卷到眼前，此时欲拼命却不知去找何人，自古水火不容情，天公将军并未教自己避火仙诀，只能飞身上马，要以马力对决风速火势，试看逃命谁能追？

　　常言道，兵熊熊一个，将熊熊一窝。主帅带头当起了运动员，开始了与火头子赛跑的运动，当兵的还能落后？于是大家争先恐后抢上逃命之路，一时人践马踏，争路不惜拼命。

　　这时候谁是我们的朋友？谁是我们的敌人？就一条标准：让我者友，挡我者敌。刚砍翻一个前面碍路的，转眼自己又被不知哪来的一枪捅了个透心凉；左边刚抢过不知谁家的包袱，右边自己美貌的妻子不知被谁拎上了战马，回头刚张望七十岁的老母亲，低头一瞅自己的左腿不见了踪影；黑暗之中，满眼见到的唯有遍地烟火，纷乱声里，耳听到的俱是哭爹叫娘。又怎是笔者用一个"乱"字所能形容？

　　皇甫嵩身先士卒，放马屠杀。这时候，已经不用发布任何命令，原始的野性已挣破了任何约束，战场的局面已经成为一群杀人的疯子到处追逐更多逃命的疯子。

　　人什么情况下跑得最快？绝对不是短跑运动员的百米冲刺时，肯定是在夺路而逃时，这时候人的内在能量才能得到最大限度的释放。

　　正是由于笔者前面指出的原因，那波才及所部高级将领这次与死神赛跑的速度超常发挥，气得皇甫嵩心中暗怨朝廷没给自己配备一架直升机，现在唯一指望的就是那还没参战的援军了，这时候皇甫嵩还不知道其指挥员是名不见经传的曹操。

曹操呢？他已经及时地把自己率领的五千骑兵织成了一张大网，牢牢地罩住了黄巾军的南逃之路，根本不用做什么战前动员，羽林军人人憋足了劲儿，要凭此一战而封侯。痛打落水狗的套路，人人都有此兴趣。

仓皇逃命的波才像一只慌不择路的兔子，一头撞进了曹操织好的大网里，只可惜连困兽犹斗的勇气也没有了，只得被漫山遍野的黄巾部众裹挟着东一头西一头地乱撞，骑在马上目标太大，舍弃战马又有可能被乱军践踏丧命，真有点骑在老虎背上的感觉。

一阵乱箭射来，替波才解决了抛弃战马与否的难题，坐骑中箭，波才翻身落马。身边的贴身护卫早不知贴向何方，混乱之中又有谁认得什么将军，什么神仙？几骑战马袭来，一群头顶黄巾的士兵将他连踏带挤，波才无奈英雄落水，滚到了河中。

哪知竟然因祸得福，波才幼时在河边长大，简单的狗刨自然不在话下，当下只觉心头一片空明，计上心头，又上眉头。他双眼微闭，屏住呼吸钻在两具浮尸之下，扯过死人头上的黄巾，盖在自己英俊的面庞之上，脚丫暗踩绿水，顺流而下，竟然逃得了一条性命。

据说，三三制战术原则的原始发明人应该是曹操的羽林军，笔者有下面的文字记载为证：

羽林军的杀戮行动没有经过战前训练，他们本能地分为三人一组，分工合作，配合娴熟。锥子形的杀人小组，首骑专管放血，左后骑负责割头，右后骑承担收集脑袋。这样的杀人程序使工作效率得到了成倍的提高——摘自长社战役的战后总结报告。

曹操持戟立马于高坡，平静得如同一潭静水，他的目光扫视着目所能及的屠宰场，心里不时也涌起一丝微澜。

五千铁骑下颍川

前面说了，落水狗人人爱打，其实不是爱打，是敢打，对无力还手的人打他两下是净赚不赔的买卖。

右中郎将朱儁的三万铁骑被打了个稀里哗啦，当了半个多月的落水狗，万幸波才不是个善打落水狗之人，才得以残喘，收集残部。只是他对黄巾军的拼命战法心有余悸，不敢靠近，所以只好带着剩下的一万多骑人马在长社周围打圈子，其实他现在的兵力要超过皇甫嵩、曹操的一倍尚多，只是士气没了，无胆再战。

现在机会来了，长社的火光也像提醒曹操一样提醒了朱儁，使他也明白了发生了什么。这朱儁其实也不是个泛泛之辈，因为自己的右中郎将官职不是花铜钱买来的，有些骄傲自大，自恃是正规军看不起农民，才吃了大亏。现在落水狗的角色换了位置，他立时由落水狗变成了一只饿虎，恶狠狠地扑向了已成为落水狗的起义军。

被波才丢下的黄巾军先遇火灾，后遭皇甫嵩的趁火打劫，紧接着再受曹操骑兵三三制杀人小组的猎杀，现在又经历朱儁不失时机的打扫战场，十万将士，灰飞烟灭，老弱眷属，皆尽无头，被杀红了眼的官军抢去做了报功凭证。

战事已息，三路人马胜利大会师。皇甫嵩格外看重这位新部下曹操，破格请他进帐商议下一步行动方略。要论级别及资格现在根本轮不到曹操发言：位已四品的左右中郎将议事，哪有你这个六品骑都尉说话的份儿？

朱儁乃败军之将，还沉浸在对皇甫嵩的感激之中：由于皇甫嵩的这场胜利，自己的这颗脑袋不至于被朝廷砍去了。皇甫嵩刚才还表示："朱将军，前次的小挫，先不要急于奏报朝廷，待我统计完战果，由我上奏就是了，我们先败而骄敌，后用计围歼，朱将军此役也斩敌首甚多，朝廷不会怪罪朱将军的。"

朱儁明白了：皇甫嵩是打算把两战合为一役。这样，自己非但能躲过朝廷惩罚，立功升职也成了顺理成章的事，不由感动得热泪盈眶。现在皇甫嵩征求下一步行动意见，反而不好意思开口了，虽然他心里清楚自己的部队此时最需要的就是休整：伤亡过半，建制已全部混乱，有的部队竟然只有干部，没有战士，而有的营却是有兵无官，长官已阵亡，还没来得及任命新的。

曹操就不同了，五千铁骑，未损一人一马，实在是从未有过的罕见战例，要说他们根本就没参战吧，入长社城时每骑挂的都是葡萄串似的人脑袋，两万多人头列成大片，也是蔚为壮观的。

曹操初涉军旅，没管官场上虚三假四的那一套谦让，见长官问计于己，便毫不客气地侃侃而谈：

"现在的军事态势还容不得我们摆庆功宴，贼首波才漏网，必投其老巢颍川，颍川尚有他的近十万贼众，其同伙彭脱也带十万余人于西华（今河南西华南）出动，向颍川靠拢，据探马报，汝南陈国黄巾军已经全军出动，增援波才，现已达阳翟（今河南禹州市），一旦贼众合流，其势必难当也！"

皇甫嵩、朱儁对曹操不由肃然起敬：这小子不是个凡夫俗子，据着旅长的位子，想着兵团司令的活路，日后不可限量。同时点头认可，示意他继续分析。

"此役赖天子洪福，将军雄才，贼波才惨遭重创，但百足之虫，死而不僵，我军决不能静待他恢复元气，现在饥民遍地，故军之兵员补充非我军能所及，如不立即进剿，患莫大焉！"

皇甫嵩、朱儁内心不由一阵苦酸："是啊，我们如随便招兵，饷从何出？朝廷有定制，谁敢多编一兵一卒？一旦自己拥有了与黄巾军若等的军力，也就是自己被灭九族之时，在这一点上，朝廷会比对付黄巾军还要果断。"

"眼下漏网贼众不下万余，皆奔向颍川，实是在帮我军大忙，他们带给颍川贼众的必是惊恐无疑，我军不趁此时进军，更待何时？"

响鼓不用重槌，皇甫嵩略一沉思，当机立断：

"孟德高见，言之有理，就烦孟德率本部羽林军为前部先锋，立即进军颍川；朱将军领本部建制尚齐之五千铁骑为接应，嵩驱我军剩余全部主力为后援，连夜起兵，我等建功立业当在今日！"

"遵将令！"

曹操、朱儁领命而去，皇甫嵩心中暗叹前太尉桥玄大才："早闻桥太尉断言，安天下者必此人也，今信之哉！"

古代升官定律：文官是撒着金子银子开道，踩着同僚的肩膀攀登；武将则蹚着敌人鲜血前进，提着自己的脑袋飞升。

曹操最高明，文武之道各用一半，既仗着老爸替自己撒银子开道；又用敌人的鲜血给自己洗尘，里面掺点部属的血那也是免不了的，自己的脑袋是提不得的，提别人的脑袋曹某向来乐意。升官只是时间问题。

波才也算是提着自己的脑袋逃回了颍川。他既恨敌人狡诈，又怨老天不公，唯独没责备自己大意，计点颍川部众，尚有十万出头，狂妄之心又起，复仇！胜败乃兵家常事，血债要用血来偿！

于是妇孺老弱暂留颍川，尽起全部精壮，漫山遍野，杀奔长社而去。

曹操率五千羽林军连夜袭向颍川，行至四更，斥候骑飞马来报：前方不足十里，望不到边的火炬，数不清的人马，遮天盖地迎面而来。

曹操顿时明白了是怎么回事，一面命斥候骑飞马通知后面接应的朱儁部队，一面盘算自己的五千骑现在能干些什么。

迎面冲锋？敌军势众，五千骑也不过阻挡敌军一时，而自己难免死伤惨重，把自己的性命丢在这儿？我阿瞒不干；可敌我双方眼看就要迎头相撞，回头远遁就能避开这汹涌而来的洪流吗？就算自己的部队躲开了，后面的朱儁、皇甫嵩又岂不是难免全军覆没？立即进攻颍川的建议，难道我错了吗？

进攻颍川？曹操心头一亮，知道了自己该做什么。

他当即唤过身边一名亲兵，取出一方绢布，用一只熄灭的火把炭棍写下了十二个大字：

让开敌锋，焚其辎重，吾袭颍川。

亲兵接过绢布，策马向朱儁的接应部队疾奔而去。

一道骑都尉的军令传下来，也是十二个字：

横向迂回，绕开贼军，直击颍川！

历史上著名的绑架案

皇甫嵩接到前方朱儁、曹操的飞骑战报，欣慰自己没看走眼，立即命令本部主力骑兵，下马休息马力，做好出击准备，所有弓箭手、掷弹兵顶到最前面，在一条不宽的小河岸边，据河死守，有后退一步者，力斩无赦。

曹操的羽林军接近颍川时简直不敢相信自己的眼睛：由于持续不断接受昨天从长社逃脱的残伤士兵，颍川城竟然连城门也没关！

机不可失，曹操一马当先直冲进城去。

没发生多少像样的战斗，羽林军便控制了全城，十余万黄巾军的眷属、伤兵做了曹操的俘虏。这一次曹操没有再让士兵们过一把杀人瘾，命令士兵释放所有战俘，全体赶往长社的方向，于是一支更大的人流泻向昨夜黄巾军出征的路途。

只不过这一批是一群十余万只毫无抵抗能力的绵羊，被五千只饿狼驱赶着，走向自己的亲人，哭喊之声震天动地，声闻数里，这中间却没有一个人意识到，他们将给前方自己的子弟兵带去灭顶之灾！

汹涌如潮的黄巾军在一条河边遭到了坚决的抵抗，河虽不宽，却也无法涉水而过，对岸箭石如雨，架桥的士兵死伤惨重，河边的尸体已堆成了又一道河堤。

波才气得暴跳如雷，严令士卒不计伤亡冲过河去，怎奈火无情水也无情，利箭飞石更无情，抢渡的士兵面对激流箭石前进不得，后退更无活路，波才用鬼头大刀组成了督战队，大多刀口已砍得卷刃，上面滴流的全是自家弟兄的鲜血，此境地便真正是进是死，退也是死。

朱儁的五千骑兵在接到曹操已在颍川得手的消息后出动了，士兵们一改初战黄巾军时的怯懦，不计伤亡地扑向黄巾军后方的辎重车辆，仅一个冲锋便在黄巾军辎重车队放起了大火，虽然无风助势，但冲天的烈焰浓烟使前面却步不前的黄巾军更加混乱起来。

波才看到后方辎重被毁，反而更激起了野性，命令全军弓箭手分为前后两个方向，不救辎重部队，防住后方偷袭，全力渡河。

"就是用尸体填平这小河沟，也要冲过河去！成败在此一举，全军压上，停步不前者斩！"

应该说，波才的这个命令是对的，事实也是如此，皇甫嵩已经快坚持不住了，自己的弓弩手、掷弹手已在敌军箭雨中伤亡过半，步兵已与少数抢过河来的黄巾军展开了贴身肉搏，尤其是敌军真的用不着架桥了，河中已填满了死的、活的黄巾军士兵，河水将近断流，对方已杀红了眼。

自己的骑兵已全部上了马，准备进行最后自杀式的一拼。皇甫嵩几次欲挥手骑兵出击，都停住了举在空中的手，不行，这是最后的本钱，是扫荡残敌用的，我还有一丝胜利的希望，那就是曹操能在颍川带来奇迹，胜败系此一线！

朱儁用火把点着黄巾军的辎重后就对波才的后队进行了突击，一轮又一轮，一波又一波，眼见自己的五千骑兵已倒下了三分之一，可还是冲不过敌军的箭雨。

而皇甫嵩方向越来越密的战鼓，沉雷轰鸣般的呐喊，使他意识到：最后的时刻到了！现在朱儁甚至有些恨自己，为什么不在半月前的初战中战死？也省得经这一败之辱！他提起了长刀，准备带全部剩余的骑兵进行最后的冲锋。

快成功了！波才跨上了战马，他也要亲率部众进行最后的冲锋！

突然！世上很多即将成功的事都坏在"突然"这两个字上；很多眼睁睁要失败的结局也因这两个字变成了成功。

波才、皇甫嵩、朱儁以及他们率领的所有将士现在都遇上了这两个字。

突然！看不到边的黄巾军的老弱妇孺越过了还在燃烧着的辎重火线，蔓延而来，伴随着她们的是撕心裂肺、惊天动地的哭喊。

远方，曹操的五千羽林军列开望不到两头的横队，看不尽纵深，有点庄重地，慢慢地，挤压了过来。

没有一声呐喊，听不到一声马蹄，像在行进中的阅兵式，傲然肃穆。

从隐约的哭喊声传到波才的耳朵那一刻起，从高坐在战马上回头望见那滚滚而至的黑线那一刻起，波才就明白，完了，这一仗到此结束了，自己的生命也即将结束了。

颍川的十余万家小赶到了战场，是被敌人驱赶着来的，这仗还有办法打下去吗？她们的丈夫、儿子、兄弟、父亲还有力量向前冲杀吗？再庞大的一支军队，只要被抽走了脊梁，吸走了灵魂，就成了任人剥皮剔骨的躯壳。而那哭喊而至的人们，就是这支起义军的脊梁，就是包括他波才自己在内的这支军队的灵魂。

波才悲愤地长啸一声，纵马向对岸冲去，后面没跟来一人一骑，大家都转身奔向了自己的亲人……

波才不是去冲锋，是去自杀，他对这个令他肝肠寸断的世界产生了巨大的恐惧，他不想睁眼看到最后的结局。

波才这一最后的目的达到了，坐骑趁着惯性踏着尸体冲上了小河对岸，连人带马也同时成了一只刺猬，据后来割他的头颅的几个官军说：箭杆、箭头密得无法下刀。

皇甫嵩、朱儁、曹操的官军按部就班地进行了余下的工作，那就是对这么一大群放弃抵抗的羔羊进行耐心而细致地宰杀。

放不得，造反理应是死罪，释放造反的人？谁有这个近似造反的胆量？

就算朝廷不追究，谁又能担保被释放的造反者不再去造反？不造反，他们吃什么？靠什么活下去？

不放又不杀就得养着他们，谁给养他们的粮食？饿极了肯定还是要出事，出了事不是还要杀吗？早晚都免不了杀，何妨现在就杀？

最重要的是，现在割下他们的头是能向朝廷报功的，人头也代表着官位，代表着银子，能铺平自己的仕途。

小河的水又哗啦啦地流了，不过那里面掺了半河的人血，小山又多了几座，不过那是由人头堆成的。

有人得到就有人失去，造反的农民军失去的是生命，皇甫嵩得到的是都乡侯的爵位及左车骑将军的高职；朱儁经皇甫嵩力保被封西乡侯并晋职镇贼中郎将；曹操在又经历了几战后被保举为济南相（相当于太守），达到了他人生的第一个目标。

其实出力的啥时候也不如看戏的，这几个在前线拼杀的功劳怎么也比不过天子跟前的宦官，黄巾起义的大火刚被扑灭一半的时候，汉灵帝就根据脑力劳动也是生产力的科学论断，将除了因暗通黄巾被圣裁的封胥、徐奉之外的张让等十二名宦官皆封为侯，理由是：

平黄巾有功。

灭火行动总结报告

东汉中平元年（184）黄巾起义大事记：

二月，钜鹿人张角自称"大贤良师""天公将军"，领导的黄巾大起义爆发。三十六方义军同时举事，天下响应。

四月，张角部属波才率部击败朱儁，进而包围皇甫嵩于长社。后因缺乏作战经验，依草结营，被皇甫嵩乘夜顺风纵火，义军溃败。皇甫嵩又会合朱儁、曹操三军合击，义军数万人被杀。波才战死。后又败彭脱部于西华。

与此同时，北中郎将卢植率军全力围攻广宗的黄巾军，苦战了三个月也没有摆平，灵帝改派东中郎将董卓接替卢植，也为张角大败于下曲阳。

六月，朱儁部在"剿灭"颍川黄巾军后，转攻南阳黄巾军，与荆州刺史徐璆、南阳太守秦颉合兵一万八千余人围攻宛城。黄巾军奋死坚守，两个月也没有攻下。

朱儁见城坚难攻，退兵诱敌，暗中设伏。黄巾军不明虚实，出城追击，遭官军伏击，损失惨重，被迫退守宛城。终因主力被歼，危城不守，余部在孙夏率领下于十一月向西鄂附近的精山（今河南南阳市西北）转移，朱儁率部追击，孙夏等万余人战死，南阳地区黄巾军主力被歼灭。

八月，再败东郡（郡治濮阳，今河南濮阳市西南）黄巾军卜已部于苍亭，斩首七千余级，卜已被俘杀。东郡、汝南、颍川三郡黄巾军主力覆灭。

十月，东汉王朝再调皇甫嵩为帅，进攻广宗。适值张角病死，黄巾军失去了主帅，士气大挫。皇甫嵩乘势突然发动夜袭，义军仓促应战，张梁等以下三万余人战死。

十一月，皇甫嵩挥师转攻下曲阳，张宝战死，全城十余万人被屠。

至此，黄河南北的几支黄巾军主力先后被东汉野战军、地方部队及私人武装各个击破。

注意了吗？扑灭这么场大火，政府军仅用了不足十个月。

最具有讽刺意味的就是，自称"大贤良师""天公将军"的张角竟然是病死的，而且是在起事后的第九个月。

这可以让笔者推理出如下结论：随着半仙之体的张角病死，他的追随者心中的信仰必然轰然倒塌，一支失去了信仰的军队是没有战斗力的。

当然，黄巾军失败的原因绝不会是由于仅此一点，与当时的既得利益获得者的联合镇压有直接关系。

至于这场大火的余烬断续地燃烧了八年之久，是东汉政府没有料到的。这个政府也没有吸取"水能覆舟"的教训，反而变本加厉地对身上仅剩下骨头的农民进行更加彻底的榨油，这也就同时生产了更多用于自焚的干柴，不彻底焚烧自己这个腐朽的王朝，汉灵帝是不会罢休的。

有了"剿灭"黄巾贼寇这个伟大的理由，中国各地的州牧、郡守开始冠冕堂皇地武装自己，华夏大地上已开始出现了军阀割据的雏形，中央政府的实际管辖范围已仅限于京城周围，朝廷开始向"橡皮图章"的功能过渡。这时的汉灵帝，已经聪明到了把自己攒下的铜钱藏到宦官家里的地步，与宦官的亲密程度已经远远超过爹娘。

大将军何进也借着自己是皇帝大舅子的身份分了一杯羹，由于内有枕头（何皇后）外有拳头（军权），这个昔日的杀猪匠的权势，已隐隐能与宦官集团分庭抗礼。

在对黄巾军作战中屡战屡败的董卓反而渐成气候，他凭着屡败屡战的耐心反而从中郎将升为破虏将军。这董卓也算是个奇人，奇在什么地方呢？他指挥的汉军是地道的内战外行、外战内行，与造反的农民军作战全败；跑到凉州打戎狄、羌人却是全胜。

当时朝廷也是苦于无人可用，所以竟然让他在凉州发展了近二十万骄兵悍将，没奈何只好委任了他个并州牧，算是割给了他一方地盘，盼着他能放弃西凉兵的军权。董卓可不干，要带他的凉州部队去接并州牧的大印，这下朝廷没招了，只好默认。

在与黄巾的作战中屡建奇功的皇甫嵩做了左车骑将军，领冀州牧，封槐里侯，声望已经达到了巅峰。民间的歌谣这样颂扬他："天下大乱兮市为墟，母不保子兮妻失夫，赖得皇甫兮复安居。"

就这等人物也免不了遭受宦官的敲诈，宦官张让路过冀州，就干脆明打明地跟老皇甫要五千万铜钱，皇甫嵩没理这个茬，张让回京就让皇帝收了皇甫嵩的左车骑将军印绶，并削了他的封户六千。

长沙有个造反的叫区星，自称将军，聚了一万人，被议郎孙坚给灭了，孙坚也走运做了长沙太守，被封为乌程侯。以后东吴的老班底就是从这时候积攒的。

涿郡涿县人刘备刘玄德这时候也因"剿"黄巾的军功当了个小官：安喜县尉，也就是个县公安局长的角色，就这也没当长，因为揍了上边来敲诈勒索的巡视员督邮二百柳棍子，挂印潜逃，被全国通缉，后来凑巧在何进招兵遇袭时帮了何进一把，才将功折罪混了个下密县丞（副县长）。后来分天下的三家中就数这刘备的起点最低。

曹操小时候的朋友袁绍现在已经在中央任职司隶校尉，仕途前景最为看好。

曹操老爸的太尉高官就是这期间花了一亿铜钱买来的，看似不贵，却让汉灵帝给忽悠了——正应了那句俗话：南京到北京，买的没有卖的精——太尉这官只让他干了五个月。中平四年（187）

十一月卖给的官，第二年四月就给免了，曹嵩的这一亿投资肯定没收回来。

生意场上，有赚有赔正常，这官场也没有啥不同，实质都是一样的。

曹操本人的济南相可是凭自己的军功挣来的，没用花铜钱，支付是农民军的脑袋。只是这即将就任的济南国可不是一个易混的地方，这是河间王刘利之子刘康的封地，济南国内所有的赋税归济南王刘康享用，中央政府派的国相则负责一切行政管理，虽然品级相当于太守，实际上是个两头受气的差事。前几任国相都是敷衍了事，得过且过，安稳地熬过任期走人。

现在轮到曹操了，济南的一帮地头蛇对马上到任的新国相早有耳闻，一直摩拳擦掌，就等曹操到来：

给他个下马威，让他领教一下孔圣人老乡的厉害！

汉代的路上也有"三乱"

曹操来就任的济南国，位于现在山东省的中部。

当时的济南国下辖十县，整个侯国的官场情况大概是这种情况：如果把大小官员全部推出去砍头，兴许有个把冤鬼；要是隔一个杀一个的话，那肯定漏网一大批。尤其是十个县的县令、县长（东汉时万户大县为令，小县为长），无一不是捞钱大师，并且个个与中央权贵、宫内宦官有着千丝万缕的瓜葛。

在对待东汉朝廷的态度上，济南黎民"拥汉安刘"，百姓造反踊跃。

西汉时的城阳景王刘章对汉朝有功，济南人就建祠纪念，一个小济南国竟达六百多处，百姓借祠堂前阔地成集设会，常年香火不断，人民对大汉朝的忠心可见一斑；黄巾军举事，济南人积极响应，踊跃参加，而且作战剽悍异常，对"大贤良师"张角的忠诚度像对大汉功臣磕头一样虔诚。

尤其是在张角举事前济南还出了个"方"级首领唐周，活跃非常，竟潜入了京师洛阳，联络上了宦官封胥、徐奉，准备给东汉政府一个心窝开花，一举宰了皇帝，占领京城。

张角的另一个大方领导马元义无比信任这个济南人唐周，随他一起潜入洛阳指挥起义，这唐周忽然唤醒了内心深处对汉朝的忠诚，勇敢地向政府投诚，并反戈一击带领政府特工逮住了马元义，宦官封胥、徐奉当然也被及时镇压。

曹操上任前对这个即将由自己治理的侯国调查研究了一番，官风民俗已了解了八分，剩下的两分他要靠自己的眼睛实地观察，做到十分有数。

一天，他轻骑简从，进入了济南国境。

前方正逢庙会，城阳景王祠内香烟缭绕，祠外人头攒动热闹非凡。曹操作为一方国相，当然想去亲身体验一番百姓苦乐。尤其现在黄巾起义之大火虽灭，余烬未断，人群聚集之处，最是反政府分子活跃的地方，不可不防。

到庙会需经过一座小桥，曹操把马交给两名亲随牵在后面，走上了小桥。

"站住！"

两杆长矛十字交叉，拦住了下桥的路。

曹操举目看去，两个差役模样的小伙子表情严肃认真，大声喝问："干什么的？"

曹操暗暗点头，看来此县的县令还不错，尚尽职守，安全防护意识很强。

"过路的，去庙会逛逛，请二位给个方便。"曹操态度甚为谦和，二亲随牵马跟在曹操身后，因早有吩咐，只是静看着差役对主人盘查。

"赶庙会？交过路费，每人五个铜子。"这差役并不盘查什么，是设卡收费的。

什么过路费，也就是随口问问而已，目的是要钱。

"哦？这过路也要交钱？可有收费凭据？"

两个差役对望了一眼，那神情好似遇上了火星人，心想，还没碰上过有敢问收费依据的。于是其中一个大声骂道：眼长到腔上去啦？没看见旁边的官文吗？

曹操顺着一个差役的手指看去，桥边果然竖着一方木牌，上写几个大字：自觉交费，闯关可耻。下面还有历城县令的手署落款。

曹操自然心里清楚，这济南国唯有济南王有权收一切费税，不用问，这是乱收费行为。而且还打着政府招牌，可恶！

"这收费令不是明明写着每人两文吗？怎么二位念出来就成了每人五文？"

曹操也不生气，仍然和颜悦色。

"让俺这帮弟兄白忙啊？谁是喝西北风活着的？"

差役的解释的确有理，曹操一时无话可答。

"如此这庙会我就不赶也罢，走，我们回去。"曹操示意自己的随从往回走。

"回去？你们三马三人已经上了这桥，就是往回走也要交压桥费，每人两文，马每匹三文，交了钱再走，还没见过有能逃费的。"差役心里暗气：真是个小气鬼，要钱不要脸啊。

曹操明白了：前行后退都免不了这十五文铜钱，这两个差役也不愧挤钱的好手。本来就没打算往回走，不过想看看对方的反应而已，于是示意亲随交钱。

谁知两个收费员看见过路的犹豫，自己先沉不住气了：

"看你们这个小气样，一辈子也发不了财，不要凭据的话让你们三个五文，交十个铜子滚吧，再出门别骑着马充大爷，想省钱在自家炕头上趴着去，别出来丢人现眼！"

曹操却不省那五文钱，规规矩矩地让亲随交了十五个铜钱，并索要了收钱的凭据：十五根竹筹。

一路转悠到国都东平陵（今章丘龙山镇城子崖东）的国相府衙，竟然积攒了半马褡竹筹，这山东公路上的"三乱"名不虚传，收费站平均不到二十里一家，逢庙会两头都有，来去双交。

曹操现在已经确定自己新上任的三把火该先点哪一把了，就从这六百座城阳景王祠烧起！

官大一级压死人

由于对曹操杖杀宦官蹇硕叔父的英雄事迹早有耳闻，十位县太爷人人都胸有成竹，各自有一套对付这新来上司的手段。

准备攀上一起吃过糠的有之；设计扯上一起同过窗的有之；编好一起扛过枪的有之；还有两位在朝里的根子硬点，根本就瞧不起这位战壕里爬出来的上司，不就是杀了几个老农民吗？先给他个下马威再说，掐瘪了你再塞点铜钱撑圆你，不信小羊不吃麦苗！

首次国相召集的联席办公会就在这种各怀鬼胎的气氛中开幕了。

必不可少的官场寒暄已毕，十位县太爷静等国相发表就职演说。

曹操面色凝重，双手捧过国相大印，供在公案正中，趋步案前，正冠舒袖，跪了下来。

不用人教，十县令忙不迭地跟随着跪在曹操身后，个个心中暗骂：啥年代啦？还捣鼓这一套。

心里的话谁也不敢说出口，头还是要跟着磕的，国相即一郡太守，对治下官吏具有奖罚罢黜的大权，也就是说自己的饭碗端在人家曹操手里，人在屋檐下，怎会不低头？三拜九叩之时，心里尚念：中午的招待会议大宴，不知何等规模？

曹操没用语言就告诉了十位县令：现在我是上司，你们只有服从领导的义务。

"赖天子洪福，将士用命，黄巾贼酋授首，余孽雀散，全国的形势一片大好，不是小好！"这开场白大家颇觉新鲜，怎么先给上开了政治形势课？

"但树欲静而风不止，敌人亡我之心不死，吾等蒙圣上重托，倚为干城，当为朝廷分忧，解民倒悬，是应警钟长鸣于耳，社稷常挂于心。"县太爷们有点蒙了，怎么喊起了口号？这位国相到底想说些啥？甭费那脑筋，先跟着大家喊吧：

"吾皇万岁万岁万万岁！"

"但据密报，济南国内，黄巾余党猖獗，借城阳景王祠百姓集会之际，蛊惑人心，意图不轨，实乃朝廷心腹大患！"曹操话锋一转，直奔自己的主题：

"本相现严谕，立即拆除所有城阳景王祠庙，禁止私成庙会，撤除济南国境内所有收钱路卡，以免激起民怨，之前所搜刮的所有不当之铜银阿物，以今日之前一年为界，造册补实解入国库，违令者本相必当以黄巾同谋论处，先斩后奏，力斩不赦！"

县太爷们这下才真傻眼了，敢情这位新国相是专门来拆庙的呀！撤除关卡，禁止庙会，这是要断爷们的财路啊，那还不如先刨了俺们祖坟，宰了俺们爹娘呢！

一个个小眼直瞪，正襟危坐，就是没有一人说出"遵命"二字。

俗话说"客大欺店，店大欺客"，就看双方谁摆的谱大；两军对阵，先比气势；两个泼皮动老拳，就看谁豁得上命。

曹操先声夺人，一句"先斩后奏，力斩不赦"镇住了形势，连原先想给曹操下马威的那两位也瘪了，忘了事先对同僚吹下的牛皮，低头不敢吭声，正应了那句老话：官大一级压死人！

曹操言辞已毕，立时和颜悦色："诸位大人有甚难为之处，不妨当堂明言，本相不怪罪直言相谏之人，实是贼情严重，万望诸位大人体谅本相难处。"

见事情有转机，一位白须县令率先壮胆发难：

"大人初到任上，大概尚未明了济南民俗：此方百姓皆我大汉良民，百姓报国之心拳拳未可相欺也，城阳景王祠，香火相传数百载，所燎皆尽民意，聚敛无不民心，况且所供乃我大汉先王，毁之关乎民望，损之断乎圣德，万望大人三思而后颁相令，则先王幸甚，百姓幸甚！"

曹操微微一笑："本相承教，诸位可还有异议？尽管道来，容本相斟酌。"

见有人带了头，其他县太爷们立时胆壮，一时间各抒己见。

"先王圣庙，关乎国本啊！"

"失民心者失天下也！"

"民心未可欺也！"

"呜呼！悲哉！"

"有关圣体，有关大人前程啊！"

……

曹国相极有耐心，谦虚恭敬地等待大家各抒己见。看看县太爷们口干舌燥，火候差不多了，起身咳嗽一声，大堂登时鸦雀无声。

"天色不早，时已近午，各位大人远来是客，曹某当尽地主之谊，就在这堂上便餐可好？"

国相英明啊！

曹国相的第一次午宴

大堂上下，一片欢腾雀跃。曹操两手稍按，止住大家激动的情绪，继续陈述午餐方略：

"吾等既食君禄，当忠君之事，既为百姓父母，当与百姓同乐，今天本相购得府衙四周百姓之家常所食，与诸位大人共享。"

县太爷们一时还没回过味来，心说反正吃的是国家的，不吃白不吃，吃了也白吃，白吃谁不吃？管他啥饭呢，先不掏腰包混个肚圆再说。

曹操两掌相击，堂下相府差役闻声送上饭来，十几个差役每人一方木托盘，上面大概为了讲究卫生，盖了与黄巾军头顶的一样的黄巾，令人不禁怀疑这每个托盘上面摆放的莫不是一颗血淋淋的人头？十位县官中的聪明之人隐隐感到事情有些不妙，暗恨自己怎么忘记了那句名言："天底下从没有免费的午餐！"

曹操热情如故："本相初来乍到，当算新人，所以应开先河，咱们今天就摆一个新型的接风宴，今天的午饭济南国百姓想进而无钱购得，有此物充饥也不至于饿殍遍地，与之相比，吾等幸甚！"

挥手之间，差役扯去蒙遮食物的防尘黄巾，一股酸馊之气立时溢满大堂，众县令屏住呼吸往托盘之上看去，一个个不禁几欲作呕：每托盘之上，放一个人头大小的黑绿菜团，也不知是什么野菜或树叶做的，又难猜用何物把它们粘在了一块，只是隐隐嗅到一股酸苦之气。这怎能是人吃的东西？

曹操却有一股狠劲，率先取过自己面前的菜团，说罢即把手里的菜团向口内送去，大嘴小口，眼见菜团变小，竟然吃得津津有味！县太爷们目瞪口呆，犯了大难：

不吃吧，曹国相以身作则，带头进餐，那可是自己的顶头上司，我能吃你不能吃？学着曹操的样子吃吧，这东西闻着就想吐，入口怎下咽？

曹操已经把这菜团吃到了政治的高度，还有谁敢不吃？性命要紧，狠心吃吧！哇呀！比受刑被灌辣椒水还要难受万分，是苦？是咸？是涩？是馊？是酸？抑或是五味俱全！咽喉不由己，偏不往下咽，胃里一阵痉挛，酸水直欲向外翻！真想哭出来："苦啊……"

问题是脸上还不能显出一丝痛苦状，还要像曹国相一样，进得那么香，吃得那么甜！难煞俺也！

就在县太爷们五脏翻滚，满面虔诚，喉如过刀，品哂香甜之际，曹操面前的馊菜团已被他狼吞虎咽、风扫残云般吃得一干二净，口内还哂哂直响，好似意犹未尽。

饭毕，拾掇了餐具，接着开会。曹国相发了令，差役们捂着鼻子清理满地的菜团渣，将托盘撤下，一个好奇的差役在拿走曹国相的托盘时看见托盘上沾了颗豆粒大的菜团渣，悄悄地放在了舌尖，想体验一下大人是如何受得了这份罪的，突然愣住了：甜哪！哦——曹国相的菜团是蜂蜜做的？禁声！烂在肚里，打死也不能说出去的。

下午的会议上，大家实在没力气发言了，曹操做总结报告，大意是：

今天的会议开得很成功，大家做到了知无不言、言无不尽，希望大家今后继续发扬这种优良作风。但是，本着下级服从上级的精神，现在决议如下，注意，决议形成以后，理解的要执行，不理解的也要执行，如有违反，执行纪律！

不用解释，大家都是官场老油条，都明白执行纪律就是砍头的意思。

决议早就写好在丝绢上了，县太爷们打开一看，全晕了。

还是曹操在上午开场白时说的那几句话：

"本相严谕，立即拆除所有城阳景王祠庙，禁止私成庙会，撤除济南国境内所有收钱路卡，之前所搜刮的不当之铜银阿物，以今日之前一年为界，造册补实解入国库，违令者本相必当以黄巾同谋论处，先斩后奏，力斩不赦！"

忆苦饭还要继续吃下去

人为刀俎，我为鱼肉。这是指普通百姓面对强权恶势时的无奈情形，例如，这十位县令治下的小民便是如此。现在这些县令也在扮演鱼肉的角色，那刀俎的扮演者便是新任济南国相曹操曹孟德曹阿瞒。

在国都东平陵国相衙门大堂上，十位县太爷接过曹操的书面命令，心头那个苦啊，没想到堂堂国相竟然无赖到这种地步，真是横可忍竖不可忍，横竖还得忍。

有两位体力、精力实在难以坚持，向曹操惶恐告辞：

"属下身体偶感不适，恐恶发相府，有失官体，乞国相恩准归县，国相严命，自当谨遵。"

曹国相当然是最为体谅部属之上司，一副关怀之殷切直送出府外，并严命相府二主簿各带二差役，随二位县令归任，暂时不用回来，一来监督诊病郎中尽心给父母官治病，二来协助县令落实拆祠撤卡的重任，感动得两位已告辞的县令热泪盈眶，心里直后悔贸然请病假，以至连累国相如此费心，出得东平陵城后，看着解差般的相府主簿，心中才不禁大呼：上当！

剩下的八位县太爷可不是那么好相与的，暗自相互递了几个眼色，俱都坚定了同一个信念：兔子急了都会咬人，况我八大县令乎？

还是那个白须县令首先亲切陈词：

"曹国相年轻气盛，老朽自愧不如，国相大有乃祖英风，长江后浪推前浪，今日见也！"

这老狗够损的，先把曹操那最不愿意提及的宦官祖父拉出来示众，曹操心火欲炸，不动声色。

"非是老夫托大，昔日吾与令祖曹长侍曾有数面之缘，曹公公是老夫的恩师，如此算来，国相与老朽应是世侄叔之分也，且容老夫向国相略进忠言，苦口良药，未知国相大人见容否？"你看，这就开始占曹操的便宜了。

曹操立时肃然起敬，起身让座：

"惭愧，未知堂中有前辈在座，原谅晚辈失礼，请上座，待晚辈见家礼。"

其余七个县令心里酸溜溜的："这个老棺材瓢子，一眨眼成了曹操的长辈了，这下岂不是把我等也贬了一辈？"

"不敢，公堂之上，岂可叙私谊？国相言重了。"此公老而不糊涂，明白明镜匾下，大公无私。

曹操也不再谦让，忽然像记起了什么，询问众县令：

"各县现在册二十至六十男丁能聚多少？可逐一报来。"

县太爷们见国相突然转移话题，一时难明其用意，说不定国相意欲从本县无偿征夫，一个个聪明地自行打折报数。

还是白胡子先报："尚能集八百之数，上月给前任呈报过的。"

曹操翻看着自己案上的竹简，微微额首。其余县令也先后报讫。

"哦？贵县乃万户大县，看，中平元年之前尚能集壮丁五千之多，为何现在精壮如此之少？"

白胡子立时义愤填膺："皆是黄巾贼害民也！"

"怎么？全被黄巾贼残害了吗？"

"大部被黄巾裹胁从贼矣。"

"当时贵县怎生应付？"

"这——惭愧，老朽年迈无用，避祸北海，战祸过后方回。"

"哦，其余各位呢？"

众官隐隐感到不妙，纷纷指天发誓，各表苦衷。

曹操这时脸色渐暗，冷冷一笑，正言斥责：

"本相颍川剿贼之时，授首者济南贼众尤多，尔等坐食君禄，竟以丁资贼，焉得无罪？就算如尔等所述，畏贼远遁，一方长官，又怎逃失土弃民之责？况且贼伏之后，尔等变本加厉，设卡敛财，欲逼民再反，谁信尔等不通反贼？刚才诸位所食之物，尚且难咽，但诸位治下黎民却欲寻此果腹而不可得，你们花天酒地之时可曾记起下有饥民上有君父乎？你们只知城阳景王祠之神道能为你敛财，不见离地三尺，神灵比比，天日昭昭，民心难欺，今昨壮丁之册，较之惊心，竹墨铁证，还有何辩？曹某既蒙君恩，掌此一国，当不负己任，解民倒悬，今日誓以此身报国也！"

众县太爷目瞪口呆，脑袋里一盆糨糊，唯不断跳动两字："休矣！"

"左右！"

"在！"

"好生侍候诸位县尊，莫要断了一如今天中午的饮食。"

随着曹操的手势，一名随从提进来一个马褡，曹操伸手接过，往地上一倾，半马褡路卡收钱用的竹筹散在案前：

"给他们每餐一个菜团，收他们铜钱一文，这竹筹即是铜钱的收据，每一根竹筹配发给白水一碗，无竹筹者先让他忍着点口渴。"

白胡子毕竟年老胃浅，一听要以刚才已吐尽的菜团为今后的主食，"哇"的一声一股酸水冲口而出。

这帮人全被关了起来，国相大堂成了反省室，曹操连夜愤书奏章，飞骑上奏朝廷，罪名除贪污公款、勒索百姓外还注明一条：以精壮之丁助贼，暗通黄巾余党！

这下连最牛的后台都怯于出面讲情了，不一日，朝廷批复公文已到，九成九同意曹操所奏，只附加了一句：解一干罪臣至京，由朝廷依法严惩！

此时济南举国震动，贪官污吏，无不逃亡，城阳景王祠拆除一尽，关卡尽撤，百姓从茫茫乌云中似乎看到了一丝阳光，曹操也随之官声远播。

曹操没用三把火，一把火便烧得自己踌躇满志，内心深处对自己暗暗佩服，小小的太守已经远远不能满足自己对权力的欲望了。

但是——人往往在太顺利时容易遇到这个词——京城的确实消息传到了济南国：被他弹劾押解进京的八位县令得到了比宽大还宽大的处理，六名平调仍任正县职，而且就职的地方比济南国富饶得多；还有两位得到了提升，理由是腹中才学超人，没得重用，大司空之过也；至于曹操弹劾的罪名呢？缺乏直接证据。就此小事化无，下不为例了。

曹操当时刚过而立之年，血气方刚，怎忍得这口窝囊气？你不炒贪官的鱿鱼，我就炒你的鱿鱼！那个"你"是谁？大汉天子汉灵帝是也！老子不侍候你了，看，这将来的曹丞相牛不牛？

中平二年（185），曹操三十一岁，愤而辞去济南相职务，回到洛阳老爸曹嵩的身边。

一个三十多岁的小伙子，还是朝廷高官的公子，哪能待在城里当"啃老族"呢？老爸早已完成了抚养儿子的道德义务，再这样接着啃下去，曹嵩也不干哪。没多久，也不知道老爸使没使暗劲儿，曹操又被朝廷明诏录用为官员。

还是那个理由：能明古学。还是那个级别：征拜议郎。还是那种工作：专给政府提意见。

看来，曹操和议郎这个官大有缘分，转了一圈，又回到了原地，曹操算是与议郎这个官耗上了。

且慢，此议郎虽是彼议郎，此曹操已非彼曹操，现在的曹操已经过了血与火的洗礼，且战功在身，老爸曹嵩的仕途也股票看涨，曹操自己这支绩优股也飙升在即，想购买这支行情看好的原始股票的大有人在，在曹操的家乡沛国谯县，欲指望老乡曹操发财的更是遍及桑梓。

曹操也的确不负众望，当年即被提拔为东郡太守，家乡的父老乡亲闻此大喜，一个个相互商议着去投奔这个当了一市之长的曹阿瞒，也好跟着混个一官半职，保不齐能连带着封妻荫子，让曹家的祖坟也多冒起几股青烟！

夏侯家心里笑了，什么曹家？那是俺夏侯家的血缘子孙，暂借给你们曹家的，血浓于水，夏侯浓于曹。

正在乡亲们摩拳擦掌，准备投奔阿瞒大干一番的时候，一个令众人大跌眼镜的消息传来：曹阿瞒竟然不识朝廷抬举，坚决辞官不做，就要回到老家来了。

暂时惹不起就先躲着

曹操济南辞官，孤身回京，就连上任时带去的两名亲随都没同进退。

也难怪，汉朝末年的就业形势这么严峻，有谁愿意主动砸掉已经到手的铁饭碗？

这使曹操在感叹世态炎凉的同时，也意识到了建立一支自己的队伍的必要性。

至于坚辞东郡太守不做，曹操也绝不是当官当腻了，放着太守不干，莫非还想做皇帝不成？不敢说，就是想了也不敢说。

再说了，曹操此前做了几天军官，上瘾了，那多痛快！一呼千喏，人头可以当球踢，相较之下，那几个月的济南国相就显得窝囊了点，与其就任东郡太守，还不如在济南凑合下去呢。

最最关键的一点就是：现在曹操得罪的已经不单是一个宦官蹇硕了，参奏济南国八名县令，其实是与整个宦官群体较上了劲儿，现在已封侯的宦官们已经公开说他们就是济南国所有县令的后台，与这群心理变态的阴阳人为敌，是十分可怕的，因为他们的背后是皇帝，就算大司农老爸也保不了自己，还兴许连累父母，殃及家小。

除非像大将军何进一样，枪杆子在手，否则只要身在官场，就永远不会有安全感。

就算是一条龙也要等到二月二才能抬头，避小祸下乡，避大祸进城，蛰伏几年未必不是取胜之道。兵法云：为将者当静若处子，动若脱兔，一动如雷霆，不动如山岳！

后来的魏王曹操这样为自己的辞官归田行文解释：

"故在济南，始除残去秽，平心选举，违迕诸常侍。以为强豪所忿，恐致家祸，故以病还。去官之后，年纪尚少，顾视同岁中，年有五十，未名为老，内自图之，从此却去二十年，待天下清，乃与同岁中始举者等耳。"

是啊，东汉朝廷明文规定：年未满四十，不得举孝廉。曹操二十岁得举孝廉，本来就赚了二十年的时间，怕尔阉竖何来？——反正祖父曹腾早已归天，骂几句阉竖也不相干——走，回老家，

暂时惹不起就先躲着，咱与你们比寿命，谁活得长久谁才是最后
的赢家！

曹 操

——阿瞒出道

第三章
雄心暗起

大泽龙方蛰，中原鹿正肥

曹操在中平二年（185）开始有时间思考自己已走过的三十年，并且开始有条理地计划今后的三十年。

离开了朝局的旋涡，反而让他站到了时局的制高点，使曹操能够平心静气地俯瞰东汉时的中国。

这个腐朽的王朝已无可救药，他就要兴奋地迎接必将到来的乱世。

准备好了吗？时刻准备着！

他替自己惋惜，黄巾军中不乏英雄豪杰，为什么不能为我曹操所用？

他替自己庆幸，这个世界只信快刀利剑，我曹操明白得还不算太晚。

他一只眼盯住朝廷：汉灵帝像有预感似的，怕自己命不长久，开始了最后的疯狂敛钱：下令天下的州郡一律向朝廷上缴适合建宫殿的巨材大木、奇石花草，按分配数量解送京师，当地不产这些东西怎么办？以铜钱顶啊。钜鹿太守司马直实在缴不上了，请求减免三百万，竟被诏令来京治罪，罪臣来京走到孟津时，对东汉社会实在失去了信心和希望，怅然吞药自杀。

他另一只眼盯住大将军何进与宦官们即将发生的火并，中央高层的全武行大戏眼看就要开锣，鹿死谁手，尚未可知。

行动上曹操也没有闲着，他细心考察了自己的本家曹家及另一个本家夏侯家子弟中的可造之才，发现了几个值得培养的好苗子：善于组织的堂弟曹仁，忠勇远播的堂弟曹洪，以及曹休、曹纯、曹真，皆是可用之才；夏侯家的夏侯惇、夏侯渊更有大将的发展潜力，于是便着意结交，以备后用。

曹操这三年"春夏习读书传，秋冬弋猎，以自娱乐"。

笔者认为，此时的曹操未必有闲情"以自娱乐"，攻读兵书自不必说，"秋冬弋猎"应该是在做兵法上的实地演习，任何人都没有天生就是军事家的道理。

明末时的落第秀才牛金星在投靠闯王李自成时大大地拍了闯王一马屁，亲书了一副对联作为晋见之礼：

大泽龙方蛰，中原鹿正肥。

用这副对联注释目前的曹操再合适不过，这条潜龙正蛰伏在沛国谯县，窥视着中原这头肥鹿。

现在邀请猎鹿的人找上门来了，冀州刺史王芬、南阳许攸、沛国周旌等人组织了个猎鹿公司，来拉曹操入伙，准备趁汉灵帝去老家河间点查隐藏的财宝时逮住这个荒唐天子，宰尽宦官，股东们分块鹿肉是免不了的。曹操心里雪亮，就凭你们几个刚长齐毛的兔子就想驾辕拉车？做梦吧！于是，他毫不犹豫地拒绝了他们的入股邀请，不做这风险投资，想忽悠曹阿瞒是不容易的。

果然，汉灵帝正想离京的时候，一个周易高手出现了，提醒皇帝不能去河间，此行有危险。（太史上言："当有阴谋，不宜北行。"帝乃止。敕芬罢兵，俄而征之。芬惧，自杀。）

现在的曹操早已不是年轻时偷人家新媳妇时的曹阿瞒了，政治上逐渐成熟，文学上已臻化境，军事上不亚孙吴，智慧上看来也大有长进了。

人都常说，福无双至，祸不单行。这句俗语在曹操的中平四年（187）正好给弄反了，这一年曹操家三喜临门：

一、老爸曹嵩竟买太尉成功，进入东汉权力中枢三公行列。

二、曹操借此东风重返军界，仍任都尉，重掌羽林军。

三、借前两股东风，曹操迎来了最大的一喜，未来的皇帝曹丕出世了——正是这个将来的魏文皇帝让曹操做上了武皇帝——这应该是曹操三年蛰伏中最得意的作品。

东汉最高权力面临重新洗牌

封建专制制度最大的特点就是它的掌权者的不可预测性，所有在这个政权统治下的人们都像在买彩票，摊上个好皇帝也就等于全国人民中了大奖，能安生地过几年日子了。要是遇上像桓、灵二帝这样的，那就只有跟着倒霉了。

还有一个共同点，就是凡当了皇帝的都想长生不老，活一万岁还不过瘾，还要老而不死地继续活下去，要万万岁，或者更多，万岁万岁万万岁，哪怕变成化石也要活下去。

愿望是美好的，可惜自然规律不照顾做皇帝的，还是该活多长活多长，甚至更短，只见过不少民间的百岁寿星，还没听说过百岁皇帝。在这一点上是不分好坏皇帝的，秦皇也好，汉武也罢，晚年都以不死为己任，众所周知，也都没成功。

荒唐天子汉灵帝更惨，连皇帝的平均寿命都未达到，三十四岁就走到了他的人生尽头，中平六年（189）他幸运地、依依不舍地告别了他可怜的臣民，驾崩了。

在汉灵帝撒手西归前一年，还是做了几件事的：

一、他没等太尉曹嵩收回他买太尉的一亿铜钱投资，就坚决地把他赶下了台，使东汉政权少了个巨贪。

二、他把"剿灭"黄巾军立下奇功的皇甫嵩调出了冀州，赶到了西凉，你不是能打仗吗？和戎狄、羌人玩去吧，必要时也能扯扯西凉军阀董卓的后腿。

三、他把全国军事力量的指挥权交给了自己的舅哥、大将军何进，一拃没有四指近，糊涂皇帝也明白几分，没全信宦官。

不全信宦官的，也不能全信亲戚，怎么办？社会在进步，军事指挥系统也要改革，他设立了西园八校尉，把皇宫的禁军及羽林军纳入其指挥之下，连全国最高军事长官大将军何进也不能染指。

谁是西园八校尉的头？就用自己最宠爱的小黄门蹇硕，于是蹇硕被封为上军校尉，成了西园八校尉的统帅，这下小黄门蹇硕连何进也不放在眼里了。

可蹇硕也不能全信哪，不要紧，掺沙子的手段可以解决这个连环难题，于是，何进的亲信袁绍被掺进来，做了仅次于上军校尉蹇硕的中军校尉。

还不保险怎么办？汉灵帝有的是办法，他把刚被轰下太尉高官职位的曹嵩的儿子曹操也掺了进去，于是，骑都尉曹操被突击提拔为典军校尉。

看见了吗？当皇帝的确够累的，得操多少心哪！

皇帝把曹操从骑都尉提到了西园八校尉之一典军校尉的职位上，使曹操从此进入了东汉朝廷的军事指挥中心，这对东汉来说是好事还是坏事不大好说，但对曹操来说无疑是个好得不能再好的事，在朝廷里曹操终于有了说话的份儿。

现在好了，塞硕和曹操这对宿敌成了最密切的同事，最直接的上下级，有时候现实最爱和人们开玩笑，让你哭笑不得。

塞硕就高兴与这个杀了自己叔父的小子在一块共事吗？还真没表示什么反对。为什么？

权力这个东西就像个超级魔方，变化无穷；构成它的基本元素又极不稳定，不断的量变时刻引起令人瞠目结舌的质变；它是动态的，持续地在分化、组合，再分化、再组合的怪圈中流动，从古至今再到将来，永不会停息。

东汉末期中国的权力中枢是由一群宦官构成，而宦官们往骨头里说是皇帝私人豢养的一批宠物狗，随着皇帝的更迭也就不断变换着宠幸它的主人，它们的忠诚度也就会根据主人扔给的骨头大小而处于起伏变化之中。

当皇帝还是个不懂事的娃娃时怎么办？天子的神圣性和权威性，绝不能因为他年幼无知就可以被臣下否定。这时候，中国的最高统治者实际上是他的母亲，也就是太后有资格代表皇帝发布命令。

唯有汉灵帝这一届皇帝是个异数，他的生母董氏就没做上太后，为什么？因为董氏是个藩妃，是个藩王的妾，是终生没有资格获得太后尊号的。

汉灵帝做了皇帝后仅封了她一个慎园贵人，后来儿子忽然起了孝心，给她升了一格，尊为孝仁皇后，但终究没能坐上太后的宝座。

偏偏这个董后又极热衷于权欲，她对于参与朝政有着固执的追求，以致教会了自己的儿子怎样去卖官，把皇宫中的西园变成了钱库。宦官成了"经纪人"。

当时的皇后就是大将军何进的异母妹妹，是宦官们让她的丈夫做上了皇帝，而且是宦官们在她因争风吃醋鸩杀了皇子刘协的生母王美人时极力讲情，保住了她一条命以及当时贵人的地位，所以何皇后对宦官们是发自内心地热爱，兄长何进因她当上皇后而被封侯，并坐上了中国最高军事长官的宝座，大将军权倾一时，炙手可热，对宦官们一时也是感恩戴德的。

现在事情有点不同了，汉灵帝在黄巾起义那年释放了所有的政治犯——被压制多年的"党人"，这批人绝对称得上是当时的"政治精英"，是朝野官僚士大夫的代表，看这些人：荀爽、陈寔、王允、孔融、申屠璠、刘表、郑玄、何颙等，而"党人"们又是与宦官集团势不两立、水火不相容的，这就要求大将军何进必须在二者中选其一作为依靠对象，何进的做法是：两头谁也不得罪，宫内依靠宦官，朝政借重党人，杀猪出身的何进也并非是个纯莽撞之辈。

但有一位宦官不同，就是上军校尉小黄门蹇硕，他染指军权，侵犯了何进的根本利益；再就是这蹇硕与他妹子何皇后的死敌董后穿一条裤子，这是政治路线上的大问题，无法共存共荣。

塞硕，这个宦官集团中的另类在本集团中也被孤立出来了，宦官集团也欲对他除之而后快。现在，他哪里还顾得上弑叔之仇？大人物要办大事，暂时不和你这个小小的六品都尉一般见识，成了我的直接下属，还兴许能被我塞硕给招安了呢。

汉灵帝驾崩，最高权力机构面临重新洗牌，谁来继承皇位？这可是个关乎接班人的大问题，国家变不变颜色，就在此一举！

塞硕在汉灵帝咽气的一刻拿到了皇帝的遗诏，占得了政治上的先机，并且上军校尉塞硕还掌握着京师的全部军权，小黄门塞硕现在走到了他人生事业的顶峰。

宦官和屠夫不是一个重量级

塞硕准备行动了，第一步，暂不公布汉灵帝遗诏，以稳住局势，这个法宝要等到最后关头再祭出。

第二步，命令京城御林军进入一级战备，皇宫禁军枕戈达旦，只等他一声令下，便可对整个京城实行军管。

第三步，在组织上采取应急措施，动员已故皇帝的母亲董皇后将她的侄子董重封为骠骑将军，这样就分了大将军何进的军权。

董皇后早就不耐烦了，作为皇帝的亲生母亲，做不上太后，直到儿子皇帝咽了气自己还是个皇后的身份，这算什么事啊？

现在机会来了，只要把最亲近她的九岁次孙子刘协扶上皇帝位子，她就可以持皇帝亲祖母的身份名正言顺地晋位太皇太后了，太皇太后临朝听政汉武帝时就有先例，到那时天下所有的官，那还不是想卖哪个就卖哪个？

至于十四岁大孙子刘辩，那是不肖媳妇何皇后亲生的，灰没有火热，酱没有盐咸，有何皇后隔着，是不会和自己亲近的。

而刘协的亲生母亲王美人又是被你何皇后鸩杀的，弑母之仇在心，还会有你这个过时皇后的好果子吃？到时候我也要叫你这个不肖儿媳体验一下被鸩杀的滋味，让你知道婆婆也是娘！

蹇硕还担心董皇后意志不坚定，又向她详细分析了京城内外，朝廷上下的军政局势，气可鼓不可懈。蹇硕把自己的三寸不烂之舌加工成了空气压缩机，把董皇后的气鼓了又鼓：

“先帝遗诏在此，皇子协接位名正言顺；禁军、羽林军在我掌握之中，文事武备皆齐矣；唯担心宫中皇后与宫外大将军作梗，逆先帝遗愿扶太子登基，皇后应速诏骠骑将军（董重）斩屠（何进）之首，则大事济也。日后皇后临朝，臣等佐扶，内靖宫闱，外肃党祸，海内清平在乎与臣之举手，后之一念也！”

这何进既身为大将军，也绝对是有两下子的，董皇后、蹇硕身边都安有他的卧底，当天他进宫商议太子接位之事就吓出了一身冷汗，他安插的那个无间道高手竟冒险向他努鼻子挤眼，示意危险，何进立即头疼欲裂，脱身回家养病，再也不敢进宫了。

再说董皇后听了蹇硕一通忽悠，顿觉气壮，连皇帝的遗诏也免检验了，便立即行动起来。

至于她采取的什么重大行动，真是神仙也难猜：她去找何皇后这个儿媳妇骂架去了！

“唯女子与小人为难养也”——孔圣人这句名言用在这里正

合适。

"你不用这么张狂,你不就仗着有个杀猪的哥哥吗?我让俺娘家侄骠骑将军砍你哥哥的脑袋比杀猪都容易!"

标准的成事不足、败事有余。

何皇后气得浑身发抖,当即召何进入宫,向哥哥求救。

这位大将军却不是个独断专行之人,啥事都要议而后决,与谁议?他认为的几个亲信呗,这里面就有袁绍、曹操等人。现在的曹操也能够在高层会议上说几句话了。

袁绍建议:趁机宰了所有的宦官,一劳永逸!所有何进豢养的党人们当然大声叫好,曹操初涉政要,对于杀尽宦官的建议有着自己的看法,投了弃权票。

这么大的事,何进却不能不请示他的皇后妹妹,虽然杀猪出身,却没养成后文中要提到的张飞的暴烈性格,反而落下了优柔寡断的臭毛病。

正在众人慷慨激昂、何进犹豫不决时,一个消息从皇宫传到大将军府:小黄门蹇硕已经给逮起来了,请大将军进宫扶保太子刘辩登基,顺便去决定蹇硕的生死去留。

真是凭空天上掉馅儿饼,是真?是诈?还是有神仙显了灵?何进有点蒙,曹操却不含糊:"管他真假怎的!我等带兵护卫大将军入宫,有谁能阻?"

几个高参也出谋:"先出动本府现有家将兵丁,包围骠骑将军董重的官邸私宅,以防万一。"

何进当即同意,由司隶校尉袁绍率精兵五千,护卫大将军入宫夺权,典军校尉曹操率大将军府家丁逮捕骠骑将军董重。

可是，皇宫内究竟发生了什么？

宦官首领张让、段珪等人也没闲着。对于何进与董重二人之间的实力，他们一清二楚，那根本不是一个重量级别，大将军何进就职已久，军令一发，各州郡兵马无不听其调动，董重则刚晋一虚衔，能指挥的范围还没超出他的骠骑将军府院墙。

张让、段珪他们根本就没把蹇硕放在眼里，不就是个小黄门吗？在宦官行列里，还没爬到中等职务，现在竟想爬到洒家们头上？做梦吧！攘外必先安内！拾掇你这小崽子，一个你的顶头上司黄门令就足够了。

何董二位皇后？那重量也是不用细掂的，一个是追封的过时假皇后，一个是现任的地道真皇后，找个树乘凉也要找大的呀，谁会理睬明日黄花？

事情就真的那么简单，一个黄门令带着俩宦官，捧着不知谁写的几句皇后谕旨，就让蹇硕乖乖地就擒了，黄门令是小黄门的家长，收拾个小黄门就像老猫捉一只小老鼠那么容易，那么天经地义。上军校尉的军职，在宫墙内管不了多大用。

何皇后、董皇后、何进都把蹇硕过于高看了，尤其是做着太后梦的董皇后，那简直是被蹇硕给害惨了，何进提兵入宫，拥立刘辩即位为少帝后，没给董皇后留情面，立马将她赶回老家河间，后来还是不放心，干脆让她走了王美人的老路，是年六月，董皇后被鸩杀于河间驿庭。

至于骠骑将军董重，走得更不像个男人，何进的家丁刚一围府，他自己先吓瘫了，怎么办？事大事小，一死百了，一条绳拴上去，把自己给吊死了。

袁绍也是个狠人，再一次给何进建议：量小非君子，无毒不丈夫！给宦官们来个一不做，二不休，斩草除根，永绝后患！

何进是个遇事爱与人商量的不合格的屠夫，又去找他现在已当了太后的妹子去商量，曹操在这点上看得很透彻："尽除宦官？根本就不可能，尤其是指望何太后出手，更是一厢情愿，你们也不想想，宦官这种近似女人的男人，放在皇宫内是干吗用的？是给谁准备的？"

大将军是最难干的职业

大将军何进碰到尽除宦官与否这个重大问题，真是进退两难，醉乡一夜头白。

依太后妹妹的吩咐，与宦官们和平共处？那是一帮什么玩意儿？

狠狠心听了袁绍的建议，宰了他们，内心深处又有些不情愿，撇开现已临朝听政的太后妹妹不说，自己与宦官们的关系也是一向不错的——当然了，那个染指军权的败类小黄门蹇硕不算在内——自己是外戚，是现实政治的直接受益者，不存在与宦官的利益冲突，况且何家的富贵在相当程度上还得益于宦官的扶助，弟弟何苗就曾对自己讲："始共从南阳来，俱以贫贱，依省内以致贵富。"（《后汉书》）

继续暂容宦官主内，士大夫主外？这帮曾受压的精英们不干呀。灵帝早在中平元年（184）三月壬子就下令大赦天下党人，被

97

禁锢的党人开始陆续回到朝堂，现在已成为支持自己执政的中坚，自己当然要取英才而弃奴才。

可这帮自命不凡的士子名流也确实有令人讨厌之处，作为非士人的外戚，自己在士人眼中也许永远是一个杀猪的，这在何大将军为女求婚之事上就表现得太明显了。

何进之女曾求婚于长史王谦。王谦，山阳高平（今山东省济宁市）人。祖王龚，顺帝朝太尉。父王畅，是党人的领袖人物之一，名列"八俊"，在灵帝登基伊始，做过司空。王谦的事迹，笔者知道得有限。但是王谦的子孙们，的确很伟大。

王谦的儿子是建安七子之一的王粲。

王粲的孙子王弼是中国思想史上一位里程碑式的人物，他天才般的贡献，创造出了一个充满思辨的玄学世界。

按常理讲，王谦为何进属吏，与大将军结姻自然是求之不得的事情。但作为名公的后代，王谦对屠夫出身的何进嗤之以鼻，坚决回绝了这门婚事。

何进的尴尬程度可想而知。

被士人真心接纳就真的那么难？还想指望我何进去守护你们士人的理想？这不是只拿着鞭子赶驴拉磨，不给草料吗？

重用宦官掌朝政，重新让这帮自命精英的人一边凉快去？使不得，万万使不得，还是创天下时刻，人才是宝贵的，坐天下时才需要奴才。

二世纪最大的竞争是什么？是人才的竞争！我何进现已将全国的拔尖人才网罗于麾下，焉能弃置不用？杀猪出身的现在也懂了一点经济规律，哪会做这明赔本的生意？

英雄不问出处，当官莫论文凭。我何进要发扬"白刀子进去，红刀子出来"的优良传统，我要……且慢……执政不是杀猪，莽撞不得，容再思之……

何去？何从？

何退？何进？

爹妈呀！您二老怎么给我起了这样一个带问号的名字？何进？难煞何进也！

狠狠心重操旧业，杀猪去！做大将军太难了！

宦官集团被灭的前夜

老天是公平的，没难为大将军多长时间，致使大将军做出了粉碎宦官集团的英明决断。

宫中卧底来报：宦官首领中常侍张让、段珪等人近日密谋频繁，意欲对大将军不利也。

对此情报何进半信半疑，他无论如何也不能使自己相信这密电码传来的信息，就凭那几个被圈禁在宫墙内的不男不女的东西，有胆量对手握举国军政大权的大将军动手？更何况现在精锐的西园部队已尽在我掌握之中，他们凭什么？除非他们全都疯了！

张让、段珪他们疯了吗？也差不多了！

宦官们极清楚眼下皇宫外的形势，原想自我解决掉一个何进的眼中钉蹇硕，这杀猪匠应该感恩戴德，尽消前嫌，士大夫们也理应适可而止，放他们一马，谁知事情不是那么简单，这帮"党人"

余孽看来非但不领情，反而要赶尽杀绝，斩草除宦。

大将军估计也难免露出屠夫本色，吃柿子谁不捡软的捏？与已武装起来的士大夫集团相较，我们这几个宦官就是软柿子呀！

是坐以待毙，还是孤注一掷？学学兔子急了的时候吧！别看我们是宦官，可照样有男人的风采，依旧不缺爷们儿的气势！

何进也准备快刀斩乱麻了。

促使大将军下定决心，去争取胜利的真正原因是什么？是大将军的几个高参给他仔细地剖析了目前的国内形势：

"眼下的士大夫集团已非以往之可怜'党人'，在朝已执重权，镇州已掌兵符，大多割据一方，军政双兼，且对宦官恨之入骨，与朝廷阳奉阴违，甚至虎视眈眈，大将军如再对阉竖施妇人之仁，则必失诸豪强之望，孰轻孰重？早已立判。若坐等天下借除宦之由，起兵清君侧，那时大将军岂不更难？况且尚有黄巾余孽，潜伏于野，万一刀兵一起，必趁势复燃，其时必将乱军集于京师，鱼目混于珠玑，一旦此时有一人振臂，大将军悔已迟矣！"

箭在弦上，不得不发，大将军现在决心已定，只碍着何太后这一头了，谁有此大才，替本大将军解此难题？

当即有人向何进献一高明无比之良策：

"征召四方猛将进京，从而胁迫太后让步，诛除宦官！"

献此妙计者何人？时任司隶校尉并兼领西园军八校尉之一的中军校尉袁绍是也。

一石激起千层浪，众谋士、将领纷纷表态：

时为侍御史的郑泰看到这一局面，干脆就辞官不做了，他对他的朋友颍川名士荀攸说："辅佐何进实在没有意思。"

大将军主簿陈琳劝何进说："将军现在大权在握，可以随心所欲地做一切事情，对付宦官，就好比洪炉燎毛发。况且宦官的所作所为，离经叛道，诛除宦官是天人所顺的事情，如今却要放弃这些优势，去求助外援，而外援的到来，会出现强者为雄的局面，这样的话，将军的功绩就无从建立，只会为新的动乱创造条件。"

西园军将领典军校尉曹操道："宦官的危害是帝王纵容的结果。现在要治他们的罪，就应该诛除权宦，要做这件事情只需要一个狱吏就够了，何必劳师动众求助于外将呢？要想将宦官斩尽杀绝，事情一定会泄露出去，我没有看到什么希望，只看到了失败的结局。"

曹操这时显出了他的高瞻远瞩，他对何进下了这样的定语："乱天下者，必此人也！"

大将军自有主见，又岂是宵小所能妄猜？何进将如何以迅雷不及掩耳之势采取行动？大将军果断"矫诏"，让下列栋梁带兵进京：

一、原前将军、当时还在赴任途中的并州牧董卓。

二、原并州刺史、时任武猛都尉丁原。

三、东郡太守桥瑁。

四、大将军掾王匡。

五、西园军假司马张杨。

六、原并州从事张辽。

七、骑都尉鲍信。

八、都尉毌丘毅。

除董卓所率部队以及丁原率领的并州军具有相当战斗力以外，

其他各路兵马不是郡国官兵，就是临时招募起来的散军，且各路兵马距离洛阳远近不一，像王匡、鲍信去了泰山，张杨和张辽回到并州，毋丘毅到了丹杨，要集聚于洛阳，在时间上谁能做出统一的安排？

而这种近乎全国范围的兵力向京师集结，又哪能不为宦官所觉察？既要诛宦官，又要宦官明白自身岌岌可危的处境，让他们有所收敛，何进的苦心就这样大白于天下了。

迫于形势上的压力，何太后也让了点步，将诸宦官遣出后宫。

与其说是给士人一个交代，不如说是给何进一个台阶下。

何进也乐得做个顺水人情，让宦官暂避锋芒，先保全性命要紧。

此时有纠察百官并掌握着京畿地区治安权力的袁绍却沉不住气了，假借大将军的名义，命令地方搜捕宦官亲属，想借此来敦促何进果断行事，将宦官一网打尽，免生后患。

而大将军这时又陷入另一不安之中。他似乎已经能体味到征召四方猛将给自己带来的丝丝苦意。

慌忙间，他派种劭宣诏阻挡住进军神速的董卓，并为已积极奉诏进入京师的丁原安排了一个执金吾的位置。执金吾负有京师防务的职责，对于丁原的使用，可能是袁绍的点子。这袁绍也不是一点远见也没有。

但何进现在阻兵入京，却等于否定了他先前的做法。

而何太后偏又不适时机地重新起用了诸宦官，所有的一切似乎又回到了起点。朝局似乎是要在无尽的徘徊中打发时光。

宦官们在这种被钢刀架在脖子上的状态下要拼命了。

还能做些什么呢？他们实在无法找到一家保险公司给自己承保。看来太后的威严不足以抵挡士大夫的真刀实枪，他们也没有足够的耐心去等待士人的怜悯。现在局势的发展已经超出了他们的忍耐限度，他们就要真正地孤注一掷了！

那就干脆来个鱼死网破吧！

八方风雨汇京师

在大将军把他的杀猪刀艰难地捅进宦官们的肚子之前，我们还要先了解一下整个市场行情，不是朝廷卖官的市场行情，而是朝廷上下几股势力准备宰分东汉王朝政权这头瘦鹿的屠宰市场行情。

Ａ：在皇宫内准备拼命的宦官集团，以张让、段珪为首，手头掌握的是宫内几百名宦官武装，这些人是应急凑的，谈不上什么战斗力，兴许连京城内大户人家护院的家丁也吓唬不住。

Ｂ：外戚集团，以大将军何进为代表，握有调动全国武装力量的大权，至少现在名义上是如此，本身的私人武装家将、卫队也不少于五千，战斗力极强，为主子都豁得上拼命。

Ｃ：士大夫集团，以袁绍以及他同父异母兄弟袁术为代表，袁绍现为京师司隶校尉，西园军中军校尉，掌握有五千精锐羽林军，并且握有京师的治安大权。

袁术是担任宫内卫戍任务的虎贲中郎将，统领着所有的皇宫禁军虎贲卫士，两千人威武好看，没经过实战检验，战斗力不明；

典军校尉曹操有一千名仪仗兵，随曹操参加过颍川战役，是羽林军中精锐中的精锐，本集团现在已与外戚集团联合，听命于何进。

就 B、C 两方这么大的力量，在政治上还拥有已解禁的"党人"为中坚，面对十几个几乎是解除武装的宦官，还觉得不保险，又招来了 D 方来京，实在是嫌洛阳不够热闹。

D：地方来京部队，已到的有并州刺史丁原的两千野战军，已被何进用一顶执金吾的官帽给"招安"；

前将军、并州牧董卓已率战力极强的西凉兵来到渑池，数量不知多少，但声称与宦官势不两立；

鲍信、张辽募集的兵卒现在来京途中；其余所诏各部动身与否不明。

唯有何太后是诸宦官的保护女神，看似法力无边，爱心无限。

至于十四岁的小皇帝刘辩与刚被封为陈留王的九岁皇弟刘协，不算作什么力量，不过是被几种力量戏耍的玩偶。

就等着将宦官这头猪拖上案板了，大将军要一显屠夫威风。

得意忘形这个成语太形象了，就是说，人得意了就会忘形，范进中了举会疯一把。

大将军何进现在也得意了，要进皇宫去潇洒忘形地走一回。接到太后妹妹召唤，要他进宫去商议国家大事，传旨的是他亲弟弟何苗，大将军准备动身了。

曹操首先进言："大将军欲除阉竖，天下共知，宫内岂能不闻？此非常之时，大将军何必以万金之躯而涉险地？"

何进道："谅几阉人能奈我何？勿多言。"大将军的确威风八面！

袁绍言："容我带五百铁甲随大将军入宫，方可无虑。"

袁术也说："我虎贲军已戒严宫墙，主公勿忧。"

有这么多保镖，大将军还怕什么？当即不理睬没经过大事的曹操，率众如同出征一般去朝见妹妹。

到了内宫门禁，小黄门传来太后谕旨："太后与大将军有机密大事相商，只准大将军一人内宫，诸闲杂人等且在宫外暂候。"

何进细想，是啊，全副武装入太后内宫成何体统？哪有带着兵马兄妹相见的？这点面子大将军还是要的，随即谢绝了袁家兄弟的多余劝阻，昂首而入宫。

内宫门三道，何进入得两层，听得身后宫门关闭之声轰然作响，心中微动，抬头看时三层内门未开，杀猪匠忽然乖巧，隐感不妥，急忙退出，迟了！

转身之间，只见张让、段珪等十余宦官已立在身后几步之距，再回首，不好！百余名宦官竟然人手一把亮刀，将自己这大将军围在中间。

只听张让柔声向大将军问安：

"大将军别来无恙，俺们别无他意，仅向大将军乞命而已，求大将军高抬贵手，放我等残喘，愿大将军放下屠刀、立地成佛。"

何进何等人物，心知肚明，哪有乱刀相围而求欲被宰之人饶命的道理？昂然训斥："太后何在？待本将军见过太后再做道理。"

众宦官嫣然轻笑，细语软声传来，何进只觉得阴风飕飕，脊梁阵寒。

"奉太后谕旨，何进忘本欺上，欲图不轨，着即擒于宫墙，未知大将军受缚否？”

何进心中大悔，但大将军岂能倒威？镇他一下再说！

“大胆！在本大将军面前，焉有尔等阉竖说话之份？白刃相对国家大臣，尔等不怕灭九族耶？”

“咱家已无人道，安有九族供大将军灭之？我等与大将军何冤何仇？以致大将军恩将仇报，欲致我等死地而后快！天理昭昭，你这背义之屠夫还想活过今日？”

钢刀几欲及身，何进不愧大将军，面不改色心却跳！口欲呼救，却不知呼谁；举步欲走，却觉一股热流不知何时已顺腿而下。多丢人？不能让人看出来。

才觉羞愧，已无知觉，魂尚未离体，身已成数截，不知多少把钢刀，剁饺子馅儿一般，只将一个大将军加工成了一摊肉泥。

一边早已吓傻了何进之胞弟何苗，他与张让等一向来往甚密，是张让对他亲讲，让他以太后之名招大将军前来，以便众宦官当面求命，可现在丧命的却是亲兄，自己只一个念头：去太后处，保命要紧。

张让等宦官却未及对何苗动手，宫外袁氏二兄弟已击宫门高呼：

“请大将军出宫，府内有火急之事！”

张让众宦官现在只存一分侥幸，自古蛇无头不行，现对方头头已就诛，余者盼以圣旨能使其就范。只得差一小黄门持何进半拉头颅登宫墙宣旨：

“何进造反，奉圣旨立斩，余者免罪，各安本职，另有升迁。”

谁知袁绍、袁术欲除宦官早非一日，只碍着没有何进将令，现在见到了大将军血肉模糊的首级，更还哪里听得见小黄门嘟哝什么？只管扯开喉咙大喊："宦官残杀我大将军，丧尽天理，众将士随我杀进宫去，讨还血债，尽诛阉竖，为大将军报仇！"

那边袁术早已指挥虎贲卫士在宫门放起了大火，区区宫门不一时便被烧塌，专门保卫京师的西园军与负责守卫皇宫的虎贲禁军一起拥入，对皇宫内的被保卫者大开了杀戒！

二袁血洗洛阳纪实

自宫门起火之时，张让、段珪及众宦官们就明白了，别说"秀才遇到兵，有理说不清"，就是圣旨遇到兵，有理也是说不清的，何况没理？那道圣旨成了引火的纸捻，怎么办？逃命去吧！

别忘了带上人质，谁是人质？——小皇帝，陈留王，外加太后老婆娘。不能走门就翻墙，凄凄惶惶走北邙。

大家莫要笑笔者说开了数来宝，当时的确有童谣到处传唱：

"帝非帝，王非王，千乘万骑走北邙。"——这是罗贯中大师考证出来的。

《后汉书·五行志》上记载的原句是："侯非侯，王非王，千乘万骑上北芒。"

提前走了的仅是几个头头，那大部分宦官怎么办？几百名武装起来的宦官放下了武器，静等羽林军、虎贲军优待俘虏。

袁绍、袁术哥儿俩按各人的职务负责范围略微分了一下工：

袁绍时任京师司隶校尉，专管洛阳治安，所以承担起肃清宫外城中的宦官余孽及家眷的重任，原则是宁可错杀一千，不准放走一个，但凡下巴没胡子的男人，无须验证，格杀勿论。

袁术时任虎贲中郎将，专负责宫内卫戍任务，所以理应负责血洗宫闱、剿灭宦官主力。

聪明点的少数宦官及时溜出宫墙，向袁绍的部队投诚报到；大多数的宦官在等待着虎贲军的优待，很快他们看到了一个宏大的景观：无数排雪亮的军刀耀日夺目，煞是好看，重甲长戟，威严雄壮，一道又一道亮丽的风景线盘绕而来。

没有呐喊，没有恐吓，及到身前，宦官们已彻底明白这不是移动的亮丽风景，而是一片淹没所有生命的钢铁洪水，波涛汹涌，无缝不钻。没有求饶，没有哭喊，谁都明白这是没有任何用处的，眼前只有一条路，那就是当一只温驯的羔羊，引颈就戮，唯求剑子手刀锋利些，减轻一点死亡前的痛苦。

霎时间，红雨四溅，腥溢皇宫，斩骨剁肉之声充满宫墙内各个角落，人死亡时痛苦的呻吟激起了士兵们的兴奋，他们开怀大笑了，雄狮般咆哮了。

绝无侥幸的可能，像开来了挖掘机，入地三尺也会被翻出，真正聪明的人及时地一头扎进深井，躲过了不必要的痛苦和临死前的恐怖。

青石板本是青的，现在红了，那是人血染的；红宫墙本是红的，现在紫了，那是人血凝的。皇宫内本是肃穆的，现在嘈杂了，那是屠宰声乱的；朝阙中本是纷嚷的，现在寂静了，那是无人可杀矣。

缴获之中没找到袁术的心仪之物，那传国玉玺莫非小皇帝带在了身上？还是咱没有那过把皇帝瘾的福分？

洛阳城内，还没长胡子的小伙倒了大霉，羽林军闯进来，看见下巴无毛的就是一刀，根本不问情由，等当兵的发觉被杀的不是宦官，该帅哥早已身首异处。

终于有个"神童"悟到了蹊跷，原来是咱们掏身份证动作太慢了，亡羊补牢，犹未晚也！于是乎羽林军尚在百米之外，便急速脱下裤子，主动请军警验明正身，逃得一刀之厄。

被劫持出洛阳的皇帝、太后、陈留王现在可成了宝贝，那可是张让等唯一的保命稻草，管不管用还不好说，总是聊胜于无。

好东西理应哥儿们分享，段珪中常侍分得了何太后，谁知天不佑宦官，被尚书卢植率部追上，一阵乱刀殒命，何太后被救。

张让等裹挟天子和陈留王逃离洛阳城，直奔北邙山，但被河南尹王允派出的中部掾闵贡迎头截住，张让此时上天无路、入地无门，回头欲寻小皇帝和陈留王共赴国难，谁知乱军之中两个保命人质竟不知钻在何处，真真是天杀我也！罢了，投河死了吧！

但愿下世托生为真男人，让这个世界再没有宦官！

自此，宦官集团被彻底肃清。

先暂按下小皇帝和陈留王之命运不提，补续一段何进之弟何苗的情形。

车骑将军何苗趁乱逃出皇宫，溜回家中，随即组织本府家将，亲自带队杀向皇宫，哪知路遇何进之家将吴匡及兵丁，与何苗的车骑将军府家将向来不和，再加上已认定是何苗导致了何进之死，并且有保全宦官的嫌疑，两部遂发生火并，何苗被杀。

何进、何苗兄弟先后丧命，就算日后何太后归政，也无何氏外戚可以凭借，自此断绝了外戚专权的可能。

四天的不间断屠杀，换来的是宦官集团与外戚集团的同归于尽，现在朝中只剩下士大夫集团一支业已武装起来的政治力量了。

曹操在这场腥风血雨中学到了他这一生里最重要的东西，那就是：

权力的鲜花唯有用鲜血来浇灌，小民百姓的生命是铺垫英雄成功的基石。

有生之年能擎天于大地，纵横于四海者，方是我曹操也！

比奸雄更牛的牛人

大奸必有大才。

对于"奸雄"这个词，就各有各的理解，曹操就好像不怎么讨厌这个词；有的"三国"大师就认定有可爱之处；笔者则认为这无非就是指坏得高明，并且坏出了成绩的意思。

还有的侃爷把"奸雄"与"枭雄"做比较，认为"奸雄"就是比"枭雄"多几根花花肠子，多几成策略，多几分智慧。太浮浅了，这是没查过词典的缘故，没彻底弄懂"枭雄"这个词的非贬义之处，至少"枭雄"要比"奸雄"让人们舒服一些，"枭雄"这个词哪能随便往某个历史人物身上安，比如董卓。

前将军、鳌乡侯、并州牧董卓此时正拥兵不前于渑池（今河南省渑池县西），是何进派出的阻军前进的种劲起了作用吗？本来应该是的，大将军何进并非全然无能，也懂得利用点人际关系。

董卓不听朝廷的早已不止一次，诏书对于他来说，要看诏书的内容使他董卓满意与否。这次持诏者是种劭，就大不同了。

董卓曾经接受过种劭爷爷种暠的辟召，也就是说董卓是种暠的故吏，而种劭是种暠的孙子，按照东汉的官场规则，故吏视举荐之主为君，这是中国古代官场的独特观念：两重君主的观念。故吏对于举主的后代都要礼遇，不能有丝毫的造次。

并且，种暠在董卓的根据地西凉威望很高，在他死的时候，"并、凉边人咸为发哀"（《后汉书·种暠传》）。有了祖上的恩德，种劭却兵应该是十拿九稳的事情。何进阻止董卓进京的决心可见一斑。

但董卓在渑池暂时的停止进军却不是种劭的缘故，董卓进入了河南境内，现在已没有任何人能对董卓实施控制了。老子正瞌睡，你们给送个枕头来，现在又想收回去，那得看我董卓乐意不乐意了，我董卓何等人物？能像你这杀猪屠夫一般傻帽儿？

是啊，董卓是何等人？他的家庭出身可比何进光彩多了。

董卓，陇西临洮（今甘肃省岷县）人，六郡良家子弟出身，就因其出身而被政府重用为羽林郎，很快被提拔为州郡吏。后来在段颎的推荐下，得到当时的大司徒种暠的辟召，成了大司徒府中的属吏，给了他一个辉煌前程。在东汉，能成为三公府的属吏，升迁的机会特别多，在短时间做到二千石的大官都有可能。

但是，他仍没有摆脱军人的宿命，因为政府看重的是他六郡良家子的出身，让他做了羽林郎，目的就是把他培养成为战场上的指挥官。董卓膂力过人，可以上马骑射，还有谋略，做一名职业军人，倒也适合他。

所谓六郡，还是沿用了西汉的政区概念，指的是陇西、天水、安定、北地、上郡、西河，大致相当于今天甘肃南部、宁夏、山西西部和内蒙古北部，六郡为汉帝国的西北边郡，《汉书·地理志》记其民俗称："天水、陇西，山多林木，民以板为室屋。及安定、北地、上郡、西河，皆迫近戎狄，修习战备，高上气力，以射猎为先。"所谓良家，即非医、非巫、非商贾、非百工。

事实上，董卓在军事上还真有些天分，别看他与黄巾军交锋屡战屡败、屡败屡战，但在西部的地面上，尤其是在凉州，他却是屡战屡胜。于是，董卓就成了安定西部边疆里举足轻重的人物。

有一次张温作为总统西部军事的汉军指挥官讨伐凉州叛乱时，董卓随营效力，却不服调遣，孙坚就劝张温杀掉董卓，以肃军纪。张温却无可奈何地说："董卓在西部声名远震，今天杀了他，以后战事一起，就没有依靠了。"董卓戍边的军功可见一斑。

中央政府对这位镇守边陲的军区司令的确难以放心，就提拔董卓出任少府。东汉的少府位列九卿，算是高干了，但所掌管的只不过是皇家的琐碎事务，董卓哪会稀罕这个中看不中吃的少府？离开了军界，他就成了弯腰拾起来看看，马上扔掉——啥也不是的东西。

董卓没理睬这次"重用"，他上书说："凉州现在还动乱不安，此时正是臣为朝廷效命的时候。而且臣的部属因为要报答臣对他们的旧恩，纷纷阻拦臣的车驾，使得臣实在无法上路。我还得为难地暂行前将军的职权！我一定会尽职尽责，杀敌立功。"

对手握重兵的封疆大吏董卓，软弱的东汉朝廷竟然毫无办法，不是怕尾大不掉吗？现在尾巴已经大了，想掉已经不容易了。

天高皇帝远，只能委曲求全，解除董卓的兵权不得，只能对于董卓的抗命睁只眼闭只眼了。

西凉兵来了

古今英主对功臣悍将的处理不外乎以下几种：

一、使用得当，唯才用之。

二、削其兵权，礼遇养之。

三、一劳永逸，狠心诛之。

四、亲疏有别，拉之削之。

五、时刻警惕，用之防之。

不过这些方法都是革命成功之后的事，现在天下纷乱，民心不稳，黄巾军余火不断复燃，那些经验当然借鉴不上。难道中央就真对董卓这个"西北王"无奈不成？

东汉朝廷对董卓还是使过绝招的，其方法就是：先掺沙子后升官。掺的可不是一般的沙子，把"剿灭"黄巾军的大功臣皇甫嵩调到了凉州，你董卓那点战功与皇甫嵩比比看？论资格比地位你只是小菜一碟。

这一杆子打在了董卓的七寸上，他品到了哑巴吃黄连的滋味。幸喜祖宗有句老话：打生不如混熟。这皇甫嵩新来乍到，强龙一时还得依靠我老董这条地头蛇，凉州这一亩三分地上，暂时还是我老董说了算。

很快第二纸诏书又到了，这次是任命董卓出任并州牧，把一州的军政大权交给他，并且并州亦属边地，董卓曾经做过并州刺史，看来朝廷的此次任命较之前次是动了脑筋的。

面对诱惑，董卓有些心动了。但他依旧清醒地认识到凉州对他的重要。在凉州的土地上，他要将有将要兵有兵。一旦脱离了故土，董卓虽为州牧，想有作为，恐怕还要从头做起。显然，他又不希望失去这次机会，怎么办才会鱼和熊掌兼而得之呢？

他对就任并州牧开出了自己的价码：就任并州牧可以，但我要带上我的亲兵。这对朝廷来说是闻所未闻之事，为臣子的竟然敢明目张胆地同皇帝谈起了交易。凭此举，就可以拿董卓问罪。可是，皇帝又能有什么办法呢？国家疲弱，实在无力对这样的强臣做出处置。只要他能交出兵权，他有什么要求，就尽量满足吧。

董卓便得意扬扬地率领着三千亲兵前往并州赴任了。这三千亲兵可是他从十几万骄兵悍将中优中选优挑出来的特种部队。

现在这支军队把枪口瞄准了朝廷政府，开到了渑池，朝廷政府害怕了，能不害怕吗？政府连这支王牌中有多少兵员都不知道，谁知道他董卓从凉州带出来了多少人马？

况且，这次董卓是奉诏进京，名正言顺。

现在种劭送来了天子明诏：停止前进。再往前走名又不顺了，怎么找个赖理由？

董卓绝非是只知蛮干的莽撞之"枭雄"。董卓是个比曹操还曹操的"奸雄"，点子他也多得很。

董卓在进军洛阳途中有两次上书，一次是在渑池，一次是在新安（今河南省渑池县东）。《资治通鉴》和清人严可均所辑《全后汉文》则把它们混为了一谈。

《三国志·魏书·董卓传》注引《典略》中就记载了董卓的第二次上书，即新安上书。上书中是这样写的：

"臣认为天下之所以会出现大逆不道的人，原因就在于黄门常侍张让等人侮慢天常，篡夺王命，他们父子兄弟霸据州郡，凭借一纸文字就可以获得千金的利益，京师附近数百万的肥沃良田都被他们霸占去了。这一切使得怨气充塞，动乱不绝。我前一次奉诏讨伐于扶罗——董卓就任并州牧的使命之一就是讨伐于扶罗。于扶罗，南匈奴单于，活动在河内、河东一带——的时候，将士们又饥又乏，不愿意渡河作战，都要求先进京杀阉宦，为民除害，向朝廷讨要军饷。臣加以安抚，军队已经行进到新安。常言道：扬汤止沸，不如灭火去薪；溃痈虽痛，胜于养毒；及溺呼船，悔之无及。"

注意，董卓在这里虽然仍旧把阉宦作为讨伐的对象，但他却只字未提朝廷诏令，而是把手下将士摆在最为显要的位置。也就是说，是因为将士的请求，我董卓才进京的。这其中不乏恐吓意味。

董卓两次上书拒命，却对停止进兵洛阳的天子诏书置若罔闻，渑池上书，直至新安上书，再加上这之前的拒绝升迁及讨价还价，皇权、圣旨在董卓眼里没有任何作用，听不听你的，那要看本前将军高不高兴了，朝廷？那是干吗事儿的？乱世英雄起四方，有枪便是草头王！您啊，一边凉快去吧！

董卓现在需要的只是一个时机，要不，大军早就开到洛阳城下了。在中央也有董卓的无间道高手——董卓的亲弟弟董旻时任奉车都尉，在洛阳政变中也是一个活跃的人物，他伙同何进的家将，杀掉了何苗——无间道高手弟弟给哥哥发来了电报：何进已壮烈牺牲，小皇帝逃到了北邙，朝廷已群龙无首，洛阳城中大乱，现在已处于无政府状态！

眼下这种形势，正是董卓进军的最佳时机！走！众将官！随俺北邙救驾去也！

会忽悠也能成大事

现在该说说小皇帝少帝和他的弟弟陈留王的去向了。

小哥儿俩挺机灵，前边大兵一堵路，两个小孩儿就趴到了草丛里了，他们也明白，杀人最容易引起人激动的，尤其是手里拿着刀的人，杀红了眼的大兵哪会管你什么皇帝、亲王？说不准知道了有个皇帝、亲王之类的让他们试刀反而更加兴奋呢。

终于躲到了天黑，救驾的部队收兵回营了，十四岁的少帝领着九岁的弟弟钻出了草丛，借着萤火虫的光亮找到一个农家的草堆，权当龙床凑合了一夜。第二天一大早急着来救驾的河南中部掾闵贡才算找到了哥儿俩，三人两匹马，经北邙返京归位。

时任太尉的崔烈闻知真龙天子起驾回宫，立时意识到了自己领袖百官的责任，带领文武百官不辞劳苦、无限忠心地从洛阳赶到北邙迎接圣驾，未及举办盛大的欢迎仪式，只见西北方向人喊马嘶，尘埃蔽日，无数铁甲骑兵席卷而至。

前将军、鳌乡侯、并州牧董卓的西凉铁骑到了。

太尉崔烈护主心切，迎头拦住一马当先的前将军，先与他展开了大辩论：

"天子在此，闲杂人等回避！没接到圣旨吗？谁准你们凉州部队来的洛阳？"

是啊，太尉者，大汉朝最高军事统帅也，还镇不住你个小小的前将军？

董卓将眼一瞪，怒火盈胸：太尉？你还真拿自己当根葱啊？

"老子一天一夜赶了三百里来救驾，你小子敢叫我回避？你觉得我砍不断你这当太尉的脑袋？"

《典略》中记载的董卓稍客气点。卓曰："公诸人为国大臣，不能匡正王室，致使国家播荡，何却兵之有？"

反正不管怎么说吧，官大不如刀快，太尉顿时蔫了，保持沉默吧，大官不与小官一般见识，惹不起还躲不起吗？

少帝一见来了救国之忠臣，一时激动得心血沸滚，眼含热泪，无法言语；那陈留王人小鬼大，心智乖巧，眼见这位连太尉都敢骂的人，气势非凡，绝对英雄，便坐在董卓怀里，小嘴不亚于秦时甘罗，竟把这次宫廷政变描绘得有声有色，叙述得条理分明。董卓心中一动：让陈留王与皇帝换换岗位吧。

"众将官！随俺保驾进京！"

一路走，还不忘教训皇帝几句：

"陛下令常侍小黄门作乱乃尔，以取祸败，为负不小邪？"（《三国志·魏书·董卓传》）

这皇帝要是换了可是大有好处：

一、九岁的小孩兴许还尿床呢，还不是我说黑了他就乖得像猫似的闭眼呀。

二、这刘协是董皇后一手带大的，咱老董也姓董，管他陇西董氏和河间董氏是否亲族，这皇戚咱是当定了。

三、一旦有了外戚的身份，那现在残存的外戚势力不靠咱靠谁？

四、关键是这少帝如果继续当皇帝，那个老不死的何太后就可以依法临朝听政，何家没死的家将、兵丁、旧部就没法子挖过来。光凭带来的三千人哪能在这大都市里长混下去？

可这皇帝也不是说换就能换的，得先比比哪家的拳头硬气。

己方：就这三千敢死队。

敌方：袁绍：五千号全国之精锐的西园部队，据密报他还私招了两千黑兵；袁术：两千虎贲军，据说也不是善茬；

曹操的一千羽林军更小视不得，那可是刀头子舔过血的王牌军；

还有原属大将军何进和车骑将军何苗的家兵有接近一万人，都是个顶个上阵敢拼命的愣种；

执金吾丁原所部并州军：两千人，战力强悍，领军大将吕布吕奉先素闻天下无敌；

鲍信、张辽募集的兵卒虽战斗力不强，但人数不少，有近一万士卒……

别再算了，就这三万多也够我董卓喝一壶的，敌我力量对比，十比一略强。

董卓押着皇帝、陈留王、文武百官进了京城，先吓唬着皇帝封了自己一个大司空。

是武将董卓干够了，想换换口味做文官了？非也，董卓心里明白着呢，若想长期在朝执政非依靠那些穷酸的士大夫不可，先从职务上和他们拉近乎再说。枪杆子真攥在谁手里都清楚着呢，就看谁会玩政治了。

第一步，先唬住他们再说。

董卓成天把他那三千西凉兵拉到大街上搞检阅，白天折腾一天，晚上悄悄地拉出城去，隔个三五天再威风凛凛地大白天开进城来，再搞阅兵式，晚上再调出去，两天后再调进来，没事，权当行军演练呗，反正都骑在马上，又累不着士兵。

就这一手，把洛阳城里诸位领兵大员给吓蒙了，更不用说那些文官朝臣了，这家伙从凉州带来多少人马呀？咱别拿鸡蛋往石头上撞了，自古枪打出头鸟，能缩头就缩头吧，当乌龟也不能当傻鸟！

就没有一个人看出来点蹊跷吗？有，此人就是原并州将领骑都尉鲍信。

有一天他找到了现在手中兵力最强的袁绍，商议灭董：

"这个董卓现在拥有强兵，看样子不怀好心哪，现在趁着行军没缓过劲来，不如趁早灭了他。"

但是，袁绍没有采纳。凡是记录了此事的史书都采用了一个共同的口吻，说："绍畏卓，不敢发。"

也怪不得袁绍，大家都给董卓吓唬住了，一个个全想着保存手中那点实力，谁愿意替他人火中取栗，当这个冤大头？没奈何，看透了形势的鲍信干脆辞官回了老家。

曹操这时候也见风稳住了舵，手下就千多人，还轮不到咱出头打擂。

人们被凉州军的"强大"折服了。群龙无首的何进、何苗家兵归顺了董卓；吕布杀了丁原，率并州军投入到凉州军营中；在此带动下，张辽也没了选择，所部近万人步了同乡的后尘……

董卓心里得意了，对自己简直佩服得五体投地！天下精锐尽在自己掌控之中，还有谁会在董卓面前说个不字？换皇帝的客观条件已经成熟，老董要甩开膀子大干了。

皇帝司空如一人，试看天下谁能敌？

竟拿皇帝不当干部

幼时读过这么一个童话：一只嘴馋的狮子想吃一头牛解馋，可是对付一群牛它又不是对手，于是聪明的狮子采取了分化瓦解的战略战术，把笨牛们分别一头头地骗出去，结果，大家一定都知道了，狮子解决了很长一段时间的食物供应问题，一群力大无比的牛成了给狮子储存的牛肉罐头。

现在洛阳的董卓就是那只聪明的狮子，大部分肥牛已成了他的口中美味，换皇帝的议题也就自然地排上了议事日程。

对于换皇帝这种大事，可想而知已经成为饿狮口中餐的士大夫集团又能怎么办？谁敢不投赞成票？

其实介入了洛阳血腥政变的士大夫们心里还有个小九九：宦官的剪除，外戚的消亡，对于士大夫来说，理应击节相庆，但洛阳政变的遗留问题，又使得他们难作欢颜。因为少帝、太后幸免于难，还朝执政指日可待，到那时政变的罪责是不是要由士大夫承担？有谁不怕秋后算账？

天子是上天之子，皇权神圣不可侵犯，重新选举一个对自己有利的皇帝这件事，你就是真给这些士大夫头上安两只角也没有用，打死他们也没有人敢动这个念头，就是像农家耕牛头上长了两只角也变不成西班牙公牛一样。这种拿皇帝不当干部的事儿也只有董卓这头野狮子才能干出来，现在有人要干自己内心最深处想干的事情，那就打着呼噜装睡着吧。

所以在表决皇帝下台议案的大会上，绝大部分文武大员都投了弃权票，默认了。

投赞成票的也有：袁绍的叔叔太傅袁隗亲自"解帝玺绶"，尚书丁宫套用《春秋》大义来印证废少立献的合理性。其实就是笔者前边说过的原因，这两位士大夫的头头以实际行动印证了笔者的推断。

投反对票的也有，尚书卢植就表示反对，董卓当场就想拿卢植开刀，杀鸡吓唬群猴，被侍中蔡邕给劝住了，卢植才算保住了一命。

第二个就是袁绍，这袁绍一反董卓刚进洛阳时的懦弱常态，表现得强硬起来。

当董卓就废旧立新的事情来咨询袁绍意见的时候，袁绍表示不可行，董卓大怒，手按佩剑，大声呵斥袁绍说："小子！天下事在我不在你，我想做的事情，谁敢说个不字？你以为我的剑还不够锋利吗？"袁绍这时表现得也像一头公狮子，同样强硬相向："你以为天下有利剑的就你一个？"随即把佩剑一横，拱手而出。

袁绍为什么突然由弱牛变成了雄狮？他经过这段时间，看准了董卓这个超级大国的软肋：

董卓进京之后，凭借武力的威慑，将皇权视为股掌上的玩物，前辈武人梦寐以求的听政朝堂，在他那里被大大地向前跨越了一步。

然而要自行其政，要让身边的凉州将士、羌胡兵脱下甲衣，穿上朝服，去整治朝纲，怕是他们没有这个本事，在公文案卷面前要败下阵来的。

袁绍明白董卓现在还不敢把自己怎么样。袁绍也是个聪明人，知道长留洛阳没有好下场，在人家的势力范围内早晚免不了被宰杀，于是当天挂印于东门，溜之大吉了。

董相国洛阳整风

对东汉皇朝实施斩首行动，董卓的理由极勉强：小皇帝长得不帅，且有生活作风问题，何太后教导无方，理应给予就地免职处分。

他抛出了一纸文字——《策废少帝》：

"少帝天姿轻佻，没有帝王应具有的威仪，在服丧期间，怠慢懒惰，德性恶劣已经昭然于世，淫秽之举已为人所知，他的行为已经侮辱了神器和宗庙。太后教导无方，没有母仪之德，使得政治荒乱。永乐太后暴崩，至今仍令人困惑不解。天地所设立的三纲之道，已经有了缺陷，这可是莫大的罪过……废皇帝为弘农王，皇太后还政。"

看来这十四岁的小皇帝很是早熟，大有其老爸汉灵帝遗风。

小皇帝刘辩下台了，更小的皇帝刘协上台了，史称汉献帝。这个帝号也谥得够损的，摆明了讽刺人家把帝位献出去嘛，至于献给谁，那时候连八卦高手也是算不出的，献给的人竟是目前绝不起眼的典军校尉曹操的儿子。

废帝后，董卓也把自己升了一级，封自己为相国，郿侯。并且赞拜不名，剑履上殿。

当官不忘孝顺，又封自己的老娘为池阳君，以嘉奖老娘的教子有方。

有一招董相国大概用的是萝卜加大棒政策。

大棒：派自己的西凉铁骑，搜捕恐怖分子，遇到百姓们成集设会，那就算民主联军走了大运，马上包围，彻底剿灭，人头一律割下，挂在洛阳城头震慑那几个无赖人士。

萝卜：

一、委托尚书周珌和城门校尉伍琼负责组织新一届民主政府——这两个人可是士大夫的代表，看，咱说话算数，还政于你们自己的民选政府了吧？

二、亲自带领司徒黄琬、司空杨彪"俱带锧锧诣阙上书"，要求给窦武、陈蕃和党人们平反。

这里所说的锧锧，是刑具，轻易可动不得，只有在极刑中才会使用。把它带上，就是要让天下人都知道，董卓连命都可以不要，也要还党人一个清白。这事由董卓亲自来做，颇有些像现在互联网上的恶搞。谁不知道董卓把持朝政，废立的事情都做得出来，给党人平反也只是动动口的事情。之所以要把动静闹得这么大，无非就是要把文章做足，让地球人都知道。

三、征辟名士：此次受到征辟的名士应为数不少，像郑玄、苟爽、申屠璠、蔡邕、陈纪、韩融、郑泰、何颙等人都名列其中，阶级异己分子袁绍的挚友何颙也被董卓委以重任，出任相府长史，虽然长史的秩级不高，但却是董卓府上的总管，被视作"毗佐三台，助成鼎味"，是非府主的亲信不得担任的职务。

四、京官外任：任命尚书韩馥为冀州刺史，侍中刘岱为兖州刺史，骑都尉张邈为陈留太守，孔伷为豫州刺史，张咨为南阳太守。另外，尚书郎许靖也在外任之列，安排去做巴郡太守，但是没有成行，留京做了御史中丞。这位许靖，是著名的人才专家，他堂弟就是给予曹操"子治世之能臣，乱世之奸雄"评语的名士许劭。

五、升曹操为骁骑校尉。这可是一个掌握京师军权的实缺，充分表明了董卓对曹操的无比信任。

这两手就令洛阳所有的官员都服软了吗？不，有一个人就是硬脖子，他要给董卓拍板砖。

这个人就是越骑校尉伍孚，他内着小铠，在朝服内暗藏佩刀，去见董卓。在伍孚告辞之时，董卓送至门口，伍孚突然拔出佩刀直刺董卓。董卓出身行伍，身手也颇为敏捷，遭遇突变，也能避开这致命的一击，伍孚则被董卓手下拿下。董卓对此大为不解，问伍孚："你想造反不成？"伍孚怒答："你我并非君臣，何言造反？你乱国篡主，罪大恶极，今日诛杀你这恶贼，恨不得将你车裂于市朝以谢天下。"

还有一个人也不买董卓的账，这个人就是本书的主人公、被董卓重用为骁骑校尉的曹操，这曹操居然对董相国的刻意栽培毫不领情，对紧跟董卓的辉煌前途不抱希望，他也步了袁绍的后尘，挂冠而去，临行前还恶毒地散布对政府的不满言论，狂妄叫嚣要回到老家发动群众武装闹革命，阴谋推翻新一届领导班子，实是不杀不足以平民愤，是可忍孰不可忍！

针对曹操的追捕行动立即展开，通缉令紧急发往全国。

天网恢恢，疏而不漏。这曹操又能逃往何处？

树未倒猢狲先说拜拜

董卓主政，朝中的士子豪强逃亡的不仅是袁绍、曹操二人，袁绍的兄弟袁术也趁机溜走，文武百官炒董相国鱿鱼的有近三成左右。

大批员工纷纷跳槽只有一个原因：那就是这个老板不怎么的。

董卓这个老板的工作作风都在那儿明摆着呢，上欺天子，下残百姓，给这样的老板打工，将来还能跟着发财？小老鼠给猫当保安——搭进去自己是早晚的事！所以，这些"小老鼠"分成了三类：第一类继续做发财梦，第二类没联系好接收单位暂时先凑合着；第三类干脆砸掉自己的铁饭碗，提前下海了。

提前下海的这部分人又可以分为三部分：一部分像后世陶渊明一样，回家侍弄菊花去吧；另一部分投亲奔友，联系单位，另求发展；剩下的就是像袁氏兄弟及曹操这样的了：武装割据，自己当家做主人。

袁术去了南阳，去策反做了太守的张咨，两人是一块同过窗的老同学；袁绍去的是冀州，韩馥在那里做刺史，那是一块儿扛过枪的老战友；曹操也没回老家谯县，而是准备去投奔在陈留做太守的张邈。

注意，三个人三个方向：袁绍去的是北方，冀州在当时有中国的粮仓之称；袁术下的是南方，南阳是控制京师洛阳与江南稻米运输的水陆命脉；曹操奔的是东方，兖州、陈留一带人口密集而贫困，人穷爱造反，地穷易招兵。

是不是三个人商量好的笔者没考证出来，这三大州三面包围洛阳是明显的，奸诈而富有作战经验的董卓当然不会注意不到这种战略态势。

董卓现在有点顾不上这三个方向，他的眼盯的是他的老家：西方。

别忘了，现在的凉州还有一个手握重兵的左将军皇甫嵩呢。

皇甫嵩在军事上是个帅级人才，身经百战，败绩甚少，战功卓著，威震华夏，且治军有方，士卒爱戴，现在手握着董卓原来的全部西凉精兵，他对朝中政局的态度决定董氏政权的存亡。这一话题容笔者以后细讲。

再就是京城内现仍坚守在工作岗位的文武大员，人心隔肚皮，虎心隔毛衣，身边的敌人更加危险，是谁不好说，但有一点董卓是肯定的：脑后长有反骨的官员仍存在于宫廷内！

领袖高瞻远瞩，事实也是如此，那主动投靠的尚书周毖和城门校尉伍琼还真是和董卓玩无间道，采取的是"曲线救国"的老套路。

大量的事实证明：常常是对你过于友好的人别有用心。

在对袁绍明目张胆对抗中央问题的处理上，就可以看此二人的用心，他们这样给董卓建议："袁氏是政治世家，在东汉政坛上有影响，您要是把袁绍逼急了，他起兵造反，那可是一呼百应。不如既往不咎，让他在外面做个官，安抚为上。"

董相国虚怀若谷，纳谏如流，接受了这个正确建议：不仅让袁绍在冀州境内有了身份，做了渤海太守不算，还封了邟乡侯。高明！

但对于已经没有了后台的曹操来说，董卓就没有这么大肚量了。现在曹操的老爸曹嵩已经退休了，退休门前车马稀，连开茶馆的老板娘阿庆嫂都懂得人一走茶就凉，董卓及朝臣们焉能不知道这点基本常识，谁会理睬失权失势的人？

现在的曹操已具备了一切从重从严的标准和条件，通缉令已经发到了中牟县，而中牟县又是曹操逃亡的必由之道，大网早已架好，就等曹操这只惊弓之鸟撞进网来。

曹操这次逃亡事先并无准备，一接到董卓所发的骁骑校尉任命，丝毫没有犹豫便仓皇而逃。他清楚，董卓的官做不得，只要一上任，自己这半世清白就算完了，染缸里啥时也倒不出白布来，将来自己会百口莫辩，如果自己被天下人当成了欺君贼董卓的铁杆，就等于政治生命到此结束。

朝局还会进一步恶化，这一点曹操看得一清二楚，此时不走，更待何时？去陈留，密友张邈现为陈留太守，定会助我募兵起事，到那时曹某振臂一呼，天下响应，举国讨贼，天下英雄虽众，独占鳌头者非操又谁？建功立业，扬名立万，当在今日也！

当下仅带了两名贴己亲随，飞马出南门，绕道东行而去。

时重阳已过，秋风乍冷，满目稼禾零落，路少行人。曹操悲愤难舒，盲目疾奔于前，惊恐犹追于后，夕阳似染，却羞枯叶遍赤；逝水如泣，更碎残云乱纷。几声孤雁凄泪，尤增路人苍凉。

暮色渐浓，曲径无尽。座下战马蹄声渐稀，饥渴已不仅于人，马儿也盼主人能体贴驮载之苦：我要吃饭，我要喝水，我要休息。

遥望远方，稀疏的枣林遮不住隐约的灯光，显是有人家晚炊。曹操细察四周景物，猛地想起一事，转身招呼随从，一声长笑：

"天不灭曹！吾等有救也！"

罗氏版的曹操杀吕伯奢

中国有句极宽人心的老话："天无绝人之路。"

曹操三人既担心后面追来的西凉骑兵，又担心前面受到各类检查站的盘查，内心毫无逃出的喜悦，反而时刻感觉四周隐藏着无数大网在等着自己。虽巧施"声南击东"之计，但人家也不是傻帽一个，如果径沿弓弦迎头一兜，我曹操岂不成了网中的南京板鸭，有翅也难飞了！

任何人都知道是非之地不可久留，怎奈人虽有志马却无力。

正惶恐之间，忽然想起有一位父亲的挚友家居此地，自己曾随老爸来过数次，此人姓吕名伯奢，为人忠实仗义，在《三国演义》中此人独占鳌头——为全书中独一无二之双字名讳。

那微露灯光之处，不正是这位仁伯之居所吗？曹操当下心中大喜，招呼二个亲随照顾坐骑，自己上前叫门。

圣人云："有朋自远方来，不亦乐乎？"吕伯奢一家具有农村人特有的诚厚淳朴，一见故交之子不期而至，喜出望外，忙杀鸡宰猪，殷勤招待这位贵宾。

笔者现在正赶写一个电影文学剧本，以下的故事干脆用电影文学剧本的形式讲给大家。一共有三个版本。

一

　　[乡村农舍，曹操与陈宫正在敲门，曹操、陈宫疲乏
的身躯后面跟着他们的坐骑。]

曹操：这位吕伯伯是我父亲的老朋友了，从小把我当他的亲儿子看待，绝对是安全的。

陈宫：明公真是名不虚传，走到哪里都有熟人啊。

　　[开门声；吕伯奢的儿子吕五憨厚略带迫切。]

吕五：谁呀？是后庄的小凤吧？哥正想妹子呢。

　　[吕五的面孔由乐转惊继而转惊而喜。]

吕五：是曹哥呀，哪阵风把您给吹来啦！爹——娘——俺那当官的曹哥来了。

二

　　[吕伯奢家客厅。吕伯奢居下作陪（古时候主位在八
仙桌下首，与今人正相反），曹操、陈宫端坐于八仙桌上
首，吕伯奢的儿子吕大、吕二、吕三、吕四、吕五两边

作陪。]

[八张人脸，表情不一。]

吕伯奢：听说大侄子最近进步挺快呀，升了骁骑校尉啦？赶明儿让你这几个不争气的兄弟都和你干去，看看能混上个非农业户口不？大侄子放心，别怕花钱，你大爷我是个明白人，现在办事哪有不花两个的？

[曹操欲言，陈宫摇摇头不让他说出逃亡实情。]

[吕大媳妇拿酒葫芦进来。]

吕大媳妇：爹，咱家的酒没了。

吕伯奢：大侄子你先浅喝着，我去镇上打葫芦酒就回来，今天你大爷我舍命陪君子，咱们不喝趴下不算完。

曹操：都不是外人，伯父自便。

吕大：曹哥，咱俩划两拳。

三

吕伯奢骑驴远去的背影。

四

[客厅继续喝酒；曹操与吕大划拳行令，热闹非凡；陈宫逐渐不安；吕家其余四兄弟起哄；女仆进来。]

女仆：大哥，你出来一会儿，有点儿事。

吕大：真扫兴！你们先陪曹哥喝着，我去去就来。

[女仆、吕大先后出客厅。曹操与吕家其余四兄弟继

续相互劝酒；曹操看来有些不安；陈宫向四兄弟敬酒。]

曹操：你们先玩着，我去下洗手间。

吕二：我带哥哥去。

曹操：不用客气，我和在自己家一样，知道地方。

[曹操出门，其余人继续。]

五

[近景：曹操在后院厨房外。厨房内传出男女声。]

女仆：大哥咋像个馋猫哇，先别猴急，快说说怎么拾掇它。

吕大：我不猴急你又该生气了，那还不容易办它？按住它，捆起来，一刀宰了不就妥了。

[曹操大惊，跷脚回客厅。]

六

[曹操向陈宫耳语。吕家四兄弟已醉得东倒西歪。]

曹操：先下手为强，动手吧。

陈宫：咱们是不是谨慎一点？等吕老伯回来。

曹操：还什么老伯？等那老狗领人回来逮住咱们领赏？待会儿我装醉舞刀，咱们一起动手。

七

曹操正舞刀。陈宫紧握剑的手略微颤抖。客厅里只有吕五看曹操舞刀。曹操便舞刀靠近吕五。其余三吕已醉；曹操突然砍翻吕五，陈宫拔剑刺死吕二。二人刀砍剑刺，客厅内血肉翻飞。

刀剑撞击声、桌椅翻倒声、人临死呻吟声交杂在一起。

八

[曹操、陈宫追杀全院妇人，踢开后院厨房门，砍死正搂抱在一起的吕大、女仆。搜索全院，院内已无活口。]

九

[厨房后一只捆好的猪。曹操与陈宫面面相觑。]

陈宫：孟德，误会他们了，错杀好人了！

曹操：唉，怨我莽撞，还不快走，等着人来抓我们吗？

十

[曹操、陈宫骑马正奔。吕伯奢骑毛驴，背酒葫芦迎面走来。]

吕伯奢：大侄子怎么走了？离镇上太远，怪老汉来迟了。

曹操：这位陈县令有了点急事，不走不行了。

吕伯奢：你看看，这是怎么说？哪能这么急着就走呀，我让家里人把猪都给杀了呀。

曹操：实在对不住了，下次来了保证住上几天，拜拜。

[吕伯奢手提酒葫芦愣在驴上。曹操策马走了几步，

突然想起了什么，勒马而回。]

吕伯奢：（大喜）大侄子，你不走啦？

曹操：小侄我想起了一点要紧的事（靠近吕伯奢）。

　　[曹操的面部表情显得很神秘。]

吕伯奢：大侄子你就说吧，这几里路都没人，你喊也不会有人听见。

曹操：哎？那边不是有人来了吗？（吕伯奢转头看时，曹操挥刀砍死吕伯奢）

　　[曹操狰狞的脸。吕伯奢流血的脖子。陈宫惊讶的面孔。]

陈宫：真没想到，你曹操是这么个人啊！

曹操：宁我负天下人，休叫天下人负我！

　　[陈宫惊愕、若思。曹操毫无愧疚。]

　　[暮色苍茫，秋叶纷乱，残月初上，薄雾渐浓。]

　　[曹操、陈宫各骑一马，分别于一岔路，没有告别，没有叹息。]

　　　　　　　　　　　　　　　　　　　　——本集剧终。

这是甲版本，取材于《三国演义》，下面还有一个版本。

童话版的曹操杀吕伯奢

别怪笔者在故事形式上变了卦，写完上一个版本才发现：要用同一种表达方式描述同一个故事而又不雷同相当不容易。

曹操屠吕伯奢一家的说法主要情节都差不多（留意"屠"这个字眼，以后的各篇文中这个字要出现得极频繁），也就是说大家对发生了这么一件事的争议不大，只是对屠杀的起因各有说辞。

那咱就换一种叙述形式，既让大家看得明白，又不至于倒了大家的胃口。笔者用讲童话故事的形式来讲述下面的版本。

猎豹——由曹操扮演，不过现在这是一只正被草原之王狮子董卓追捕的丧家猎豹，很可怜的。

小羚羚——由吕伯奢一家扮演，有可能这几个业余演员演这个角色不太合适，先凑合着吧，没当过官的小民百姓与小羚羚的处境也差不到哪儿去，曹操眼下不也是个票友吗？

猎豹不愿意跟着狮子干坏事，于是就带着几个捕猎的帮手澳洲土狗——由曹操的随从扮演——逃到了草原深处，在饥寒交迫的时刻，他想起了这附近还住着爸爸最好的老朋友羚羚伯伯吕伯奢一家。猎豹曹操说：走，找羚羚伯伯要点吃的去。

于是，猎豹和几只土狗就来到了羚羚家里。

可是羚羚伯伯不在家，听说有两个牛妈妈因为争着卖牛奶吵架，他赶去劝架了。

爸爸不在，小羚羚们义不容辞地担当起了羚羚爸爸的责任，热情洋溢地接待了猎豹大哥哥和他带来的澳洲土狗们，把家里最好最好的食物都搬上了饭桌。

有一只小羚羊过于热情了，想给很长时间没来做客的猎豹大哥哥一个意外的惊喜，便悄悄地溜出去剁馅儿包饺子，兴奋起来把刀案声音弄得太大了，被生来听觉极机敏的猎豹听到了。

猎豹是什么动物？一贯警惕性极高，又何况现在是在被狮子追捕的危险状态之中，所以一时引发了神经过敏的先天旧病发作。

这下可不得了了，小羚羊们哪里是猎豹的对手？又处于有远方的客人来访的亢奋状态，一首歌没唱完，就被突然暴怒的猎豹大哥哥夺过话筒，耍起了《大刀进行曲》！

小羚羊一家就这样冤枉地被猎豹扑杀了，他们到死都没明白亲爱的猎豹大哥哥为什么突然翻了脸？死不瞑目啊！羚羊爸爸回来还不得心疼死？

等把小羚羊一家全部杀光了，猎豹才发现了刚才听到的铁器声是什么，是小羚羊在给自己准备美味呀，剁肉馅儿哪有不发出刀案声的？猎豹心里那个后悔呀，一切都晚了，羚死不能复生。

大错已铸成，虽说有"亡羊补牢，犹未晚也"的古训，但现在是小羚羊已经被自己杀光了，还补牢干什么？要紧的是要给身边所率领的土狗们一个说法，要不然，他们忽然良心发现，去像秋菊一样打官司怎么办？

猎豹面色怆然地对土狗们说："宁愿我猎豹对不起羚羊，不要让羚羊对不起我猎豹！"

这就是根据《三国志注》、孙盛《杂记》改编的童话故事。孙盛《杂记》说：曹操听到食器声，以为要谋害自己，便在夜里杀害了吕家人。既而凄怆地说："宁我负人，毋人负我！"

《三国志注·世语》说：曹操拜访吕伯奢。伯奢出行，五子皆在，极尽宾主之礼。曹操自以为背弃董卓之命，怀疑他们要谋害自己，在夜里手提宝剑杀死八人而去。

这个版本与孙盛《杂记》没有什么不同，笔者把他们算作一个版本。

还有最后一种说法：《三国志·魏书》说，曹操带领数骑到成皋，拜访故人吕伯奢。伯奢不在，其子与宾客共同抢劫曹操，掠取马匹和财物，曹操手刃击杀数人。

对于这个为自己太祖找杀人借口的版本俺就不准备演绎一番了，为自家政权记载的所谓历史有多少可信性？谁还能相信大魏当代史中正当防卫的说法？能承认有过杀人家全家这回事就不错了。

谁能相信几个乡村农家的男女，会有胆量打现任朝廷高官的主意？更何况还随身带着警卫员，就算能抢劫成功，那作案得手以后怎么办？见到高贵的好友到访了，就立刻决定杀人劫财？这样的人在中国有吗？曹操不会傻到主动介绍自己是政府通缉犯的地步吧？何况来投奔的正主又没在家，跟吕伯奢的家人犯得着诉冤屈吗？

要从所有的正史都没提及还活着的吕伯奢本人这一点来说，笔者倒觉得罗贯中同学推理演义的反而更可信些，最起码给了我们一个有始有终的交代。

揭过曹操所书的有生第一纸伤天害理、人神共愤之一页，真伪曲直由大家自己判断吧！

进了一回鬼门关

曹操血洗了吕伯奢全家，仓皇逃出血案现场，前面路有千条，只不知哪条是生路，夜色浓郁，南北不辨，再加上愧疚形于面，悔恨藏于心，危险追于后，希望在何方？

胡奔一宿，天已微亮，回头忽然觉得哪儿不对？呀呀呸！两个贴心随从竟然不见了！估计是趁曹校尉心慌意乱之际，拐马携财不辞而别。两个贴心随从心里明镜似的：刚做下天大血案，莫非你曹校尉还有胆量报案不成？

也可能是对曹校尉之所为而不屑，明主看来不明，不如另换个老板打工去。

曹操现在是屋漏偏逢连阴雨，一时心灰。

天已大亮，前面已隐隐约约见一城墙。还是那句老话："天不灭曹！"胡走乱撞，竟然也走到了正路。一夜狂奔，昨天的酒食早消化尽了，现在忽然又饥又渴，有城必有酒饭，走，先去喂喂脑袋再说。

此城便是已经接到通缉曹操之令的中牟县城，大网早已支好，就等曹操一头钻进来了。

而曹操却毫不知情，当下牵马大摇大摆地走进了中牟县城门。

何用香饵钓巨鳌，

却有机关捉肥鹿。

莫叹阿瞒穷末路，

常思吕家冤申否？

天未到卯时，本应城门禁闭，不知为什么竟有人这么早就出城。曹操孤人单马，见城门已开，便不及多想，牵马就要进城。谁知来得早不如来得巧，那早起出城的恰是专门出城去捉拿曹操的。

因为前天县令接到上边转来的通缉文书，要各郡县全力擒拿朝廷要犯曹操，官捉住了升官，民捉住了赏文凭——孝廉，当兵的捉住了可以不让你当兵——免役。

从昨天起，县衙的班头便在全县张挂海捕榜文，一个亭长早起就带了差役下乡巡捕，顺便也能让乡民孝敬点外快。

该哥们儿走运，开城门就碰上个疑犯，看年龄特征差不多，只不过情报上说，那曹操同行数人，这是个单身，有点对不上。也怪上边不传真张照片来，光附来一个包袱皮，画了个人头，画得还不错，看着男女老少都像这布上的人，活该咱发财。

先唬唬他："姓曹的！哪里走！"

"哪位姓曹哇？"曹操何等人？还能让几个小衙役唬住。

"不姓曹你姓什么？我说你姓曹你就得姓曹！先把他收容了再说。"亭长一声令下，差役们不由分说给曹操上了绳。

中牟县大堂。

"堂下何人？"是县令在给嫌疑犯验明正身。

"小民复姓夏侯，单名一个瞒字。"曹操倒行不改名，暂归原姓。

堂上的县令仔细端详着曹操，对比着公案上通缉榜文里的人头画像，有些拿不准。

　　旁边站立的一个功曹走上前来与县令耳语了几句，县令点了点头。

　　"你姓曹名操字孟德，小字阿瞒，沛国谯县人氏，现任京师骁骑校尉，用不着狡辩了，本县这儿有人认识你。"

　　得，连老根都让人给刨出来了，就差说出乳名吉利了，还有啥话可说。曹操干脆来了个死猪不怕开水烫，就此闭口一言不发。心想，没有口供，看你怎么定我的罪？

　　那县令倒也没有匆忙地认定人犯，只是吩咐把曹操临时拘留，退堂时曹操狠狠盯了那功曹一眼："这小子，啥时认识我的？"

　　深夜，曹操被提到后堂夜审。

　　这下弄得曹操狐疑不定，莫不是遇上了仇人？想趁夜害我？

　　进得后堂，却见那功曹也在，曹操还是用上了白天在大堂上的老办法，紧闭双唇装哑巴，也只能如此了，坦白莫非还真能从宽？

　　却没想那功曹走上前来先把曹操的刑具给卸了，然后和县令一起向曹操深深作了一揖。

　　莫不是诈口供的伎俩？曹阿瞒生性多疑，装着不知所措，急忙还礼。

　　"明公勿疑，适才听得功曹讲起曹明公破黄巾、诛劣强、贬贪吏、逆奸雄之故事，好生仰慕，某虽百里小令，却也知功曹苦心，天下方乱，正需英雄救民，岂能让栋梁折于中牟？"

　　原来如此，吉人自有天相，又是一个天不灭曹！

　　曹操死里逃生，直如同上了一遭阎王殿又被赶了出来。中牟县之旅，当真是进了一回鬼门关，当夜告别了深明大义的中牟县令与功曹，直奔陈留而去，但愿这次奔的是生门。

只是吕伯奢一家男女的身影在心中挥之不去，真是想起来就脑仁疼！

莫非曹操的头疼病根就是在那时落下的？那一年，是中平六年（189）。

运气不错——遇上了人傻钱多

一路绿灯，东汉政府的有效管理能力看来有限，中央的政策传达到地方没有不走样的。曹操顺利到了陈留。

现在曹操命运中唯一的贵人就指望幼时的玩伴、陈留太守张邈了，要是这张邈原则胜过私人感情，那曹操算是自投罗网彻底玩完了。

张邈字孟卓，东平寿张人。小时候便以侠名著称，经常做些慈善事业，名声甚佳，自独辖陈留郡山头以后，远近的文武人才无不前来投效。这是曹操前来求助的另一个主要原因。

还不错，一进陈留县境，曹操的心情就变得格外好，比希望的还要好几分。

张邈，一见曹操到来，喜出望外，毕竟光屁股长大的发小，与他人不同，一见面就又找回了儿时的感觉。至于朝廷的通缉令，在咱陈留郡境内只配用来擦屁股！自被董卓任命为陈留太守上任以来，张邈如同逃出生天，终于离开了洛阳那块是非之地。

不拿人命当回事的人，不配那个英雄的"英"字！

但当曹操在为他接风的宴席上谈到举义兵讨董贼的打算时，张邈却打断了他的话题：

"来，席间莫论国事，吾等今天只管饮酒，不谈政局。"

曹操一时迷惘，心中忐忑。只好客随主便，今朝有酒今朝醉。

谁知没过今朝，陪客的闲杂人等刚一散去，张邈便屏退左右，二人进入了深谈。

"孟德欲起兵讨国贼，邈理当全力相助，刚才席间人杂，机密大事，法不传六耳，孟德自当理会。但此等大事，应以何策为先，孟德曾细思否？"张邈和曹操一样，也是从骑都尉任上转做的太守，为官数年，可称得上经验老到。

军政两栖人才的曹操岂会连这都不熟虑？当下便侃侃而谈：

"董贼欺君篡国，凌辱百官，屠戮黎民，天怒人怨！当前首竖义旗，以聚民心，人心在我，何愁大事不成？"曹操明白得很，先政治挂帅。

张邈却不以为然地摇摇头："一旦众归僻郡，千军日费何止万钱？况且兵械甲胄，车仗马匹，营帐炊灶，无一不须置办，巨资从何而来？兵马未动，粮草先行，此乃首中之首也。"

是啊，人是铁饭是钢，一顿不吃饿得慌，经济是基础，人家张邈那时候就懂得。

自古有句话，当兵吃粮，你把人家忽悠来了，最起码得先管大家饭吧？在地贫人穷的地方征兵，大伙不就是为了先混个肚子圆再说嘛。曹操对此倒是早有打算：

"家中尚有薄资，吾意倾家举义，誓讨国贼！"

"一家之财力安能养千军万马？孟德不能想当然也。"

"这……邈兄身为一郡太守，尚无良策乎？"

"陈留贫瘠，人民不堪黄巾兵祸，近岁又逢旱涝不均，稼禾歉收，官府赈济尚且无力，何来余钱兴雄师、装军备也？"

"这……这倒如何是好？"曹操皱起了眉头，巧妇难为无米之炊，一文钱难倒英雄汉，何况这动辄千万的巨资？都怪老爸冤大头，你花那一个亿买个太尉做鸟？生生让那个死鬼皇帝给坑了个血本无归！

曹操心里倒不真慌，以他对张邈的了解，既然他点透此事，那就说明这家伙心里可能早就有谱了，我不如先端正态度，虚心求教吧，人在钞票前，不得不低头啊！

果然不出所料，张邈见不得铁哥们儿为难，微微一笑，向曹操说出了一个空手套白狼的妙计：

"我属下有一孝廉，姓卫名兹字子许，陈留襄邑（今河南睢县）人，祖上经营有道，又惯会敛聚钱财，为本郡第一巨富，然卫兹却生性豁达，为人仗义，平日志向高远，忧国悯民，以孟德之风采、口才，若对其晓以大义，陈明国破家何在之利害，约卫兹一起举事，彼若心动，则大事济矣！"

曹操闻听大喜，如同叫花子拣到金元宝一般，那卫兹之家财，便好似已入己囊。对自己的三寸不烂之舌，曹操一向是充满自信的，连老爸曹嵩都不在话下，更何况一个本来就满腔忠义的孝廉？

小人施于利，君子欺以方，无往不利，战无不胜。

正如太守张邈所料：经曹操慷慨陈词，描绘了合作经营的美好前景，又诱以万古留名的实在利润，再拍以千秋忠义的舒服马屁，曹操得到了卫兹慷慨解囊的实惠。

钱壮英雄胆，有钱万事通。曹操的征兵工作进行得十分顺利，一杆"忠义"大旗在陈留城头高高立起，想吃顿饱饭的四方饥民八方云集，没几日便已考核录取三千余人。

别小看这一帮地道的泥腿子，他们可是曹操将来起义拉起来的第一支农民军，经不经打另说，起码是自己的队伍，跟以前替政府带兵有了性质的不同，意义着实非凡。

十年前播下的种子发了芽，堂弟曹仁（字子孝）带领谯县家乡的一千余子弟兵闻讯来到了陈留城，人民的军队实现了胜利大会师。

未来的曹家、夏侯家之帅才勇将也陆续赶到了陈留，这其中有（不以姓氏笔画为序）：

曹洪（字子廉），曹操堂弟。

夏侯惇（字元让），曾以手刃掉一个骂自己老师的家伙而闻名乡里。

夏侯渊（字妙才），夏侯惇的族弟，曾经在老家谯县替曹操顶罪蹲过监狱。

曹真（字子丹），曹操的同族子侄，实际上已经过继给了曹操，与曹操的亲儿子没有什么区别。

开张的势头不错，基本队伍组织起来已足额五千，信得过的本家将领也聚集了十几人，新兵营已经开练，兵械也凑合着人手一件，粮饷暂时还能对付，声讨董贼的檄文已发往全国，现在就等各地响应了。

不等也没有办法，曹操心里清楚得很：就凭自己手头这点乌合之众，还不够给董卓的西凉骑兵垫马蹄子的，现在还是炒作阶段，先做做舆论攻势，反正这个首倡义兵我曹操已经抢注成功，靓域名是谁也抢不走了。

一句老话：开弓没有回头箭，曹操现在已经没有退路了！

人登上了极位，智慧就容易变成浆糊

人，一旦坐上了高位，智慧就容易变成糨糊。

有些人是不能当家长的，与邻居们干个架什么的还凑合，与兄弟姐妹争个家产也挺有智有谋有勇的，但等这个家轮到他说了算的时候，这个家离衰败也就不远了。一个只琢磨怎样巩固自己地位的家长，并且拿家庭成员的生命当实验品的家长，只能充当家破人亡的直接或间接凶手。

中平六年（189）的董卓就是这样一个利令智昏的家长。

军政大权已集于一身的董卓，眼里已经看不到敌人和潜在敌人了，董卓的雄才伟略再往哪儿施展呢？这是个继续革命上了瘾的家伙，于是各种巩固政权的措施相继出台并实施，只可惜玩的套路几乎全是拆自己台的馊招数。

人啊，一旦登上了无人制约的极位，那点创业时的智慧就容易变成为往自己脑袋里掺的糨糊，立时就会进入妄想型精神病状态。

请看董卓以下的行径：

在董卓进京五个月后，新君献帝改元，年号初平（190—193）。

首先给自己再升上一级，兼领太尉，这下名至实归。(《三国志·魏书·董卓传》：于是以久不雨，策免司空刘弘而卓代之，俄迁太尉，假节钺虎贲。)

还觉得意犹未尽，就再升一级，封自己个丞相吧。这下得意了，谁是大英雄？中国只有一个人能称得上大英雄！最尊贵的人唯有我董卓一人！

没法再升了，再升只有自己做皇帝了，不过当时的董卓压根没这个念头，他自己也从没把自己当条龙。

接下来就是奖励自己的西凉士兵：那"剿匪"剿来的人头不是都挂到了洛阳城头上了吗？他们的妻子女儿呢？就赏给你们这些功臣吧，有福大家享。

再接下来就是自己了。老子现在是全国的一把手，也该自己享受一番了吧？皇宫那可是美女的集中地。于是乎，董相国夜夜笙歌。

既然已经成了核心中的核心，那儿女、亲戚总是要照顾点的，那就都封个官吧，年龄太小不能主持工作的就先封个爵位，拿份国家工资再说。于是董卓除了封老娘为池阳君，置家令、丞外，又经过基层民主选举了自己吃奶的儿子为侯，金带紫袍，一样不缺；孙女也有份，别看还不到十四岁，敬老、爱幼一般重要，封了个跟老娘一样大的官，民主选举为渭阳君。

对敌人的仁慈就是对董氏革命的犯罪！要杀一批、关一批、管一批！秦始皇算什么？不过就坑杀了四百六十个儒生吗？跟我能比吗？

那杀猪匠何进的一家老小是不能放过的，先拾掇活着的何太后，一报还一报，你不是鸩杀了现任皇帝的亲娘王美人吗？咱就以其道还其人之身，请你也饮鸩一杯吧。

死了的也要追究你阴魂不散，先把何进的弟弟何苗来个挖坟鞭尸。

何苗的老娘还活着？那怎么行？于是，判决死刑，还不准收尸。

有个专门给朝廷提意见的干部竟拿革命工作当了真，说我董卓不讲礼貌，见小皇帝时不自觉解剑，那还了得？先枪打你这个露头鸟，镇压了他！看谁还敢拿皇帝当干部！

既然杀鸡吓猴，那就索性多杀几个，吓文武百官个心胆俱裂！鸡从哪里来？不是有北方边境抓来的战俘吗？于是，在董丞相举办的宴会上，经常表演现场杀人的节目，助酒兴吗，多玩点花样，活人挖眼、慢锯手脚、大锅煮活人，董丞相耳听眼看被宰者的临死惨状，谈笑自若，饮酒甚欢，文武百官却是被吓得魂飞魄散，真表现得无比驯服了。

高压加腐败，这个政府还能不垮台？终于有一天，消息传来，二十拨军马，结成了关东联盟，兵分八路，杀向洛阳而来，盟主就是刚被朝廷任命为渤海太守、封为邟乡侯的袁绍。而传檄组织关东联盟的，正是那个最不识抬举的曹操！唉，放虎归山终为患啊！

对于关东联军，与枪杆子打了一生交道的董卓还真没放在眼里，在他看来，这不过是一帮乌合之众，成不了多大气候。真正的威胁不在东方，而是在与其相反的方向，自己的大本营：西方。

那里是自己的老家，十余万西凉铁骑是当时中国最精锐的部队，但现在却掌握在自己最忌讳的皇甫嵩手里。攘外必先安内，只要解决掉皇甫嵩这个后顾之忧，什么关东联军？一群地方保安、散兵而已。

就在董卓置东方的联军而不顾，全部注意力集中到凉州方面时，一个令所有人都难以预料的事件在西方突然爆发了！

最早的乾坤大挪移神功

有句俗话叫"怕啥来啥"，相反"盼啥来啥"是不容易实现的，要是后者的情况多了，恐怕就没人卖彩票了，都转行去赌场发财了。董卓的西路大本营现在就突发了董卓最怕的事情。

黄巾军的余火在河东（洛阳西北）顺势复燃起来。开始的火苗是在中平五年（189）冒出来的，其领袖人物叫郭太，因为起事于西河白波谷（今山西省襄汾县西南）而得名白波军。

这白波军义旗扯起便不同凡响，发展极为迅速，不足一年就聚众十余万，而且组建的军队并不是一般的乌合之众，上了战场极有战斗力，军旗指处，拔河东、围太原，破城陷地，所向披靡。

当董卓控制洛阳时，白波军已严重威胁到了洛阳，竟打到了河南的河内郡（今河南省孟津一带）。事实上已经兵临洛阳城下。可那时候竟然是天不灭董，白波军为了达到与同时起事于东郡的青州黄巾军会合的战略目标，没有乘胜进击东汉的心脏洛阳，而是转头东下进攻东郡，董卓不由长松了一口气。

现在白波军突然回军围攻河内，而且还联结了外援：南匈奴单于于夫罗。南匈奴见东汉中央政府混乱，也想趁机捞一把。于是，与白波军遥相呼应，也突入河东郡境内，直逼河内。

董卓此前被诏任并州牧，就有剿灭白波军的使命。现在的白波军如果全面控制了河东，就会使董卓与他的战略大后方凉州失去联系，而确保洛阳与西部交通的顺畅，对于稳定凉州军的军心至关重要。

凉州军中的精锐是由秦胡兵和湟中勇士组成，有着浓重的恋乡情结。当年，"凉州三明"之一的段颎率领湟中兵对羌作战，时间一长，部队想家了，仗就不打了，结果段颎被治罪，"输作左校"，也就是被劳动改造去了。

凉州军是董卓的命根子，战斗力必须得到保障，不容出一点闪失。董卓曾经派自己的女婿牛辅为主将，率部进入河东，试图控制局势，结果就连西凉铁骑也不是白波军的对手，牛辅大败，闹了个灰头土脸，铩羽而归。

就在董卓对白波军一筹莫展之际，一个更加要命的情报又传到了董卓耳中：西部有人在鼓动皇甫嵩为正义一战。此人就是盖勋。

盖勋，敦煌（今甘肃省敦煌市）人，在西部也是大名鼎鼎的人物，他曾在灵帝组建西园军时入京，任讨虏校尉，与袁绍结识，共谋诛除宦官大计。后任京兆尹。得知董卓行废立之举的消息，就上书称董卓是个小丑，并警告董卓别高兴得太早了。

现在盖勋行动起来了，开始联络皇甫嵩东征。董卓在洛阳城中再也无法踏踏实实地睡安稳觉了！他想，莫非现在到了墙倒众人推的地步？你们也太小看我董卓了吧？且看我怎样施展雄才逐一搞定你们!

面对要发动东征的盖勋和皇甫嵩,董卓出动的却不是武力,而是皇权。董卓先是在皇甫嵩的驻地扶风设了一个汉安都护,总统西部军事,明摆着就是要剥夺皇甫嵩的军权。

随后,天子诏书发出,征皇甫嵩入京任城门校尉。胸怀忠义的皇甫嵩便匆匆踏上了进京的道路,最头疼的一个就这样简单地搞定了。

这皇甫嵩军事上是个帅才,外战固然颇具威名,内战更是功高盖世,等于凭一人替东汉打下了半个中国;但在政治上却是个在校中学生的水平,哪里是独夫民贼董卓的对手?最高圣旨一到,便乖乖地赴京任职,中国最精锐部队西凉军的指挥权也就此旁落。

董卓的确不是个简单人物,这一招还起了另一个重要作用:利用皇甫嵩的威名对围攻河内的白波军进行统战工作,结果竟大获成功!白波军主要将领韩暹、胡才、李乐,接受了朝廷——实际上是董卓的招安,分别被授予征东、征西、征北将军的荣衔。

董卓的另一过人之处就是敢用人,韩暹、胡才、李乐这种将军,他照样给予实际兵权,白波军的高级将领在一段时期承担了东汉军事指挥中枢的重任。董卓有效地把西方原来砍向自己的钢刀,用乾坤大挪移神功转向了东方的敌人头上。

后方搞定,现在到收拾关东联军的时候了,体验一下与我董卓作对的滋味会使你们清醒点!

曹操
——阿瞒出道

第四章
陈留起兵

率先宣战

对董卓暴政的声讨始于曹操。

但此时的曹操位卑势弱，五千新兵比不得董卓当初三千西凉铁骑的威名，而这个世界向来是凭实力说话的，大家服从的都是比自己拳头硬的人，所以曹操也就只能做些前期的反政府舆论鼓动工作，到了真正组织起反董的关东联盟，曹操连在讨伐宣言（"三公移书"）上署名的资格也没有了。

这篇诈用现任朝廷三公名义的檄文发遍了全国的各州郡，檄文讨伐的目标很明确，就是号召大家武装起来，反抗暴虐的董氏统治。不过，号召人们反抗的主要理由还是有点暧昧，文中说："见逼迫，无以自救，企望义兵，解国患难。"

是谁受到了董贼的逼迫呢？"三公"含糊其词，是现在已被废为弘农王的原任皇帝少帝，还是现任的小孩子献帝？或者是三公们自己？文中没说，也确实不大好说，所以只好含糊其词了。

新君献帝是董卓立的，从理论上将应当成为讨伐的对象；但如果讨伐的是献帝，此前朝臣们在废少立献的时候你们干吗去啦？那时候绝大多数可都是装哑巴呀，而且除了曹操，还一个个都高兴地接受了新皇帝的任命与提拔，现在如果再不承认新皇帝的合法性，那不是朝自己脸上打耳光吗？

按此思路推理，受到逼迫的应该是废帝刘辩，国难的生成源于董卓的废少立献。此前朝臣的默然无语，虽有纵容的一面，要规避的是少帝和太后的还政，也是可以理解的。

但在地方州郡长官这里，思路就大大不同了：在太后亡故之后，起兵推翻国贼董卓，让少帝重新归位，这些武装割据一方的士大夫就成了救国家于危亡之中的功臣了。

至于后来狡猾的董卓一下子断了各方大员的念想，果断地采取措施干掉了少帝那是后话，容笔者以后细表。

檄文的影响力还是巨大的，一下子得到了一大批武装割据的州郡首脑的响应，浑水摸鱼捞块奶酪的事情大家向来都愿意干。于是，庞大的关东联盟军很快组建了起来，他们是：

（以下按照起兵的地域划分）

冀州——渤海太守袁绍、冀州刺史韩馥。

兖州——兖州刺史刘岱、陈留太守张邈、山阳太守袁遗、东郡太守桥瑁、济北相鲍信、行奋武将军曹操。

豫州——豫州刺史孔伷、颍川太守李旻、陈国相许场。

徐州——广陵太守张超。

青州——青州刺史焦和。

荆州——后将军袁术、荆州刺史王叡、南阳太守张咨、长沙太守孙坚。

并州——西河太守崔钧。

司隶——河内太守王匡。

另外还有：刘备——汉景帝子中山靖王刘胜之后，汉室宗亲——他参与了毌丘毅在丹杨的募兵活动，大概是随毌丘毅返京后，被授官下密丞，未就职，因此得以会盟。

从兵力在洛阳外围分布的情况来看，主要有四大兵团：

西北兵团——进驻河内（治在怀县，今河南省武陟县南）的袁绍、王匡部。冀州刺史韩馥驻邺城（今河北省临漳县），作为后勤保障。张杨、于扶罗则屯于漳水一带。

中部兵团——进驻酸枣（今河南省延津县）的刘岱、张邈、张超、桥瑁、袁遗、鲍信、曹操等部。

西南兵团——进驻颍川（治在阳翟，今河南省禹州市）的孔伷、李旻。

南部兵团——进驻鲁阳（今河南省鲁山县）的袁术、孙坚部。

西北兵团的主力是王匡的泰山兵，前锋已经布防于河阳津，隔河与洛阳相望，最早进入临战状态。

中部兵团除张超（张邈弟）的广陵兵外，其他是清一色的兖州子弟兵。

西南兵团以豫州兵为主，后孔伷部融入中部兵团，李旻部并入南部兵团。

南部兵团的主力是孙坚的长沙兵，战斗力极强。

这里要说一说冀州刺史韩馥与渤海太守袁绍。

袁绍是个在性格上集强弱于一身的家伙，他弱的一面大家已经见过了，手握五千西园军精锐部队，竟然被仅有三千多客军的董卓给忽悠住了，以致抛弃部队逃之夭夭。但袁绍内心还是渴望做一个强者，只是不能在洛阳城中做罢了，他离开洛阳，便立即通过武装起义，向世界证明谁才是最后的强者。

董卓进京五个月后，新君改元，年号初平（190—193）。新年伊始，关东联盟宣告成立，袁绍被推为盟主。

战略伙伴关系大多靠不住

据说袁绍之所以选择这个时候起兵，是因为新年号与自己的字（袁绍字本初）有相合之处，便认为起兵一定能获成功。

没想到在袁绍最初起兵渤海，声言讨伐董卓进军洛阳的时候，第一个作战对象竟然是自己的顶头上司冀州刺史韩馥。

对顶头上司开火一般人们都乐意做，不过玩明的不多，那是要冒绝大风险的，上司们对直接下属大多也是如此心态，但风险系数要小得多。

韩馥是从东汉文化重镇颍川走出的士人，是董卓进京后，周毖、伍琼这两个无间道高手，为将来拾掇董卓向冀州这个战略要地布下的一颗棋子。而人一旦做上了官与想当官时的心情是大大不相同的。

汉末的冀州兵精粮足，士民殷盛，以如此之势来面对中原凋敝，优越感便油然而生。在洛阳朝廷中，韩馥可以做他的清流，写一些官样的文章，喝喝小酒，发发牢骚，抒发一下自己对社会的不满，在士林中博得一个直言的美名。但是成为冀州刺史后，韩馥这个士人就发生了变化，现在他已集一州的军政大权于一身，到手的富贵谁愿意轻易丢掉？

一个既得利益获得者不会再有先前的作为了，逼人的社会现实，已经使激情跃出笔端，变成他日常要应对的地方行政。他必须倾其才智，为自己以及与己相关的群体利益尽心谋划，稍有不慎，冀州刺史这项官帽就会被他人抢走，现实的残酷，正侵蚀着韩馥的身心。

他不能也不敢再去实践一个愤青的社会理想了，做一个果敢的勇士，去奔赴国难。即使有冀州的强大实力为后盾，但要与董卓那支横暴的凉州军相抗衡，韩馥还没有那个胆量，道义的光环不能当饭吃，慢慢地褪去了它的色泽是必然趋势，受制于理想与现实的双重压迫，韩馥进退两难！在袁绍首倡义兵讨伐董卓时，则更是难到了极点。

袁绍自与董卓反目之后，便来到了冀州，而此时朝中名士们正在为他斡旋，使他免遭董卓的毒手。在周毖、伍琼、何颙等人的游说下，加之袁氏在朝中的显赫地位，董卓也"大度"地许给了袁绍一个渤海郡太守的官职，还封他做了邟乡侯。

而汉末地方行政职权的划分，已经与前大不相同了，一州刺史不再是只执行监察权，而是统摄一州军政，这就使得袁绍成为了韩馥的下属。

但韩、袁之间还有一层关系，袁氏四世五公，其门生故吏遍布天下，韩馥就是袁氏众多门生之一，作为东汉的一则惯例，门生一旦发达，总会对自己宗师的后代眷顾有加，韩馥对袁绍是端不起什么长官的架子来的。而且，袁绍又怎会把一个"小小"的渤海郡太守放在眼中？

袁绍逃离洛阳的目的，就是要避开董卓的锋芒，纠集武装，反攻洛阳，有没有官衔，并不重要。他之所以要接受董卓的这份

"恩赐"，无非想行事方便些，以汉官的名义讨伐汉朝叛逆，当然是合乎情理而又名正言顺了。

袁绍现在明目张胆地造反了，韩馥却改变了初衷。

刚才说过，韩馥离京就任冀州刺史，是周、伍里应外合讨伐董卓计划中的重要一步，韩馥理应起兵。但是，在听说袁绍到了渤海，要竖起义旗、兴兵伐董的时候，韩馥却慌忙派遣手下亲信以州官的名义前往渤海，看住袁绍，不准革命！

只是，这起不了什么作用，士人以武力来对抗强暴是大势所趋，袁绍竖起义旗只是一个时间早晚的问题，几个从事小吏又怎能阻拦得住呢？况且，韩馥如果一味设置障碍，只会将自己扯进泥潭，遭到来自士人方面的鄙弃，而不会获得董卓的好感。而做一只孤云野鹤，却又不是韩馥所甘心的。

袁绍起兵在即，冀州眼看就会因此被卷入一场无望的战争当中，韩馥刚刚得到的殷实资本可能会化为乌有，这可如何是好？

恰恰就在这时，一纸"三公移书"使得韩馥脱离了烦恼。虽然这纸文书实际上是由东郡太守桥瑁假借三公名义发往州郡的。本是州郡起兵的讯号，但在韩馥眼中却成了帮助他摆脱无形利害纠葛的救命稻草。

有了它，韩馥就可以听任袁绍起兵，去解消士人们必然的责难。同时，拿着这纸文书，又可以避免事后可能出现的董卓对他的责难。

但这并不等于韩馥从此就可以像瑞士那样成为中立国了，由袁绍起兵所激发的士人奔赴国难的炽烈情感，也在不同程度上感染了韩馥的心情。

不过，他仍旧很苦恼，在读完"三公移书"后，韩馥问手下文武，说："现在我是帮助袁绍，还是帮助董卓呢？"

冀州大吏治中刘子惠答说："此番兴兵是为国除害，何言袁、董！"

韩馥无语。

深深了解韩馥眼下两难处境与心情的刘子惠马上表示了对韩馥处境的体谅，他宽慰韩馥说："打仗可不是件什么好事，您切记不可出头露面，做什么统帅；当务之急是应该派人去观察其他州郡的动向，一旦群情奋起，成了气候，您再参与进去也不迟。"

刘子惠的体谅，实际上是让韩馥隔岸观火，明哲保身。

这种思想的形成，是基于对冀州实力的权衡之上的，但他却没有真正化解韩馥此时的苦恼。

三面狂飙卷洛阳

聚集在韩馥心头的越来越浓的愁云是什么呢？就是"动"与"静"两个字。

一、"动"：袁绍起兵，韩馥聚一州之众全力资助，这对于韩馥和他的僚属都是不能接受的，冀州长史耿武就说过：老韩哪，那个啥，凭啥要我们接济他们，我们都成奶妈了，还没有工资，这活不能干。他们那个婴儿要是总靠着我们一个奶妈吃个没完，吃得我们断了奶，以后这孩子还不得饿死？

韩馥心里明白，他是不会把自己和冀州的未来命运托付给这个"婴儿"的；但反对也不行，韩馥同样也不会将自己置身于与天下士人作对的地位。这对于韩馥来说，便是"进"与"退"都难决断的苦恼。

二、"静"：凭借冀州的实力称雄一方，静观时局变迁，一动不如一静，这倒是个好的选择。但要真正做到却不是那么容易。

从冀州的地理环境来看，它与司隶、青、兖、并、幽诸州接壤，战略地位十分重要。这块兵家必争之地，早已成为汉末豪强觊觎的肥肉。

兖州刺史刘岱就曾扬言：等董卓死后，冀州那地儿就得归我，不给我就打韩馥。这样一来冀州的南面隐患已生。

不只如此，冀州的北面还有虎视眈眈、急于进入中原的幽州公孙瓒；在东面袁绍正蓄势待发；西面还有剽悍的黑山军盘踞在山岭间。

韩馥现在身处于四面险象环生之地，又怎能从容自保呢？这是"静"也不可能的苦恼。

但革命形势不等人，他也不能不做出一种姿态，去响应士人讨伐残暴的义举。于是，他率领兵众屯于邺城，与已经进驻河内的袁绍和王匡遥相呼应，以供应前方粮草之名而推卸了冲锋陷阵的责任，避免了与董卓的直接冲突。

即使这样，他也未全身心地投入，对于所承担的粮草供应，也是尽可能地敷衍，试图解散前线武装。在韩馥的头脑中，士人的道义早已不复存在，他只想保全冀州这份殷实的产业。

最初酸枣会盟之时，坛场已经设好，刺史、郡守却互相谦让，谁也不愿意登坛主盟，好像谁登坛就是登上断头台似的。但总得有一个人主盟吧？没办法，最后主盟者由广陵郡功曹臧洪来担当了。

盟词倒是创作得大义凛然，大意是：汉室不幸，皇纲失统，贼臣董卓，祸害无穷，毒杀弘农，百姓被难，如此以往，社稷沦丧，四海倾覆。

为此，我们——兖州刺史刘岱、豫州刺史孔伷、陈留太守张邈、东郡太守桥瑁、广陵太守张超——要举义兵，赴国难，同盟中人，齐心一力，尽我臣节，粉身碎骨，在所不辞。有渝此盟，死于非命，祸及子孙。皇天后土，祖宗明灵，实皆鉴之。

盟词写得的确慷慨激昂，闻之倒也令人振奋。国难中展现臣节，显示了士人舍生取义的价值观，值得褒扬。但较之此前的"三公移书"，就不难发现，在这里国难已经变更，新国难成于"毒杀弘农"，献帝的合法性仍旧没有得到承认。

士人们只想以死抗争，"粉身碎骨"了，却没有创造出一个新天子来，终极的政治目标没有找到，人们当然无所适从。

再说，盟词发自一个功曹之口，能代表哪一方的意愿呢？而袁绍、袁术、韩馥、王匡等尚在各自营盘中，对此表现淡然，缺少了他们的会盟，酸枣会盟的意义又在哪里呢？

没有政治目标的酸枣盟词只不过是应时的文章，它不具有丝毫的约束力，至于盟词所郑重言及的对毁盟者的制裁，只是闪过耳边的咒语。之后的日子里，酸枣诸军悠闲地屯扎在营地中，诸将们则日日在高歌纵酒。

洪洞县里没好人了吗？也非如此，跟董卓动真格的也有那么三位，这就是联盟中战力最强的与战力最弱的两只部队：孙坚的长沙部队和曹操在陈留拉起的乌合之众，还有战斗力不算弱也算不上强的河内太守王匡的泰山兵。

孙坚曾经与董卓共事一场，对于董卓多少有些了解，他曾向当时主持西部军事的张温建议，将抗命不遵的董卓军法从事。结果未能如愿，现在他要与董卓战场上见真章了。

洛阳南部方向，豫州鲁阳城，孙坚率领身经百战的长沙精锐，与董卓的西凉铁骑即将展开一场硬碰硬的厮杀；东面汴水，曹操的陈留新军，向董卓发起了鸡蛋碰石头的攻击，还能再出现一个颍川大捷吗？

谁也没有料到，率先尝到西凉铁骑践踏滋味的是河内太守王匡。

三面狂飙卷洛阳，

八方风雨会中州。

焉以强弱论侠士，

岂用胜败分匪侯？

第一刀劈在了泰山军的头上

一个政治上的浑蛋并不妨碍他成为一个军事上的高手；在敌人打上门时政治上的糊涂虫也会突然清醒；暴君一样可以是一个智慧的军事统帅。

无间道高手周珌、伍琼这次没有能再忽悠下去，全力推荐的四世五公的革命后代打上门来了，这才让董卓恍然大悟。先宰了你们这两个内奸再说，于是，继前皇帝少帝刘辩丢命后，周珌、伍琼挨了董卓摧毁关东集团的第二刀。

应该承认，董卓的这两刀砍得相当高明：第一刀砍断了关东军主力——各州郡大员的希望之所在，给这些士大夫们在政治上来了个釜底抽薪；第二刀肃清了自己身边的异己分子，铲除了敌人在自己阵营中的卧底。现在第三刀也举起来了，挥向的是与自己在河阳津正面相持的王匡。

董卓先是派兵在盟军控守的河阳津正面摆出进攻姿态，暗自却将主力渡河绕到王匡泰山军的背后，趁其不备，发动了进攻。

这次，以步兵为主的泰山军领教了西凉铁骑的厉害，睡梦中刚听到马蹄声，敌人的骑兵已到营前，还没来得及抄家伙，敌人的马刀已劈在了脖子上，根本没组织起有效的抵抗便溃散了。

逃命也不容易呀，两条腿的怎么能跑得过四条腿的？一夜之间，泰山军主力大部分喂了董卓西凉军的马刀，王匡仅带少数部队侥幸逃脱，洛阳西北的军事压力不复存在。

在政治上董卓又做了个大动作，同时又具有特别重要的军事意义，这就是：迁都。

你们不就是想来抢这小皇帝吗？我把这小儿藏到大后方去，咱老董留下来，甩掉包袱，轻装上阵，陪你们这帮上马都得别人扶着的书生玩玩。

袁绍你这个娃娃不是不知道好歹吗？那也就别怪我董卓心狠手辣了，俺老董给你委官封侯，你给老子来个恩将仇报，领头起兵反我，我董某人也不是什么儒家贤孙，不懂得"以直报怨"那一套圣人说教，我给你来个一报还一报，早时不是不报，是时候没到，现在是时候已到，一切都报。

你叔父袁隗不是还在朝中做着什么太傅吗？我先用他一家老小祭刀，杀杀你娃娃的锐气！

于是，在滚滚的洛阳大火中，董卓露出狰狞的面目，全然不讲过去的情谊，他一不做，二不休，灭杀了袁氏宗族自太傅袁隗以下男女五十余口，灭了袁家的三族。

还有另一个大大的好处：打仗不是耗费银钱吗？咱来个城外损失城内补，老子早看着你们洛阳这些富得流油的地主、富户不顺眼了，那钱放在你家里留着当反政府经费呀？一律充董，不乐意？犯了法的人还能有啥政治权利呀？没收你们的所有资产是挽救你们，让你们为国家做做贡献，光荣光荣。

算了吧，还是给你们一刀省事，镇压了你这个现行，财产自然归国家了。战士们注意，活做得利索点、干净点，祖坟也给我刨开。好玩意儿拿去陪葬未免太可惜了，暴殄天物哇。迁不走的人杀光！财物给我抢光！搬不动的烧光！给反政府分子们来个坚壁清野。西北方向的毛猴子拾掇了，现在轮到东边的了。

洛阳东部，是关东军的主力所在（论数量），也就是我们前边所说过的中部兵团，驻军酸枣（今河南省延津县），有刘岱、张邈、张超、桥瑁、袁遗、鲍信、曹操等部，总兵力十万有余，超过与之对抗的董卓军徐荣部两倍还多。

可是这一方面军却没有个正经头儿，谁家的羊谁赶着，谁家的孩子谁抱着，谁家的部队谁护着，生怕自己的战士受了风寒，一个个都关在军营里养精蓄锐，就是不让上战场。

秦末诸侯讨伐秦国政府军的一幕在东汉又重演了：当时诸侯

救赵到了钜鹿，面对秦朝大将章邯率领的四十万大军，都藏在寨墙后面瞧热闹，就看着项羽率领的西楚军一家在前面拼命。现在关东军的几位诸侯也是这种让"别人死了我活着"的心理，可是，能不能再出现个西楚霸王呢？

转眼间血本无归

曹操想扮演项羽这个角色。

一是在"剿灭"黄巾军时，他也曾数历恶战，未尝败绩；而董卓却连战皆墨，未见胜果，自度董卓也不过如此。二是看着几位统军老大，畏敌如虎，怯战糜粮，心中实在看不起这些革命口号喊得震天响，上了战场就完蛋的人，便挺身而出：

"举义兵以诛暴乱，大众已合，诸君何疑？向使董卓闻山东兵起，倚王室之重，据二周之险，东向以临天下；虽以无道行之，犹足为患。今焚烧宫室，劫迁天子，海内震动，不知所归，此天亡之时也。一战而天下定矣，不可失也。"（《三国志·魏书·太祖纪》）

大意就是说：我们以义除暴，盟誓都成立了，还婆婆妈妈地干啥……董贼把洛阳宫殿都烧了，还把皇帝这么小的孩子给绑架了，可怜不可怜？现在天下都不知道该听谁的了，你们也不借这个机会炒作一下自己，你们这些人哪，多好的机会呀！

来，看我曹操的！于是，便带着自己的五千新兵投入了正面战场。张邈是曹操的铁哥们儿，不能无动于衷吧？要说这张邈也够仗义的，不但派招兵买马时投过资的卫兹带两千人马助阵，还让自己的亲弟弟张超率三千精兵接应，帮人帮到底吧。

固然，董卓的一个区区校尉徐荣不是秦国的大将章邯，问题是现在的曹操远比不得力拔山兮的楚霸王，指挥的部队更比不得群狼般的西楚勇士，就是与在颍川"剿杀"黄巾军所率的羽林铁骑相比也根本不是一个档次。况且，闻名全国的西凉精锐又哪里是黄巾军的乌合之众所能相比的？这像是带着一群刚长出嫩角的绵羊往狼嘴里送一样，行动虽然伟大，下场必然很惨。

部队到了荥阳汴水，与徐荣的骑兵部队遭遇了。曹操立即挥旗布阵，曹洪、夏侯惇等也马上按照在陈留演练的对敌阵型，指挥部队迅速变化队列。初生牛犊不怕虎，这五千新兵与卫兹所率的两千地方部队倒是没有一个怕的。

谁知那徐荣打仗根本不管你什么章法，也不等你列好什么阵势，只听一声长长的号角，数不清的铁甲骑兵如同山崩地裂般压了上来！

呐喊呼哨震耳欲聋，马蹄声震得大地微微颤抖，只听得敌方战鼓隆隆，号角呼应，夺人魂魄，曹操的战阵也组不起来了。

原指望弓弩兵能射住阵脚，哪知道两轮箭矢放过，就如同海潮前扬了把沙子，竟连稍滞敌骑的速度都没能做到，敌军的钢铁洪峰瞬间已卷到眼前，顿时，雪亮的是刀，鲜红的是血，白红交加，上下翻飞；惨呼的是自己的战士，狂笑的是敌军的士兵，自己的部队已经崩溃。

刚穿上新军装的农民们哪儿见过这个阵势？什么为国为民的政治动员，什么军令如山的战场纪律，全忘了，保命要紧，跑吧，可跑得了吗？人家那大个长腿的西凉马跳的可不是盛装舞步，拼吧！逃也是个死。

可惜明白这一点的只是少数士兵，大部分兵败随山倒了。曹操傻了。也学那少部分战士，亲自出马拼杀，我曹操岂是临阵脱逃之怕死之人？谁想念头刚起，一支不知何处射来的骑弩钉在了胯下战马的脑门上，这下完了，铁蹄之下，安有完卵？

正躺在地上闭目待死之际，一骑飞到身前，睁眼看时，正是堂弟曹洪，这曹洪没有片刻犹豫，飞身下马，将曹操一把拉起，托上了自己的坐骑。这时候，战马就是战将的性命啊，曹操怎肯牺牲兄弟换己逃生？当即挣扎着下马。

曹洪怎容得曹操下马？在他心目中曹操早就不是什么堂兄了，是自己的主人，愿意为之效忠一生的主人：

"主公速走，天下可无曹洪，不可无主公！曹洪步战也要保得主公脱此危难！"

还能有啥说的？话说到这份儿上了，为了天下百姓就领了堂弟的深情厚谊吧。

这曹洪步战的功夫还是相当了得，一把大砍刀舞得水泼不进，远拨箭矢，近挡刀矛，上斩人头，下砍马腿，西凉士兵竟近不得曹操一丈以内，这绝对是一人玩命、万夫莫当。

终于且战且退，杀出重围，回头看，七千人马残存寥寥，最痛心的是，那个初任都尉带兵的孝廉卫兹竟也丧命于乱军之中，不由曹操痛彻心扉，悔恨交加。

以后怎么办？呕心沥血聚拢的一点家底转眼化为乌有，还把投资者给搭进去了，血的教训啊！万幸兄弟子侄诸将性命尚在，咱曹操是那一蹶不振的人吗？从头再做起，权当交学费，只要信心存，前途未可测，回老家，再招兵去。

　　不过走之前不能便宜了那几个拥兵观望的大佬，先回酸枣，骂他们个狗血喷头再说！

美女配强人
——孙坚小传

　　这里不得不先简单介绍一下孙坚这个人，因为他毕竟据有将来三国之一吴国的太祖位置，也可以说，孙坚就是吴国的国父，是孙坚创下了吴国的家底。

　　孙坚是吴郡富春人，打小就有勇有谋，十七岁时就已经当上了吴郡司马。

　　据《三国志·吴书·孙破虏讨逆传》记载，熹平元年，年仅十七岁的孙坚和他父亲孙钟乘客船办事，到钱唐时，碰到当地著名的海贼胡玉领着一帮弟兄在岸边分赃，孙坚见状，独自一人操刀上岸，对着众贼人指东画西，好像在指挥人马，胡玉等以为是官军来了，怕寡不敌众，弃财而逃，孙坚不依不饶，竟然还追上去砍了一个。

　　于是，名声大振，被吴郡太守看中，立即破格任命为代理郡尉，做了富春县的县吏。当年就被提拔正式做了吴郡司马，也就是郡尉，相当于现在一个市级公安局长。

　　同年，在会稽称了好几年越王的许昌，继任新“家督”，他显然不满足越王的称号，改称阳明皇帝，在老巢句章（就是现在的余姚）起兵造反，并且有了不小的声势，聚集有上万人。

身为邻郡司马的孙坚闲不住了，招募了千把吴郡精勇，与扬州的官军、会稽的官军一起投入了平乱之战，青年孙坚立了大功，阳明皇帝许昌的造反被轻松镇压。

得胜而回的孙坚虽然受到了扬州刺史臧旻的表彰，可是并没有升官，而且还被调出了吴郡，甚至调出了扬州。原因呢？估计与他强娶了一个老婆有关：吴郡的吴家是个著名的豪强，上下关系相当硬，家中养了个女儿吴氏长得极美。孙坚对这位美人有了想法，非要娶了做老婆不可，可是吴家偏偏对这个少年发迹的郡尉瞧不上，拒绝了孙家的提亲。

孙坚在渔色方面绝对不亚于曹操，这点本事与他的勇武相比有得一拼。于是便趁这次平叛任前线司令官之际来了个霸王硬上弓，武力娶亲。

至于吴氏后来因祸得福做上了东吴国母的位子，那是后话，现在的吴家可感到在地面上丢了大人，可又惹不起，就没少在上头拍孙坚的黑砖，使孙坚得了美人，耽误了仕途。

孙坚被调出扬州后，最早担任的是徐州广陵郡盐渎县（今江苏盐城）县丞（相当于常务副县长），几年后，又被调到下邳国担任盱眙丞，最后，又被调为下邳丞。基本上是平级调动，升官的路走得不太顺。

可是，他在故乡的弟兄们（其实就是当地的小混混儿，他们中的主力就是前文所说的吴郡精勇）大部分都跟了过来，这些人日后成了孙坚赖以起家的基本力量。应该说，被调离扬州吴郡之后，孙坚的地方政治力量被严重削弱，可是，他的军事力量仍然被保存了下来。

还是造反的黄巾军成全了孙坚，其实后来三国的太祖、先主们都是跟着张角发起来的。

黄巾起义爆发，衰弱的东汉王朝的政府军显然已经无法对此加以控制，于是原本就已经很强大的地方军终于堂堂正正地站在了二世纪末中国历史舞台的中央！

当时征讨黄巾的政府军主力由左中郎将皇甫嵩和右中郎将朱儁率领，因为政府军实力实在太弱，所以不得不从地方上筹军。身为下邳丞的孙坚被朱儁征为佐军司马参战。

孙坚早就对县丞这个小官不耐烦了，这下真是有了时势造英雄的感觉，当然是大喜过望，踊跃参战。

有了"剿灭"黄巾军的堂皇理由，孙坚除了带上本郡的铁哥儿们外，还在当地招募了不少士兵（其中包括后来的东吴第一将军、当时流寓淮泗的程普），有千把人，随同朱儁出征，屡建奇功，被升为别部司马。

黄巾之乱平定后不久，凉州的边章、韩遂造反，车骑将军张温出兵西征。可能也是出于朱儁的力荐，或者孙坚曾与张温有过交情，张温让孙坚屯长安，留守关中。在留守关中期间，孙坚与董卓有过一面之交，那时候孙坚差点鼓动着张温宰了董卓。

凉州叛乱平定后，孙坚被拜为议郎。此时，长沙区星又造反了，孙坚被任命为长沙太守南征。从此，孙坚脱离了中央政府，犹如龙归大海，虎进深山。

孙坚到荆南后不过一月就平定了区星的叛乱。由于周朝、郭石在零陵、桂阳响应区星造反，孙坚很有魄力地越境讨伐（这在当时是不为朝廷所允许的），结果获得胜利，中央政府不但没有怪罪孙坚，反而加封他为乌程侯（属于县侯）。由此可以看到，当时的中央政府对于地方政府已经基本失去控制了。

孙坚曾经越境至庐江讨贼，可以看出，灵帝末年的孙坚不但在荆南三郡站稳了脚，还在老家扬州有了一定的声势。

然而孙坚的这一次出兵庐江，最大的收获应该是结识了当地的豪族周家。当然，那时他不可能意识到庐江周家对他后继者的帮助会有多么大：给他的接班人提供了日后的东吴名将周瑜。

经过不间断的血战，孙坚带出了一支铁打的部队，其战斗力举国闻名，就是手握西凉铁骑的董卓对孙坚也向为惮忌。现在接到讨董檄文，孙坚毫不迟疑地加入了关东联盟一方。

雪亮的军刀高高举起，狠狠地劈下了——第一刀没劈在董卓的西凉兵头上，而是突然转向，砍向了自己阵营——同为关东集团的荆州刺史王叡头上。正是：

> 说不清的理，道不完的由，诉不及的旧怨添新愁；
> 胜了的是王，败了的是寇，话不完的龌龊与风流。
> 别提什么该不该，莫问什么咎不咎；
> 何论什么敌不敌，少信什么友不友。
> 有道是种瓜的得瓜，种豆的得豆；
> 无非是有冤的报冤，有仇的报仇。
> 自古英雄出乱世，
> 从来胜者书春秋。

何如田园话桑麻，

却向幽溪甩钓钩。

接连两刀把自己劈成了家臣

现在的孙坚，对付董卓当然是对外，关东军内部也是存在"外"的，荆州刺史王叡就是一个必须先除掉的"外敌"！

那荆州刺史王叡与长沙太守孙坚早就有过节？然也。

在当初孙坚平定荆南时，王叡和孙坚是并肩作战的战友（东汉末年时刺史和太守的官阶是一样的，前者的社会、政治地位更高，军事地位不一定），可是王叡却很看不起孙坚，而且还是明着看不起。

为什么？家庭出身不同呗，在当时，王叡属于一流名门，不免有些矜气；而孙坚属于暴发户类型，是以军功立足，没啥政治背景，小时候还是吴郡著名的烂仔。可以说，王叡轻视孙坚是理所当然的。

而以孙坚的脾气来讲，还最忌讳这一点，所以当时就想宰了这个蔑视自己的家伙。现在率重兵北上，大好时机，孙坚陡生杀意。

恰巧如同人内急时遇到了厕所，有人来求孙坚帮忙干掉王叡了。

王叡与武陵太守曹寅有尖锐的矛盾。在荆州军准备北上伐董时，王叡曾扬言要杀曹寅，曹寅当然很害怕，与其被你杀，不如我先下手为强，于是便求救于正在北上的、同样和王叡有怨的孙坚，孙坚当然就痛快地答应了。结果在客军孙坚和地头蛇曹寅的夹攻下，王叡兵败身亡。

孙坚在杀了自己阵营的一个刺史后，索性一不做，二不休，紧接着又杀了一个和自己同样官职的太守：荆州南阳太守张咨。

杀张咨的原因，是因为孙坚带着队伍北上途中，经过荆州最北面的一个郡——南阳郡时，太守张咨没有任何表示欢迎的举动。其原因当然很容易理解。张咨是豫州人，和王叡一样属于外乡贵族，两人之间的关系应该还可以。孙坚杀了王叡，老张心里当然不太乐意，所以对孙坚爱理不理的：小样儿，你还敢对我拍板砖不成！

另外，张咨还有一个资本。在东汉，南阳不仅是帝乡，还是著名的繁华地区，南阳太守在当时几乎和州牧的地位相当，他当然有理由小看孙坚了——虽然明知道孙坚在荆南有着不一般的根基！

孙坚自然不能忍受，既然已经杀了刺史了，干脆再杀个太守吧！张咨不过是一介文士，哪里是孙坚的对手，理所当然地殒命于孙坚刀下。

这时，孙坚知道自己在荆州的路快走到头了，不单因为太残忍，关键是再北上作战粮草谁供应啊？古时候和现代的战争行为没有啥不同，也是打的经济仗，兵马未动，粮草先行，后勤工作跟不上，部队不用打也会自行完蛋。况且，他杀的两个人也是关东集团里的大人物！在自己阵营里，孙坚现在也成了众矢之的。

情况现在明摆在这儿：孙坚以长沙太守的身份，借着讨伐国贼、兴复汉室的口号在荆南起兵。可是，矛头所指却是与自己有宿怨的、同为关东联盟领导人物的荆州刺史王叡和南阳太守张咨。孙坚的举动遭到了绝大部分关东军上层人物的反对。

但以他自己的实力是不可能一统荆州的，连回到家乡的实力也未必够，遭到了自己盟军的敌视，这种状况下常人的出路应该是投奔董卓。可是孙坚不干，他和董卓根本就不是一路人，两人是不可能走到一块的。

怎么办呢？孙坚有了点走投无路的感觉。

但天无绝人之路，这句老话又在孙坚身上得到了体现：一个人以救星的面目出现了，这个人就是袁术，从此，直到孙坚37岁去世，袁术都一直影响着他！

继任南阳太守袁术及时地向孙坚伸出了橄榄枝，经过慎重考虑，进退两难的孙坚终于投靠了袁术，袁术也很爽快，立马提名孙坚担任豫州刺史，只是现在豫州的大部分还不是袁术的控制区，说穿了孙坚担任的是袁术的"征豫将军"。

接连两件错事，使孙坚从勇武的长沙太守身份沦落到南阳太守袁术的家臣！对金玉其外、败絮其内的袁术来说，却是做了他一生中为数不多的一件英明决策：前期的袁术军事上很横，那还不是靠着孙坚父子？

得到了后勤保障的孙坚北上了，第一站是豫州的颍川，受到了太守李旻的积极响应，李太守加盟了孙坚的部队，孙坚现在才真正地把他的长沙精锐指向了董卓，西凉铁骑这回才算遇上了对头。

豫州梁东城下，孙坚能否替曹操报全军覆没之仇？这次，恰

174

好碰上的就是全歼曹操陈留军的西凉军徐荣，孙坚不是曹操，长沙精兵不是陈留的乌合之众，徐荣，把脖子挺直了，看俺孙坚如何取你头颅！

孙坚才是用空城计的第一人

曹操属于撞了南墙也不回头的人。只要看准的事就坚决走到底，不就是损失了五千新兵吗？权当是给兄弟们做陪练牺牲了，铁打的营盘流水的兵，身边的亲信没丢命，只要营盘还在，兵就会流进来的。回老家招兵之前，他去了一趟酸枣，那些养兵观战的诸关东军大员在干什么呢？正忙于相互请客。

刚从血与火中挣扎得性命的曹操见此情景痛心疾首，当即慷慨陈词：

各位领导，听我一句话行吗？我们如果万众一心，分兵占据洛阳四周有利地势，以深壕高墙围困洛阳，摆出随时进攻的架势，就是不与他们作战（现在曹操终于领教了西凉铁骑的厉害，再不提与之野战了），然后将此形势通报全国，以顺诛逆，天下可凭此一战而立定。现在大家打着兴义兵讨伐逆贼的旗号，却相互猜疑，不思进取，这让天下人会怎样看你们？我曹操真为你们感到羞耻啊！

俗话说癞狗扶不上墙去，曹操苦心献计也好，语言相激也好，破口大骂也好，也就是痛快痛快自己的嘴皮子，没人会理睬一个刚打过大败仗的将军的，就是铁哥们儿张邈也不例外，明确拒绝

175

了曹操的提议。说话的分量与实力是成正比的，你曹操现在还有啥资格说东道西？

无奈之下，曹操只好收拾残部回了老家谯县，向反动派打响的第一枪就这样哑火了，再从头开始吧。曹操的计划是在自己的老家拉起一支子弟兵来，以此作为骨干，然后进军扬州，招兵买马，先保存、壮大自己，再进攻、消灭敌人，这路子算是走对了。

有一件事要专门提一下，就是这次的故乡之行，使曹操首次结识了将来要与他在政治、军事上对战一生的冤家对手，这个人就是在后世中知名度丝毫不亚于曹操的刘备，此时卖草席的刘掌柜也在沛国一带做发动群众积极入伍的工作，未来的魏王与将来的蜀国先主在谯县进行了亲切友好的会晤。

当然，现在的两个人都不可能认识到这一点，但初次的会面使两人都有一种英雄相惜的感觉是无疑的，不然二人之间以后也不会发生诸多的恩怨瓜葛了。

前文笔者说过，曹操砍任何人的脑袋从没有犹豫过，唯有对刘备是个例外。有大师说这是曹操一生中所犯的最大的错误，笔者对此结论持怀疑态度，观点容以后再细讲，就连刘备我们也先放一放，还是先关心前方的战事要紧。

国贼未除，前方将士正拼杀于刀光血雨之中，双方统帅部有的连出奇招，有的开始把暗箭瞄准自己的战友，有的继续抓紧享受靓女美酒，笔者实在无闲心关注后方的这两位相互吹捧的英雄。

洛阳南部前线，勇冠天下的孙坚与名不见经传的徐荣开始了令天下人都目瞪口呆的血战。

鲁阳城门外，孙坚奉袁术命令正举办盛大的欢送仪式，欢送谁呢？在孙坚手下任长史的公仇称。这公仇称官儿虽不大，但此行承担的任务却是孙坚最关心的，干吗去？是受孙坚所托找调军粮去。马上就要打大仗了，袁术承诺的粮草却迟迟未能运到，前敌主将孙坚心里有点发毛，所以对公仇称之行格外重视，召集鲁阳的所有官员属吏，专门在城外搭了营帐，举行宴会给公仇称送行，给足了公仇称面子。

其实这面子是给袁术的，大家谁都明白，这是在变相向袁术宣誓效忠呢。不过那董卓的部队也太不给面子了，酒未过一巡，欢送词还没宣读，那徐荣的先头部队竟然到了。

西凉骑兵！众官像是羊羔见了狼群，一下乱了，都想抢先跑进城去，积极守城嘛，没啥值得责怪的。

孙坚就是孙坚，半世英名岂能丢在这鲁阳城门口？大喝一声："哪个乱动立斩！继续饮酒，仪仗队的表演别停顿！"

徐荣的先头部队看到敌人在自己的马前宴会，旁若无人地饮酒作乐，一时蒙了，勒住了马，等大部队到齐再说吧，看你这露天酒宴散不散场！

骑兵部队行动就是迅速，一会儿工夫竟然万余骑会集到了城下。孙坚呢？谈笑自若，犹如没看见西凉兵的到来；号称中国第一精锐的西凉铁骑更傻眼了：这孙坚真是见面胜似闻名啊，这是没把我们西凉兵放在眼里呀，冲上去，剁了他！

别，肯定是人家有备无患，人家明支了一张网，咱别主动去钻了。于是后队变成前队，徐徐而退，部队不慌不乱，井然有序，不愧是闻名全国的西凉铁骑，未损一骑，安全撤退了。

在面无人色的众官退进城内之后，孙坚才向惊魂未定的下

177

属说：

"刚才假如争抢着进城，官员怎会抢得过士兵？我们又如何快得过西凉骑兵？"

由此看，第一个把空城计用于实战的应该是孙坚才对，不是后来的诸葛亮，更不是曹操。

那曾全歼过曹操部队的徐荣如果知道了今天的一幕，肯定会先扇自己一个耳光，再宰了今天带队的先锋官，不过良机既然已错过，后悔后面历来跟随着"莫及"二字，鲁阳的机会没抓住，看你孙坚还能躲得过梁东城？

两个牛人的第一次对话

东汉初平二年（191）二月，孙坚率十万大军直击洛阳。

这时的南阳太守袁术对孙坚是大胆使用的，自己的家当几乎全部交给了孙坚，南阳、鲁阳二郡的全部军马的指挥权交到了孙坚手上，使孙坚的长沙军一下膨胀到了十万之众；以两郡之所有财力物力供应孙坚部队的军需，又请示东汉中央政府落实了孙坚豫州刺史、破虏将军的官位，使孙坚名至实归。

大家注意到了吗？向被讨伐的敌人请示封官（当时的所谓朝廷其实就是董卓），这也算是东汉末年的一道独特的官场风景。以后的曹操也是照此方抓的药，直到汉献帝免了自己的皇帝头衔，才不得不暂停了这套虚礼。

董卓呢？还真就颁发了委任状。给自己的敌人封官是什么样的心情？大概有人认为肯定是极不乐意——不然，笔者认为老董当时的感觉绝对极"爽"：小样儿，还造我的反？连官不都得由本太师批示。

还有一方面原因，你董卓封不封的人家这官都是要做的，空头人情，不送白不送。

对了，这里补充一句：这时的董卓又挖空心思给自己提了一级，当了太师了，一般这个尊位是专给皇帝老丈人留的，董卓给自己戴这顶帽子无非是强调比皇帝高一辈罢了。

还是说孙坚，虽然成了别人的家奴，但实际上是当了大官，指挥着十万大军，部队番号也随他的职务改称为豫州军。真估不透现在的孙坚内心情感，是乐？是羞？是苦？是酸？抑或兼而有之？

孙坚大军到了梁东，西凉军的徐荣也到了梁东，一方是兵精粮足的十万大军；一方是狂傲无比的两万西凉铁骑；按《孙子兵法》上的提示："十则围之，五则攻之，倍则分之"，现在应该是孙坚攻必胜了，谁知偏遇上了个不按"孙子兵法"出牌的徐荣，这胜负就难说了。

那徐荣大概没用心钻研过《孙子兵法》，一到梁东，竟然不管三七二十一，置城外的数万敌军而不顾，散开一万骑兵包围了梁东！摆出了一副马上用骑兵攻城的架势。

孙坚大怒："匹夫安敢欺我！"

这事是明摆着的，徐荣就压根儿没把勇冠天下的孙坚和他率领的十万大军放在眼里，你以为孙坚是浪得虚名？那十万豫州军都是来观摩学习的？徐荣是狂妄轻敌吗？非也。

徐荣是把孙坚琢磨透了才来的这一手不讲理的战法。

就孙坚目前的心理来说，这是归顺袁术后的第一仗，人家可是把看家的老本都托付给了你，此战许胜不许败，于国、于私、于理、于情都败不得。再说孙坚身经百战，其中大多都是以少胜多，像今天打这么阔气的仗真还从没有过。

问题是孙坚是个闻名全国的英雄啊，英雄哪里会用这种无赖的战法？犯得上这么火急火燎地拼命？那他要是按部就班地给我玩阵地战怎么办？

徐荣怕的就是这个，要先激怒他，人只要怒火满腔，智慧就靠边站了。

在他眼皮子底下围他的城就是激怒他的最好的办法，不亚于抢他的老婆，只要你出击与我野战，我就能充分发挥西凉骑兵的长处，机动自如，进退由我，别急——他不是自恃英雄，兵多骄横吗？再给他设个小圈套，你以为西凉人不懂得战略战术？走着瞧吧，马上就见分晓。

在指挥作战方面，孙坚从来是冷静的。

面对徐荣把本已有限的兵力分出去近一半围城，孙坚岂能看不明白：他根本没有攻城的实力。修城墙就是专门用来克制骑兵的，用骑兵打攻坚战，那还不是以己之短，攻敌之长？作为一军主帅，徐荣就是再怎么名不见经传，也不会这么愚蠢。这是虚张声势，目的很简单，就是诱我出兵救城，他好借机袭我营寨，我何不将计就计？

两军对垒就是双方的司令员在斗心眼，等到了交手的一刻，也就基本到了战役的尾声了。现在两个主帅看来都把对方估计得过高了，也都估计得过低了，矛盾吗？不矛盾，作战如下棋，本来就是竭尽心智来制造矛盾和解决矛盾，其运子过程就是在制造和化解矛盾中消耗对方、壮大自己，把对方的招法预期得过高或过低都是致命的。

现在就比运气了，有时候运气决定一切。

徐荣的西凉铁骑列队来往驰骋于孙坚大军与围城部队之间。

孙坚身先士卒慢慢地向看来是阻援部队的敌人接近。

两翼的重甲步兵竟好像比中间的步骑混合部队行进得还要快点，怎么了？莫非是孙坚初次指挥各方军马，有些调动不灵？

不是的，这是孙坚有意为之，目的很明确：趁敌人注意力在孙坚带领的中军推进时，两翼尽快与城中接应的部队合拢，到那时，十万大军所张开的虎口就等于合上了嘴，而徐荣的主力也就成了虎口里的食，孙坚要一举围歼徐荣骑兵主力。

那徐荣的注意力还当真就在孙坚身上，好像对两翼的战场态势视而不见，擂起战鼓，骑弩兵警戒两侧，徐荣本人跃阵而出，手持长杆大刀，竟然指名索战孙坚。

可能有的古代战史专家要出来指责了，古时候作战也不是士兵观战，将军拼命啊，那都是小说中虚构的，真实打仗哪有用这么愚笨形式的？专家们错了，经笔者考证，古时候有相当长的一段时期还就是这样打仗的。

是古人愚蠢？非也，是古人哪比得今人的道德观念？具体理由与证据笔者以后会提供给大家，现在孙坚与那徐荣就要贴身拼命了，暂时没那个工夫争论这些纯学术问题。

孙坚就是从血水里长大的，何曾怕过这个？能阵前一刀宰了你，那就省事多了，当即提刀出战，双方的士兵都暂时做起了啦啦队，只听得呐喊如狮吼，战鼓似滚雷，一场马上的白刃战拉开了大战的序幕。

各怀鬼胎的单挑厮杀

一对一的马战，双方都要借助战马的速度来增加自己的打击力度，所以就远远地撤开了，同时加速，两马交错时，马背上的人便抓紧时间给对方一下，手快的说不准能捞上两下——当然要以牺牲力度为代价——两骑对冲过去了，这一回合就算是结束了，如果双方都还不服气，那就各自圈回马来，原样再来一次，第二回合就开始了。

孙坚与徐荣二马交错之际，人借马力，马仗人势，兵器相同，分量相当，两杆大刀咔嚓一响，交会于双马之间，首个回合就平淡地结束了。

一个西凉骁骑，一个中原勇将，谁服气谁呀？所以两人都不约而同地勒马而回，继续来。双方的将士呐喊震天，为自己的主帅助威，实际上与足球场上的观众一样，都是希望自己一方的球员拼命。

徐荣首合较量以后，略感两臂发麻，心中暗叹孙坚猛力，不过俺徐荣的绝招还在后面呢，今天有你孙坚好看的；孙坚现在的感觉相当良好，估计着自己在力量上稍胜对方半筹，五十回合之内，干掉敌人有望。

实际上二人各怀鬼胎：徐荣心里的小九九咱们一会儿就能亲眼见到，就不用提前说了；孙坚一直用眼角扫视着两翼自己的重甲步兵，两翼的部队并没有停顿下来等着二人的胜负，只不过速度略缓，距离更远，但包抄向梁东城墙的目标没变。

纠缠的时间越久，对孙坚部队的战场态势就越有利。

第二回合开始后，人在上边厮杀，胯下的战马也没闲着，相交之时，也把对方的坐骑当成了争春的马儿，趁空啃上对方一口、尥上对方一蹄子，这也是早训出来的本领。

十来回合刚过，徐荣刀法已见略散，若现在认输败下阵去，必将大大影响己方部队的士气；若再硬撑下去，大刀无情，说不准自己的脑袋就丢在这儿了。

徐荣像是突然觉察到了两翼的危险，趁回合之间与孙坚离得最远之时，催马便向战阵西侧驰去，随着他口中的一声呼哨，西凉军中号角扬起，西凉军一部随徐荣开始西逃，一部退往围城的西凉骑兵。

围城的部队也肯定发觉了战局对己方的不利，马上开始分往两翼集结；梁东城的城门已开始打开，护城河上的吊桥已开始缓落，那是在按孙坚约好的信号准备出城接应两翼步兵，围歼西凉主力。

孙坚突然感觉到煮熟的鸭子要飞走，自己一举围歼西凉铁骑主力的计划可能要落空，两翼的部队还没合拢，那西凉马要是撒起欢儿来可不是那么容易追的。

战机瞬息万变，哪容有细思的工夫？孙坚当即扬刀向自己的亲信副将祖茂发出了出击的信号，本人也纵马向徐荣追去。

祖茂跟随孙坚征战多年，深领孙坚的指挥意图，把大军分为两部，步兵杀向围城的西凉军，自己率数千轻骑兵紧随孙坚追向徐荣。

西凉马跑得不慢，紧追之下，虽然离豫州兵的大部队越来越远，但孙坚、祖茂的轻骑兵还是与敌人逐渐接近，看来威震天下的西凉铁骑也不过如此。

前面徐荣带着他的西凉溃兵穿过了一片树林，孙坚略微放慢了追击的速度，待祖茂所率的骑兵基本会合后，直向树林杀去。

金蝉脱壳——孙坚也用了一回马甲

林内并无什么伏兵，也没有所担心的绊马索之类的东西，看样子徐荣的西凉军已穿过了林子，眼看自己的部队也要追出树林了。

突然，孙坚隐隐心里感到有些不安：闻名天下的西凉铁骑不应该这么经不得战阵哪？就在刚要下令停止追敌时，林外长长的几声号角响起，东南西北号角悠然响应，此起彼伏，不绝于耳，孙坚知道坏了，中了敌人的调虎离山之计，西凉兵也会巧用兵法，自己的半世英名，没料到折在这徐荣手里！

是真英雄岂能受欺于宵小？孙坚率部回军向来路杀去，要拼出一条血路来，与自己的大部队会合。哪知来路的西凉铁骑层层叠叠，箭弩如雨，刚试冲了一下，还没怎么厮杀，自己的骑兵已损伤一半有余，这下孙坚对西凉军的战斗力有了切身体会。

退回树林后，西凉骑兵并没有迫近追来，看来是素闻孙坚勇名，倒也不敢过分用强。可是孙坚心里明白，敌人真正的主力还不在这儿，在梁东城下，那支没有主帅指挥的豫州大军完了，一大群长着坚角的牛，是对付不了一小群生着利爪獠牙的野狼的。

一阵阵呐喊传进了树林："孙坚早降！投降不杀！"

孙坚绝望了，自己难道连曹操也不如？曹操还能落个损兵未折将，性命得保全，孙坚却要丧师殒命于此？

拼命吧，将军只能阵前死，自古壮士裹尸还！孙坚环视了一下自己的士兵，这都是随自己刀山剑阵里滚出来的老兵，没有一个人有怯阵的表情，视死如归的人们聚在一起，铸成了一片庄严的悲壮。

不用动员，不用说什么多余的废话，孙坚知道，他们都能够跟随自己慷慨赴难，战斗到最后一息。

正欲身先士卒做最后的自杀性一搏，身边的祖茂突然伸手抢过了孙坚头上鲜艳的铜盔，戴在了自己的头上：

"麾将先行，将军随后杀出，保重！"

不待孙坚表示什么，祖茂已率残部杀出了林外；孙坚差点热泪涌出：这是祖茂在以自己的性命吸引强敌啊，还用再说些什么？杀出去吧！

孙坚铜盔上鲜红的盔缨吸引了西凉重兵的注意，一层层地围向了祖茂，那祖茂早已把生死置之度外，此时勇猛非凡，西凉兵但凡照面，不出三合即滚落一颗人头，一时无人敢于近前。只是密排骑兵战阵，牢牢地困住祖茂，祖茂干脆回身杀向树林，他已注意到孙坚此时已经冲出了西凉铁骑的包围。

　　跑了十余骑披头散发的豫州兵，徐荣根本不大在意，眼前的孙坚才是条大鱼，对孙坚拼死杀回树林，西凉兵也没有认真地阻挡，这片树林早已被围得铁桶一般，不怕你能上天入地。

　　树林内隐约可见孙坚头顶的红缨，对于肯定要拼命的孙坚，徐荣更犯不上上前拼命，手下的西凉将士也没有必要做无谓牺牲，徐荣自料难以活捉孙坚，退而求其次，死的也凑合吧。给我用弓箭招呼他！

　　箭若流星，密如急雨。

　　其实孙坚的头盔只是戴在了半截树桩之上，树桩有一人多高。祖茂在孙坚脱险后，内心安定，急中生智，让这顶惹眼的铜盔戴在半截树桩上威风吧。自己则藏身在不远处，冲出去是不可能的，也不是祖茂愿做的：孙将军还没有走远，要尽量给他留更多的远遁时间。

　　眼看天色将晚，徐荣担心夜长梦多，再有变故，冒险率铁骑慢慢靠近树林，及近目标，才发觉上当，心中大悔。正待传令搜索树林，不远处已传来厮杀声，原来是士兵已发觉祖茂，展开了围杀。

　　不一时战斗声息，徐荣走上前细看，才发觉一直被围的并不是孙坚，没奈何只好割下了祖茂的脑袋，再凑上孙坚的战盔，向上司胡轸报功去了，虽没斩敌主帅，却歼敌全军，无疑也是大功一件。完美的事情总是免不了有缺憾。

　　徐荣心里想的是实际情况：他的主力由自己的副将李蒙率领的确在梁东城下。指挥系统突然混乱的豫州军被李蒙的西凉铁骑杀得七零八落，步兵逃命又比不得骑兵，说全歼了豫州军基本上接近事实。

孙坚逃进了梁东城内，心里既恨自己轻敌致败，又为损失爱将祖茂而痛心，还有个更大的难题在等着他去解：怎么向袁术交代呀？

他恨死了西凉兵，恨不得马上出兵报仇雪耻，可是捞本的本钱呢？他现在是个几乎输光了的赌徒啊。想与董卓军拼命还不容易，人家现在马上就找上门来了。紧急军情来报：董卓派东郡太守胡轸为主帅，悍将华雄为前敌都督，起西凉铁骑三万，现已杀奔豫州而来。

还有一个雪上加霜的坏消息：董卓在派出胡轸、华雄大军的同时，又命令勇冠天下的吕布吕奉先为协助胡轸的副帅，率并州大军三万，一起压向豫州。

山雨欲来风满楼！孙坚现在有一种薄皮鸡蛋面临泰山压顶的感觉。

会忽悠的人都是高手

沛国谯县。

曹操的扩军工作进行得出乎意料地顺利，毕竟是"美不美故乡水，亲不亲故乡人"，家乡的父老乡亲对曹操不久之前的失利是不在意的，估计根本就不知道自己的队伍还打过败仗，阿瞒这细伢这么英明，还能犯错误？

曹操的宣传教育工作也做得相当到位：

"董卓逆贼，谋杀天子，欺凌百官，残害黎民，倒行逆施，天怒人怨；曹某不才，不甘尸位素餐，更羞为虎作伥；与其引颈待枭，何如奋而揭竿？前于陈留举义，天下无不响应；传檄到时，烽烟顿起，旌旗指处，鼠辈披靡；今董贼劫百官而西窜，窃神器于私囊，天下英雄会盟于孟津，百万雄师集结于河洛，上承天命而讨贼，下救百姓于水火，我沛谯赤子，素以忠义闻名海内，在此国家存亡关头，焉能滞后于他郡？当随操赴义，挥戈斩贼，奸邪荡平之日，富贵与之共之！"

看，形势一片大好，敌人仅剩残渣余孽，再不踊跃报名参军入伍，落水狗可没得打了。胜利之后，分给你们土地，大家都做大官，到时候可是大鱼大肉天天吃，杜康美酒天天喝，天天吃面条子滴香油，娶十个八个的媳妇也不用愁。

这样的诱惑还有哪个不动心？

还有一项奖励政策，那就是自行封官，收编民间武装。你只要肯把绺子并过来，管你是何帮会，一样给你个忠义救国军番号；只要服从调动，土匪的大当家也能混个军官干干。山阳钜野人李典（字曼成）带过来几千人，曹操立马就委任了他个陈留都尉；阳平卫国人乐进（字文谦），个头矮小，其貌不扬，以前不过是个在曹操帐外站岗的列兵，这次回老家招兵，一下子就忽悠来了一千多人，曹操当场破格提拔，发了前军代理司马的委任状。

具有讽刺意味的是：目前曹操本人还是东汉政府的通缉犯呢，现在的奋武将军的头衔是袁绍给的，政府没承认，算不得数，也就只能用来唬唬没见过官的平头百姓。

袁绍现在已经公开不承认汉献帝这孩子的合法性了，想换个听话的皇帝，候选人相中了幽州刺史刘虞，不过不管咋做动员工作，这刘虞就是不敢挑大梁。在这点上曹操坚决反对，声明只认可现在的汉献帝是唯一的合法皇帝。

你看怪不怪？你既然拥护现在的皇帝，那就得承认那以皇帝名义颁发的通缉令的有效性，那就得认可自己流窜犯的身份，一个在逃的政府通缉犯竟以政府的名义封别人的官，全乱套了。

这样说来，曹操还不如支持袁绍的政变呢。不过这时的曹操眼光远得很，宁可与小时的伙伴袁绍决裂，也要坚决当保皇派，其中大有深意，容笔者以后再细讲。

这不是，眼下的现实利益就来了，扬州刺史陈温、丹杨太守周昕知道了曹操"反贪官不反皇帝"的政治纲领后，同时表态白送给曹操四千人马，连装备都免费赠送。

现在洛阳前线的十几路诸侯呢？他们更像缺钙的软皮鸡蛋，一听西凉兵的名字就恨不得闭眼塞耳朵，更别说与勇冠天下的吕布对阵了，再加上一个威震西凉的狠人华雄，还是躲着他们安全点。

就凭这兔子胆儿，真不知当初怎么也敢喊造反？

就没有人敢掠西凉铁骑的虎须了吗？有人！有人偏就不信这个邪，何人？不是别人，就是刚刚将十万大军葬送在西凉铁骑之下的孙坚！孙坚现在正在收拢被徐荣打散的散兵游勇，开向南部的阳人城，他要凭手中不足一万的残兵败将，对抗胡轸、吕布率领的六万铁骑。

据阳人军情急报，西凉军前锋都督华雄，已率万余原装西凉铁骑围了阳人，城中豫州军数次出战皆损兵折将，无人是那华雄的对手，现阳人城中仅有不足五千步骑固守待援，而华雄军已经舍马就步，遍造云梯石车，看来不日便要攻城，阳人危急！

阳人丢不得，此城虽不大，却是豫荆二郡水陆交通咽喉，一旦阳人易手，豫州军粮草供应则全部被切断，那时全军将成饿殍，荆州也势必难保，关东军众人本来就在等、观、望中，此消彼长，那时所谓战场起义、军前投诚者肯定争先恐后，如此则华北告急！中原告急！中国告急！天下将永姓董矣！

眼见得华夏安危集于孙坚一身，而孙坚呢，现在的实力比谯县的曹操强不了多少，也是一帮以原长沙军的残兵败将为中坚，再加上数千中看不中用的豫州杂牌部队，还有千余新兵蛋子。

还是那句说过的话，孙坚就是孙坚，沧海横流，方显出英雄本色，且看那孙坚怎生独撑这大厦将倾之危局？

残兵应强敌：鸡蛋竟能碰石头

读史书有一种数字最信不得，那就是开仗双方所报的兵员数字，商周时代所记录的当兵吃粮的人兴许超过当时的人口总和，至于公布的战果就更匪夷所思了。

来攻打阳人的董卓军的那六万铁骑就是吹出来的，至于是不是吃老董的空额那就不好说了，反正董卓现在也不在乎这点小钱，只要能打胜仗就行，撒点小谎，吹点小牛，胜利者是不应该受到谴责的。

不过就实打实说，西凉军也要比孙坚强盛得多，先锋华雄的五千骑兵就实实在在地足额够数；外围吕布也是这么个数字吧；安全地待在中间的中军主帅胡轸把精锐中的五千精锐留在了帅帐周围，保卫领导安全当然是革命工作的重中之重。

那六万铁骑的主力现在哪儿呢？在酸枣前线哪，那里不是还有正在执行"静坐战"方针的众诸侯吗？

就现在的作战方略，主帅胡轸与副帅吕布也是有严重分歧的，依吕布之见，是要把自己指挥的原并州军与华雄的西凉军合兵一处，全力拿下阳人，胡轸就带预备队等着分功就行了；但主帅胡轸心里不那么想：你不就是仗着是董太师的干儿子来抢功的吗？一个小小的阳人城，连我的一个先锋的马蹄子也绊不住，你给我担任外围警戒对付那狠人孙坚吧。

孙坚虽兵败梁东，但情报工作做得还是不错的，这种情况以及胡轸、吕布的部队位置、用兵方向基本上一清二楚。

不过豫州军新败，士气低沉，自己的援军与阳人城中的守备部队加起来也未必是那华雄五千铁骑的敌手，更别说还有个单人独斗自己肯定不是对手的吕布，这仗如不动点心思是没有获胜可能了。

对谁动心思？当然是胡轸，那徐荣就是他的直接部属，报仇雪耻也要找到根上。可胡轸身边的五千西凉铁骑也不是吃玉米面窝头的呀，就凭自己手头这不足一万的残兵能不能相持都难说得很，再说，那胡轸身处二线，万一前边的华雄回军，自己的部队可就被包饺子了。

为将之道，在乎一心。哪里是敌人最薄弱的软肋呢？

孙坚是个政治上蛮干，不计后果，军事上细心，极重得失的将才。梁东偶然的轻敌已经使他品尝了苦果，他现在要用阳人之役来证明自己，自梁东率部出发那一刻，他就盘算好了自己这柄刚折了尖的钝剑该砍向那里。

凌晨，华雄暂存养战马的营地又到了每日必需的遛马时刻，自从华雄的大军准备攻城以来，这战马就算闲在了这儿，西凉马再好也不能驮着士兵们爬城墙，战马的主人这两天一直在前方准备登城器具，五里之外的战马集养地便成了后方。

看守并饲养这近五千匹军马的不到五百人，好钢要用在攻城第一线的刀刃上，担任华雄军临时马夫的都是些相比之下的病弱士卒。病弱也不允许懒惰，喂战马不是育肥猪，每晚夜草不断，清晨撒欢遛腿热蹄是必做的功课，哨兵按时搬开了营门木马。

没听到一点异样的声音，十几名警惕的哨兵便像听到了卧倒的口令一样，齐刷刷地扑倒在地上，待听到箭矢与弓弦声时已没有一个人能喊出声了，每个西凉兵不知被多少支利箭洞穿。

四面同时响起了一阵战鼓，寨门突然被强力推倒，本来就不坚固的寨墙几乎同时被掀翻，呐喊四起，马夫们只听到天塌地陷般的一片轰鸣，大批豫州军仿佛从天而降，一起涌入。

憋了几天火的孙坚骑在马上进了华雄的马营，不过他没有动手，连嘴唇都懒得动一下，只是冷冷地看着自己的战士如同砍瓜切菜般宰杀零星抵抗的西凉士兵。

势如风卷残云，顷刻间敌方活着的只剩下了战马，豫州军一片欢腾雀跃，纷纷去抢那些早就心仪的西凉战马，大个长腿的家伙，好玩意儿啊。

"都赶出去，每匹马赏它一刀！"孙坚一直紧闭的嘴巴这时说话了，而且还下了一道不可思议的命令。

士兵们以为听错了，一时愣在那儿没动，身后的校尉韩当兴奋了：一直手痒呢，没杀到人，宰马过过瘾也行啊，提刀纵马就要动手。

新任的副将程普忙挥手拦住，同时示意韩当让孙坚把话说完。

果然，孙坚向程普递了个赞赏的或许是会意的眼色，接着传令：

"赶往那胡轸的二线方向，刀要砍在马屁股上，骑兵随我驱马杀敌，步卒由程将军率领，对阳人方向的敌军实施警戒，无令不准主动出击迎敌。"

这下连小兵们也明白怎么回事了，韩当一马当先，率部向做了战俘的马群扑去，一时间战马惨嘶，惊骑纷纷，五千惊马立时变成了无边狂飙，直向胡轸的中军卷去。

孙坚对战华雄

前敌都督华雄是个威震西凉的名将，那绝对是有真本事的，在数以百计的征伐戎狄、羌人的战争中华雄还从未有过败绩，这次提兵镇压造反的关东军，历经数战，皆有阵斩敌将的记录，还没碰上过势均力敌的对手。

放眼四海，天涯何处觅对手？唯有吕布，偏又太狠惹不得。再说，自己阵营的哥们儿，不算。

今天从听到战马营地战鼓声起，华雄就已经把自己的祖宗八代不知骂了多少遍，挥掌抽自己嘴巴的同时，嘴里还喊着"活该"！打了一辈子雁，今天怎么让只小家雀给啄了眼？粗心大意害死人啊。

关键是现在应该采取何种应急措施，这才是考验一个将军是否优秀的试金石，越是战局到了紧急状态，越是赌气莽撞不得，吃了亏就怕不接受教训，现在最需要的是冷静，镇静，再冷静，再镇静！

发兵去救？下策也，让在马背上玩了一辈子的西凉骑兵改为步兵冲锋，只会让孙坚笑话西凉人的罗圈腿，战力连普通步兵的一半也达不到，又肯定没有人家的人多，几乎等于自杀；

继续攻城？更无可能了，别说现在作战已经没有了实际意义，士气也没了呀，失去了战马的西凉士兵是比死了娘老子都痛心的，离了坐骑，能不能干得过城内的守军还要打个问号。

率部暂避？也行不通，刚改行的步兵怎么避得开新装备了西凉军马的骑兵？

不好！华雄突然意识到自己的处境已经万分危急，那孙坚的"西凉铁骑"肯定马上就会向自己杀来，城内的豫州军也不会只看热闹，弄不好今天就会全军覆没于此地。

部队紧急集结，把所有的攻城器械改为防守工事，今天要在这阳人城下血战强敌，固守待援。只盼胡轸能速调大军给敌来个反包围，大功告成当在今日也。

先不忙叹息华雄最后的结局，笔者先叙述现在的西凉军主帅胡轸。

胡轸志大才疏，且贪功无厌，也是有点运气不佳，早三更便传令三军造饭饱餐，四更起寨拔营，五更动身开向阳人前线，准备会合华雄部队，齐攻阳人，灭此午时，今晚当设行辕于城中也。

至于那副帅吕布？先让他在一边当我的警卫部队吧，阳人破时，看他羞惭与否？

军令如山，五更已到，众军已集合待命，胡轸正欲下令举号开拔，忽见远方的阳人方向隐隐尘土扬起，仔细看时，那烟尘竟越来越大，越来越近。

突然感觉有点不对头，万马奔腾之声已渐入耳中，马嘶凄厉，尘埃已蔽半空，几淹没旭日，铁蹄震如雷鸣，直夺人魂魄！

忙传令列阵准备迎敌，大将军应不动如山岳。

仓促间阵形尚未调动之际，来敌已席卷至军前，只见无边的光身烈马，凶猛如狂狮，漫卷如洪涌，却看不见有任何敌人骑在马上，只听得烟尘后面，呐喊震天，鼓角相闻，最难猜是何方神圣，驱这些畜生来犯。

这是啥新式战法？

眼见得部队已被冲散，西凉战马狂飙将到眼前，自己的西凉精锐人仰马翻，坠马的士卒惨呼，避让的兵将惊恐，手中的刀枪不知招呼向何处，歪斜的旌旗难分横竖东西，又听得："活捉胡轸！早降免死！"喊声此起彼伏，胡轸心胆欲裂，此时不逃，更待何时？

一见主帅以身作则，仓皇逃命，三军将士争先恐后，谁不效仿？什么叫兵败如山倒？现在的西凉铁骑就是典范，只可怜背井离乡的西凉士卒，自相践踏，死伤无数，哀号遍地，多少人稀里糊涂地做了鬼。

吕布听得探马来报，胡轸的中军方向厮杀声不绝，必有大战，遂集本部军马赶来增援，谁料行至半途，前方已败，想止住溃军重整再战，哪知急于逃命的溃兵毕竟也是闻名天下的西凉铁骑，冲击力如同决口的狂澜，势不可当，再加上紧随而至的无数惊马犹如泄洪一般横冲直撞而来，竟然连自己的部队也被冲得七零八落。

吕布本人也被裹挟着掉转了马头，不由自主地随溃军而狂奔，此时的军令只能传达给自己听了，却无奈眼看着溃军的人数陡然增加了一倍，那是吕布的并州军也加入了溃败的行列。

最可气的是，好不容易于乱军中找到了主帅胡轸，却只见他惊恐万状，语无伦次，索问敌情，竟然丝毫不知！

窝囊啊，这是吕布有生以来打的第一场窝囊无比的糊涂败仗，而且是如假包换的一败涂地，实在是冤枉。

还有更冤枉的人呢，阳人城下的华雄。

华雄信心十足地等待着孙坚"西凉铁骑"的攻击与胡轸、吕布的救援围歼，时到中午，士兵们米水未进，却没见到孙坚的一人一骑，派探马查探时，却回报说前方有豫州军重兵把守的防卫阵地，这是打的什么鸟仗？

终于明白过来了，孙坚的"西凉铁骑"是去先对付精锐中军主帅胡轸了。不能待在这阳人城下等死呀，步兵也要去帮点忙，有总比没有强。

饿得眼晕的士兵被赶起来向中军方向靠拢，前方与程普的步兵交上了火。饿兵打不过饱兵，冲不过程普的步兵防线，华雄大怒。

提刀上马，亲自冲锋，幸亏华都督的坐骑尚在身边。

华雄就是华雄，他一杆大刀竟杀出了一条血路，只是身后的"骑改步"兵实在不是程普的豫州步兵的对手，尤其是在肚里没食、身上无力的情况下。

他直杀得人困马乏方摆脱了程普的纠缠，回头看，只剩下自己单刀独骑，心里那个苦啊！不幸中的万幸，自己的命还在。

正在暗自庆幸之际，忽听呐喊声四起，周围敌骑云集，不好！迎面横刀立马，正是孙大将军！

没奈何，拼命吧，硬着头皮上前接招，狠人拼命靠的也是一股霸气，现在除了丧气啥气都在孙坚这边，交马只一合，威震西凉的都督华雄就被孙坚砍掉了脑袋。

阳人之战就这样以孙坚的大获全胜而告终。

孙坚要借大胜之余威，提军进洛阳，指渑池，直逼董卓之老巢长安，这时有两人同时害怕了，哪两个人？一个不用问是国贼董卓，另一人却是孙坚为之打工的老板袁术。

正是，当面之强敌易克，背后之暗箭难防！

螳螂捕蝉，黄雀在后

现在关东军盟主袁绍的背后就被真正的暗箭瞄着。

是袁绍先把暗箭射向陈留太守张邈的。这时的袁绍似乎已经是暴戾无比，张邈因为好意劝说他几句，他就不顾多年朋友的情谊，暗中写信指使曹操去杀掉张邈。此时的曹操绝对够哥们儿义气，明确拒绝了袁绍的指令。

对别人放暗箭的人通常背后也被别人的暗箭瞄着。

对袁绍放暗箭的人可不是一两个，其中就有他的顶头上司冀州刺史韩馥，韩馥现在感到了盟主袁绍对自己冀州刺史地位的威胁，正在逐渐地控制并减少对袁绍部队的军粮供应。

再有一个人是鲍信，鲍信认为袁绍实际上又是一个董卓，他与曹操商议要"规大河之南，以待其变"，曹操嘴上应付着，实际上也没参与行动。

还有两个对袁绍放暗箭的也值得一提：那就是他同父异母的兄弟袁术和公开的敌人董卓。兄弟袁术对哥哥施暗箭是心理的原因：袁术虽是弟弟，但是嫡出，也就是明媒正娶的大太太生的，袁绍这个哥哥却是庶出，也就是妾生的，袁术当然压根儿看不起这个"野小子"了。

关键是他已经觉察到，袁绍不仅要做盟主，心里还想着做皇帝，只是现在还是个不好公开的秘密；而袁术更想做皇帝，几近痴迷，后来，他也果真给自己加冕了——此是后话。

对袁绍想换皇帝，袁术堂皇地宣布了自己的看法：有人说当今皇帝没有皇室血统，简直是无稽之谈。袁氏一门践履忠义，为天下人所共晓，群情激越，要讨伐国贼，洗刷耻辱，袁某义无反顾；拥立新帝，不是我想听到的事。——这叫明忠君。

他同时又在私下里给袁绍的信中写道：现在的局势已经是疲敝不堪，而天意则对于咱们袁氏家族情有独钟，并且降下符应。——这叫暗劝进。

其实都不外乎一个目的，拆自己哥哥的台。

董卓的暗箭手段更高明：

在与袁绍为首的关东军进入对峙状态后，他向袁绍派出了五名招安大使，他们是：大鸿胪韩融、少府阴循、执金吾胡毋班、将作大匠吴修、越骑校尉王瓌。

五人皆为名士，至于招安成功与否对于董卓来说那都是一样的。

若招安成功，那你袁绍从今后就要听政府的了，我董卓则无忧矣。

倘招安失败，有两种可能：一是招安者为盟军接纳，等于仍旧承认现在朝中的大臣，此前的按兵不动，就是明显的见死不救；二是招安者被关东联盟干掉了，则关东军等于斩断了与洛阳旧臣的感情纽带，洛阳旧臣遂成为孤单无助的群体，以后不靠我这棵大树乘凉再找谁去？

关东军既无心保皇帝，也无意救大臣，那你师出何名？各军作战的动力何在？既然哥儿们都无心西进，与我董卓拼耗实力，展开无名无利的战争，那我也就可以放心地做我的无冕之王了。

那么这手明看招安、实是暗箭招法的实施效果怎样呢？

大获成功！

除去韩融以外，其余四人皆命丧黄泉，死于袁绍之手。对于这突然的变故，胡毋班在关东军为他们设置的监狱中给他的妻兄河内太守王匡写了一封信，信中说：

我与董卓是亲戚，还是同他一样犯下了不赦之罪？袁绍张虎狼之口，吐长蛇之毒，把对董卓的愤恨转嫁到我的头上，这是多么的残酷啊！死，是人所惧怕的，但不能容忍的是被一群狂夫所害。如果亡者有灵，我一定会将你们的罪行向皇天倾诉。都说婚姻中能体现祸福，今天我算是看到了，原来是一家人，现在却成了仇人。我的两个儿子，你的外甥，在我死之后，千万不要让他们看到我的尸骸。

面对死亡，胡毋班大惑不解，连王匡也不得其中要旨，只能抱着自己的两个外甥大声地哭泣，但泪水并没有挽留住胡毋班等人的生命，没有感化发布命令者袁绍那已经变得生硬的心。

在袁绍这位关东联盟领袖的心中，已失去了士人名士的文雅，一切都转化成现实利益的纠葛，他也要拿起屠刀，刀起刀落间，哥们儿的温情就在鲜血迸溅中飞化了。

自此之后的一段时间里，关东联盟就与洛阳旧臣分隔东西，正式成了敌人。

而董卓的背后也有人用暗箭瞄着：

朝廷的旧臣中，如荀攸、郑泰、何颙等人秘密结社，密谋诛杀董卓。暗杀集团的人都是何进招揽的海内谋士，是原来诛杀宦官的主谋。

在董卓进京后，郑泰、何颙又受到董卓的信赖。他们原本就与袁绍等关东士人有着密切关系，把董卓视为敌人，并不奇怪，奇怪的是，在他们的思想深处却孕育着一种"另类"的倾向，这在他们的谋划中已经表露了出来：

董卓无道，甚于桀、纣，天下皆怨之，虽资强兵，实一匹夫耳。今直刺杀之以谢百姓，然后据峭、函，辅王命，以号令天下，此桓、文之举也。（《三国志·魏书·荀攸传》）

注意到了吗？关键是在于杀了董卓后的安排：视天子为傀儡，"挟天子"以争霸天下。袁盟主杀了招安大使们以后，关东军与朝中士人已非故友。董卓的暗箭现在显示出了巨大威力。

荀攸等人要刺杀董卓，得到了老臣们的赞同，司空荀爽、司徒王允、司隶校尉黄琬等也参与其中。

王允，当年何进幕府中的打工仔，在董卓面前，很懂得隐藏自己的信念，董卓也就把他当成自己人看待，这王允则表现得比董卓所希望的更像自己人，甚至连自己的姬妾也干脆送给董卓共同享用。

孙坚是个好干部

把董卓对付袁绍的手段定性为暗箭有失偏颇，大概称之为应敌谋略更准确些；而王允的糖衣炮弹则可以视作射出暗箭前的准备工作。

暗箭大多来自朋友，己方战壕后面射来的子弹才能准确地称之为暗箭，俗称"打黑枪"，黑枪与暗箭往往是最致命的。

人人都不同程度地用暗箭瞄着别人，同时又被不知多少支暗箭瞄着，这是一个难以有安全感的恐怖世界。

阳人大捷后的孙坚现在就是如此。

被孙坚的威名吓破了胆的西凉军再也没有了铁骑的威风，闻听孙坚的豫州军到，莫不退避三舍。孙坚的部队也随之膨胀迅速，兵不招自来，平民百姓更懂得跟风趋势。

董卓吓傻了，战场上打不过，那就和谈吧，能落个划江而治也不错嘛。

于是董卓不惜血本向孙坚献媚：送上自己的女儿。

不料孙坚却是个义勇双绝的人物、软硬不吃的家伙，他对董卓的献媚毫不动心，董卓派来的政府和谈代表团的首席代表李傕带回了孙坚的义正词严：

"卓逆天无道，荡覆王室。今不夷汝三族，悬示四海，则吾死不瞑目。岂将与乃和亲邪？"（《三国志·吴书·孙破虏讨逆传》）

紧接着便以实际行动断绝了董卓一厢情愿的和谈梦想，亲自提大军攻克了洛阳的南部门户大谷城，现在豫州军兵锋离洛阳仅九十里，京师克复指日可待。

暗箭就在这时候离弦了，拉弓的是袁术的左右亲信，他们对领导人袁术是相当负责的，不避嫌疑向袁术敲响了警钟：袁哥，孙坚这小子如果占据洛阳，弄个黑社会啥的，怕你以后就收拾不了了，这小子可不是善茬，咱得防着点。

执弓瞄准孙坚的是主子袁术，他一寻思，大家说得有道理呀，立即从善如流地对孙坚采取了有效的经济制裁措施。

目标是孙坚的软肋，你孙坚再怎么英雄无敌，部队总要吃饭吧？我断绝了你的军粮供应，看你这仗怎么打？

老板就是老板，这一招还真卡住了孙坚的咽喉，孙坚不得不连夜乘马，直奔鲁阳，拜见袁术。

见了袁术，孙坚激动异常。他在地上画来画去，分析形势和各方面的利害关系。最后干脆向袁术挑明了：

"所以出身不顾，上为国家讨贼，下慰将军家门之私仇。坚与卓非有骨肉之怨也，而将军受谮润之言，还相嫌疑？"（《三国志·吴书·孙破虏讨逆传》）

　　袁术心中有鬼，理屈词穷，不由怀愧。

　　孙坚接着说，现在大功即将告成，然而军粮却供应不上。这形势，与吴起洒泪西河，乐毅功败垂成，完全一样！请将军明察、深思，早做决断！

　　袁术倒也又一次从善如流，马上下令给孙坚调拨军粮，支持孙坚继续进军。

　　关东联盟的发起人东郡太守桥瑁被自己关东军战友的暗箭射中了要害，一命呜呼。

　　放箭的是兖州刺史刘岱，此人本来是个讲"孝悌仁恕"的谦谦君子，却对东郡太守桥瑁有了偏见，杀了桥瑁，派人接管了桥瑁的地盘——什么偏见不偏见的？地盘才是硬通货。

　　刘岱杀性已起，杀了桥瑁还不算，还要杀韩馥。第二支暗箭射出：他还给冀州治中刘子惠写了封信，信中这样写道："卓无道，天下所共攻，死在旦暮，不足为忧。但卓死之后，当复回师讨文节。拥强兵，何凶逆，宁可得置。"

　　曹操也差点被自己部下的暗箭要了命。

　　扬州刺史陈温、丹杨太守周昕不是白送给了曹操四千装备齐整的部队吗？乱子就出在这部分白得来的部队中。

　　入夜，这支部队开始行动了，一声呼啸，直扑曹操的中军大帐，射人先射马，擒敌先擒王，叛军最懂得暗箭该首先射向哪里。

　　只是没料到这将来的曹丞相是个文武双全的角色，对中国功夫也相当有研究，曹操年轻时双戟独闯张让府的英雄事迹大概没传到扬州，知己不知彼的叛乱部队这下吃到了苦头。

　　曹操事逢突变，却临危不惧，单剑平叛，只身迎敌，冒自己中军帐大火而不顾，杀贼众十余人叛军则溃散，镇压行动结束，计点兵额，开小差跑了三千多，陈温、周昕给的扬州兵仅剩下了五百来人。

幸亏没来得及真上战场，带着这样一支爱对自己人开火的部队打仗，不丢命才真是不合天理。

曹操现在深深体会到了建立一支嫡系部队的重要性、紧迫性。

曹操不是什么省油的灯，他是大师级的暗箭高手，在此后不久，他的首支暗箭即照样射向自己不久前的战友，司隶河内太守王匡中箭丧命。

曹操事后写的一首《蒿里行》诗，最能概括目前关东联盟内部暗箭乱发的情景：

> 关东有义士，兴兵讨群凶。
> 初期会盟津，乃心在咸阳。
> 军合力不齐，踌躇而雁行。
> 势利使人争，嗣还自相戕。
> 淮南弟称号，刻玺于北方。
> 铠甲生虮虱，万姓以死亡。
> 白骨露于野，千里无鸡鸣。
> 生民百遗一，念之断人肠。

读完这悲天悯民的诗句，我们也许会预感到，作者将是怎样地爱惜人民的生命，大家不久就会看到的。

看到诗中曹操那愤怒的谴责——势利使人争，嗣还自相戕——

谁能相信曹阿瞒这哥们儿自己也是"自相戕"队伍中的一员？

窝里斗堪称一流高手

暗箭的威力是无法估量的，其原因就在于它的突然性与准确性，尤其是它的不可预测性，能给人们造成无法摆脱的恐惧感，能使强者懦弱，能使智者愚蠢。

董卓的政府军——还是应该暂时称之为"政府"，毕竟现在皇帝及中央各部大员还都在人家手中嘛——与袁绍为盟主的关东联盟——现在已经是名义上的了——这两大阵营中有哪些人中暗箭落马呢？先说关东军一方：

荆州刺史王叡、南阳太守张咨，丧命于孙坚；

东郡太守桥瑁，丧命于兖州刺史刘岱；

冀州刺史韩馥，被幽州刺史公孙瓒的白马军打了一下，被迫逃亡陈留太守张邈处，岂知占了他冀州老窝的袁绍还是不放过他，无奈自杀。

河内太守王匡，被胡毋班的亲属联络曹操所杀，名号是为了给胡毋班报仇。

曹操是犯不上为他人作嫁衣的，大概目的是为了王匡手中那点残存的泰山兵，真要报仇的话，也该找杀人命令的发布者袁绍去呀，不过袁绍目前风头正盛，一时还没有人敢惹。

陈留太守张邈，由于曹操的义气尚存，幸免于难，不过也隐隐觉察到了危险，率部回到自己的老窝陈留，还是在家里少出门安全系数大些。

豫州刺史孙坚，第一次的暗箭没能使他接受教训，与董卓的政府军作战更玩命了，董卓见这小子不识抬举，只得亲自引兵与孙坚交战，也不是孙坚的对手，他留下吕布掩护，自己转守渑池和陕城。

孙坚挥兵，进攻洛阳，与吕布接战，吕布败走，孙坚进入洛阳。当时洛阳空虚，数百里内没有烟火。孙坚入城，见此惨状，无限惆怅，潸然泪下。他命令清扫汉室宗庙，用太牢之礼祭祀。

对孙坚来说一个说不清是好事还是坏事的巧事发生了：一天早晨，孙坚当时驻军洛阳城南，附近的甄官井上有五彩云气浮动，众军惊怪，没人敢去汲水。孙坚命人下到井内，打捞出了传国玉玺，玺方圆四寸，上纽交五龙，缺一角，文字是"受命于天，既寿永昌"。

人们说，这是当年张让等作乱，劫持天子出奔，左右分散，掌玺人投到井中的。孙坚得到了汉王朝的传国玉玺。这可真是个好玩意儿，有了这玩意儿是等于拿到了做皇帝资格的实物凭据。

不过从后来发生的实际情况来看，这东西也当不了多大用处，现在的人们都聪明多了，没人真信这个，兴许还能惹祸上身呢，古时候就有匹夫无罪、怀璧其罪的说法。

为防孙坚再来找麻烦，董卓分兵驻守各处险要，自己则先回长安享受去了。孙坚一边修复被董卓挖掘的汉室陵墓，一边整饬部队，准备兵出新安、渑池，进击董卓，谁料想一支暗箭又从背后射来。

不客气地说，整个关东联军与董卓西凉军加并州军的战争，除了曹操一次鸡蛋碰石头外，实际上都是孙坚一支部队打的。这当然证明了他的英雄气概，但也替自己凭空造出了许多心生嫉恨的敌人——一个人太有能耐了未必是什么好事，必然会成为众矢之的。

当时，关东联盟的州郡长官，为了扩大势力地盘，纷纷兼并割据。袁绍、袁术虽为兄弟，却更加尔虞我诈，钩心斗角。

袁术派孙坚去攻打董卓，作战在外，袁绍却改派周昂（一说为周禺）为豫州刺史，率兵袭取作为孙坚豫州刺史治所的阳城。

孙坚得此消息，十分感慨："我们同举义兵，目的是为了挽救江山社稷。如今逆贼将被扫灭，内部却如此争斗起来，我与谁勠力同心，回天转日呢？"说完，仰天长叹，泪如雨下。

事到如此，孙坚只好挥师攻打周昂，周昂溃败遁逃。

初平二年（191），袁术派孙坚征讨荆州，攻打刘表。刘表派黄祖在樊城、邓县之间迎战。孙坚击败黄祖，乘胜追击，渡过汉水，包围襄阳。

刘表闭门不战，派黄祖乘夜出城调集兵士。黄祖带兵归来，孙坚复与大战。黄祖败走，逃到岘山之中，孙坚追击。黄祖部将从竹林间发射暗箭，孙坚中箭身死。

一代英杰，就此早殇，暗箭的杀伤力永远胜过明枪！

命运有时也是公平的，貌似胜利了的关东联盟内部暗箭横溢，董卓集团的内部也毫不逊色，而且张弓搭箭的人手段更加高明，目标就是董卓，伪装得更加彻底，瞄得更加准确。

谁不想出一回风头

古时候对血统非常重视，董卓扶植的傀儡皇帝汉献帝就因为血统问题遭到了不少人的质疑。

最早提出来皇帝血统有问题的是冀州刺史韩馥，他先以献帝是妾生的、董贼拥立的为由，否定了献帝的地位，既而就对刘虞为帝的合理性，加以旁征博引，称道刘虞功德无量，又是汉室近宗，还拿东汉最有效用的谶纬来证明：上天早就有意让这位仁人长者做汉朝的皇帝了。

此次拥立并不是韩馥的个人所为，他是与袁绍联袂携手共图大业，袁绍也顾不得韩馥的嫡庶理论内含对自己的讥讽，为了看得见的利益也就与韩馥结成了临时的统一战线。

但韩馥所表现出的热情却使得袁绍始料未及。

韩馥的改变实在有些惊人，难道他要做一个扭转汉末政治乾坤的英雄？可是，士人们原有的价值观已经证实不如武人的暴力实惠，难道韩馥、袁绍又突然留恋维系他们心志理念的道德了？

这次拥立并没有多少新创意，在汉末这种事情对于人们来说，早已是见怪不怪了。

灵帝末年，冀州刺史王芬就曾在一伙士人的鼓动下，要趁灵帝巡游之际，行谋刺之举，立合肥侯为帝；稍后又有董卓进京，肆意践踏皇权，弑杀废帝弘农王刘辩；一年前，关东联盟中又抛出了一份酸枣盟词，其立意就在于否定献帝的既成皇统。

那么，韩馥此番的拥立是不是在回复这一盟词呢？

韩馥是借着这面幌子，想着自己的事情：关东军集结已经一年多了，但却没有人真正想着去挽救危亡的东汉帝国；董卓在长安城中观望，也没有用他的精锐之师去和关东军动真格的，就连瓦解长安的围困他都懒得去做。

而献帝和洛阳旧臣在初平元年（190）三月就到了长安，洛阳已经是一片瓦砾，徒有虚名。关东军的救国义士们是在各自心照不宣地等待着国家最终消亡，势利的端倪已经无法遮掩。韩馥对其间的玄机自然明晰，他可以不必为早已破灭的"道义"内疚了，一块心病自此除去。

而作为自己麾下官员的渤海太守袁绍却以家族蒙难，获得了众人的同情，以弱小之势，位居关东联盟的盟主。

韩馥又怎能以大州长官的身份，在袁绍面前俯首称臣呢？既然讨董只是在玩花活，既然"义士"们彼此又隐藏杀机，我韩馥凭什么要甘居人后呢？

让山观虎斗的高手韩馥

韩馥要在将来的宰鹿大宴上分一块肉。

拥立刘虞为帝，是一举两得的事儿：既可以标榜自己心向汉室，博得忠义的名声，又可以表明自己的实力足以担当重任，其魄力决不在袁绍之下。

至于拥立的成功与否，他才不管这等闲事呢。成功，他是新朝的功臣；失败，还有"盟主"袁绍在前面遮拦，天塌下来有个高的顶着，倒霉也轮不到他韩馥。

正当韩馥踌躇满志，要干一番大事业的时候，关东联盟却自行瓦解了，几十万部队，每天要吃掉多少粮食？韩馥早已停止了对关东军军粮的供应，还活着的州郡老大们得各自去找食吃呀。

拥立刘虞称帝化作了泡影，洛阳以东已经地域分割，先前还是互为友朋的铁哥儿们各领风骚地由暗箭互射升级到了明枪乱捅，火并开始上了一定规模，私怨变成了实际的杀戮。而此时韩馥自己的冀州已是危机四伏。

素有中国粮仓之称的冀州是块大肥肉，谁不想对它啃上一口？其中流口水最多的就是袁绍。

自从主盟以来，袁绍的雄霸之心与日俱增，但他也深深体会到，要成就大事，长期依靠别人的资助是行不通的，必须有一个稳固殷实的革命根据地，不能老当要饭的叫花子。

关东联盟散伙之后，逼人的局势更加刺激了他寻求强大支撑的心念，近在咫尺的冀州，兵源广，粮食足，早就吸引了他的视线。

他先秘密投书与幽州公孙瓒，约公孙瓒共图冀州，然后自己调集兵马屯聚冀州边境，等待下手的时机。

而幽州公孙瓒早就与韩馥有些两州边境上的纠纷，可谓积怨已久，接袁绍信后立时迫不及待，率领自己闻名北部边境的白马军杀入了冀州。

公孙瓒也非池中物，他早就试图打通南下的通道，参与到战火弥漫的中原战场中来，谋求一个霸主的地位；盘踞在冀州西部山区的黑山军这时也活跃起来，攻城夺寨，忙得不亦乐乎。

这下可使韩馥愁上心头，刚刚培养起来的豪情壮志转瞬就熄灭了。他必须应对这繁杂的恶劣局势。

开始，韩馥自恃冀州兵精将勇，决定用武力解决已经出现在冀州北部的幽州军。然而，与公孙瓒在安平稍试兵锋之后，韩馥立刻明白了：公孙瓒的白马军绝非浪得虚名！他们的剽悍凶猛，使得冀州军相形见绌，战场上处于劣势的韩馥一时犯了大难。

还是那句老话：福无双至，祸不单行。恰又在这时，韩馥麾下大将麹义与韩馥分道扬镳，投奔袁绍去了，冀州军力为之又是一损。

是袁绍暗中策反？史书中没记载，笔者不敢信口开河，但总觉得有点过于巧合。

对于袁绍来说，麹义的加盟，更加坚定了他夺取冀州的信心，他很快就发扬破鼓乱人捶、墙倒众人推的社会公德，将兵马推进到延津一线，伺机发动对冀州的争夺战。

现在韩馥马上就要面临两线作战的困境，一时间，韩馥顿觉眼前的生存空间变得那么狭窄，狭窄得令人窒息。

如何在夹缝中求生存？韩馥必须立即决断，有了！放弃武力，以退为进，出让冀州，放任多方势力在冀州的土地上拼个你死我活。

你们不是一群饿狼吗？那我就先让你们自己撕咬上一架，待到你们元气大伤之际，我再出面收拾残局，此乃鹬蚌相争、渔翁得利之计。妙棋啊！

主意已经拿定，尚未来得及行动，袁绍的说客就来到了韩馥的府上。在韩馥面前，他们你一言我一语，推心置腹地剖析了韩馥现在的窘境，颂扬袁绍的伟大，认为只要韩馥将冀州拱手相让，就必然得到一个让贤的美名。

来得早不如来得巧，韩馥毫不迟疑地将冀州刺史的印绶交给了袁绍，倒落了个顺水人情。

韩馥的这一义举，着实伤害了冀州文武官员的自尊。他们纷纷要求韩馥收回成命，都督从事程奂、赵浮等将官则请缨出战，要与袁绍一决雌雄。

在他们眼中，汉末纷争已经成为无法避免的现实，实力就是最好的生存屏障，袁绍居然趁冀州孤弱无援之时，用友情做交易，实是趁火打劫，可恶至极！

"区区袁绍，只要冀州精锐一出，不出十日，定然溃不成军，刺史又何必惶恐？您完全可以高枕无忧啊！"

韩馥的良苦用心，他们实在是无法捉摸，在一片埋怨韩馥固执己见的声音中，冀州改换了门庭。

高官下台后想活也不易

您还别说，在最初的一段日子里，冀州的局势还确实是按韩馥预期的那样发展的，袁绍与公孙瓒全面交恶，当真开战了。

公孙瓒在讨伐袁绍的檄文中郑重地将袁绍骗取韩馥治下的冀州作为袁绍十大罪状之一，晓之天下，政治攻势起到了明显作用，冀州诸城把白马军当成了自己人，向公孙瓒敞开了大门。

公孙瓒的势力急速膨胀，直至涉足到青、兖二州，袁绍则每况愈下，苦苦支撑着他的疲敝之师，看来他以失败者的身份灰溜溜地逃离冀州，只是个时间早晚的问题，韩馥就要再次出山了。

谁知风云突变，界桥一战，袁绍以奇兵制胜，幽州的白马部队也是外战内行、内战外行的中国远征军，公孙瓒竟然一败涂地，无力再战，匆匆收拾残兵败将撤回幽州去了。

冀州迷乱的局势豁然开朗，袁绍摘了胜利的桃子，牢牢地控制了这方肥沃的土地，而袁绍的胜利对于韩馥来说，可不是什么好消息，一丝不祥袭上了心头，他由冀州的主人变成了袁绍的"阶下囚"。

虽然袁绍并没有对这位冀州前刺史采取什么非常的措施，但无形的羁绊却环绕在韩馥的周围。在袁绍那里，文武群臣大多是韩馥旧部，而且多与韩馥有嫌隙，他们要对韩馥进行一下报复，简直是易如反掌，落井下石的人并非罕见。

而袁绍也不是一个宰相肚里能撑船的人，韩馥以前的所作所为处处使袁绍恨得牙根痒，现在韩馥成了刀俎之肉，袁绍岂能放过他？

思前想后，韩馥决计离开这块是非之地，远遁他乡，延续生命。

可是，就这么离去，袁绍肯定不会答应。

又是一个巧合，一个凑巧发生的事件为他提供了一个离开虎背的借口。

有个叫朱汉的，本是韩馥旧部，这时已经成了袁绍的都官从事，韩馥执政冀州时，朱汉感觉没有受到应有的待遇，所以一直怀恨在心。尤其是他知道袁韩之间的纠葛，为了得到新主子的赏识，顺带可以发泄一下私愤，便擅自率兵围攻韩馥的府邸，并且砸断了韩馥大儿子的双腿。

但袁绍这时刚刚在冀州站稳脚跟，百废待兴，他不想因为韩馥的闪失而使自己失去民心，落个骂名，便杀了朱汉，算是给韩馥赔罪，对于韩馥要离开冀州的要求也就没有好意思阻拦。

韩馥得以全身脱险，他决计去投奔陈留太守张邈，而张邈又是袁绍旧日的"奔走之友"，他去投奔张邈，不等于又入虎穴吗？

然而张邈与袁绍的友谊早已是明日黄花，对此，韩馥是清楚的。投奔张邈，既可在这位实力派的羽翼下，过上一段舒心的日子，也可以免去袁绍的纠缠，韩馥现在只求能活着，不用为自己的生存提心吊胆便心满意足。

早干吗去啦？

作为接受他人施舍的流亡者，在张邈那儿，他能扮演怎样的一个角色呢？是嘉宾？是幕僚？恐怕连张邈也不知道怎样安置这位昔日的冀州刺史。韩馥也只能在苦闷中度日，能活着的庆幸没有激发出他对未来的憧憬。

不知挨过了多少苦闷时光，一天，袁绍的使者竟然来会晤张邈了，而恰恰韩馥又陪坐在那里。

使者与张邈的一番耳语，一下刺激了韩馥刚刚松弛的神经，他不能不去思忖其间的秘密：是袁张之间的仇怨已经化解？是袁绍要假张邈之手向自己开刀？是张邈要拿自己去取宠袁绍？还是袁张的交易涉及自己的安危？……

生的意义变得凄惨黯淡，韩馥已经无法自持，他再也看不到自己生命道路上的阳光了，眼前一片漆黑，他彻底绝望了，心念被胶固在此时此刻，他茫然地走出张邈的大堂，在厕所中用一把书刀结束了自己的生命。

命运的天平永远是这样的，一端沉下去，另一端必然会翘起来，沉下去的是韩馥，翘起来的是袁绍。

袁绍一时威震半个中国，部队急速膨胀，四方豪杰踊跃来投，高人韵士如蚁附集，眼见得华夏山河一统有望，一个皇帝的幸福时光就要到来了。

关内小打，关外大打

东汉初平二年（191）四月，董卓入关回到长安，关东联盟则自行解体，讨董的战争当然也就不了了之，函谷关便成为了双方默认的界线，现在是秋秫秆打狼的局面，谁也不愿有意招惹对方，战鼓声息，硝烟渐淡。

似乎国家政局的天平找到了正中的支点，董卓现在开始集中精力开展内部整顿工作，要挖出隐藏在身边的内奸，清理脚踏两只船或多只船者，纯洁董家执政队伍。

这一点也算基本做到了，很快朝廷上下便都换成了董家的子弟、亲戚及董卓所认为的亲信。

子弟里面当然少不了干儿子吕布，亲信里面包括由他自己提拔的大司徒王允。他自己对太师的尊号又感觉不过瘾了，就让小皇帝尊自己为尚父，干脆让皇帝喊爹算了。

当然，必要的基本建设投资也是少不了的，个人的安乐窝还

自

是要打着国家需要的招牌营建更合法理点，董太师兼皇帝尚父在长安城以西的郿县（今陕西省眉县东）建了一个高大的"万岁坞"，在里面囤积了足够消费三十年的谷物、金银珠宝、美女娇娃，用他自己的话说："在这里，我足可以好好地过一辈子了。"

看来董卓倒没糊涂到认为自己能活万岁，连外面盛传能活一百五十岁他也认为那是瞎掰。

函谷关以东的中原大地，就是表面上也没那么安稳了，正所谓关内小打、关外大打，各地牧守们正在为一城一地的得失拼杀乱打，忙得不亦乐乎。

在袁绍戏剧性地驱韩馥、胜公孙瓒之前，兖州刺史刘岱杀掉了关东联盟的发起人桥瑁，任命亲信王肱代理东郡太守，那王肱却有负刘岱重托，上任不久便将东郡送给人了，送给谁了？黑山贼白绕。

称黑山军为贼那是政府的权利，凡是与政府作对的都会被扣上这顶帽子。

黑山军的前身就是黄巾军，黄巾军被"剿灭"之后，黑山军的首领张燕便机灵地采取了"七月大分兵"的措施，化整为零发动群众，几年的农村基层工作，成效显著。

到了刘岱火并桥瑁、韩馥礼让袁绍、袁绍驱走公孙瓒的时候，黑山军已在常山、赵郡、中山、上党、河内各郡之间暗暗发展了近百万之众，仅活动在冀州西部山区的黑山军就十万有余。

现在，他们由于毒、白绕、眭固等率领出动到了东郡，趁新太守王肱民心未附之时，突然发动了声势浩大的攻城夺地行动。

王肱与白绕的黑山军试了几阵，结果是损兵折将，弃寨丢城，东郡的汉军根本不是这些泥腿子的对手，只有向刘岱紧急求援，刘岱也生的是个兔子胆儿，整自己的同事挺有能耐，上战场真刀真枪地与外敌拼命，那不是刘岱的长项。

情急之下，想起了正暂驻军濮阳的曹操，这曹操经过大阵仗，五千弱旅都敢招惹西凉铁骑，应该不会怕那黑山贼军，就用这个借兵平贼之计吧。

曹操现在又聚集了七八千杂牌部队，正发愁找一块根据地养兵呢，七八千人白啃一个曹家，那还不是明摆着坐吃山空吗？一接到刘岱的求援，立即义不容辞地把部队开到了东郡。

可是这仗还是不好打的，白绕的黑山军虽是一帮临时聚在一起的民兵、游击队，可那也是乌合了十万之众啊。再说，自己带的兵也好不到哪儿去，没经过战阵的新兵蛋子居多，一比二十的仗如果不使点巧劲，跟把小羊羔往狼群里赶差不了多少。

假如现在曹操所率的是那支颍川战场上的五千羽林军的话，曹操还是能有点办法的：分出几股百人队，吸引敌军主力，自己率铁骑瞅准战机直捣黑山军的中军大帐就是了，虎入狼群还是能拼他一气的，最起码也有个五五开的胜负。

可现在手底下这帮人连只虎崽子也算不上，最多算群小牛犊，那样干是行不通的——对！初生牛犊不怕虎，无知才能无畏，没见过真人血有弊也有利，怎样避己所短、扬己所长呢？

还有，要避敌所长、击敌所短。

先分析敌人的长处：人多势众，群胆少畏，善于使用群狼猎牛战术，白绕、眭固都是见血不要命的家伙，战场上的凶悍早有耳闻，尤其是听说那白绕还极精兵法，是个文武双全的主，这点最为可怕。

敌军的短处在哪里呢？

部属多头，号令难以统一，配合必不默契，遇袭容易混乱，逢战最易抢功，日久容易离间，粮草最易短缺。

可想得到的这一切敌军弱项现在与曹操都不相干，实力过于悬殊，全没有可利用之处，早就侦察过了，黑山军粮草囤积分散，连毁敌辎重的手段都用不上。

难道敌军就真的没有一击致命的软肋吗？

濮阳之战：各家有各家的绝活

曹操是个善于接受教训的人，曾经历了汴水惨败的曹操变得乖巧多了，军事上善谋多疑，政治上逐渐成熟，待人接物时的演技遂臻化境。

袁绍为了拉曹操入伙共同换皇帝，曾显摆过他不知从哪儿弄来的一块传国玉玺，那上面当然也刻着"受命于天，即寿永昌"的字样，至于是不是雇了个飞贼从孙坚那儿偷来的，谁也说不清楚，没人敢去追问这国家重宝的来路。

曹操看了也仅是笑了笑而已，心里对袁绍的小家子行径却更为反感："这不是摆明了你自己想做皇帝吗？还扯上人家刘虞干吗？"

后来实在厌烦了袁绍的一再骚扰，才干脆与袁绍挑明了："咱们打着吊民伐罪的旗子，追究的是董卓祸国殃民的罪恶，扶保的是幼小受制的天子，天下人为我们这个'义'字才群起响应我们，如果我们丢弃了现在的皇帝，天下立时便要大乱了，你们去幽州拜你们的皇帝去吧，别扯上我，我就一个愿望，兵锋西指，讨董除奸！"

现在兵锋尚未西指，东郡先起祸端，只得暂时顾东不顾西了。自己这六千弱旅先指向哪里呢？

弱旅？曹操突然眼前一亮：那就只有找比自己更弱的开刀哇，黑山军的哪一部分比自己的新兵还弱？那就只有他们的家眷妻儿老小了，颍川大捷的一幕又回到了曹操的脑海，黑山军与黄巾军的部队构成是一样的，他的家眷营便是他的七寸所在！

战场兵贵神速，大军动若脱兔，曹操立即率军连夜转向，扑向了黑山军的后院：家属后勤营地。

夜行军半途，方过一宽河木桥，却无黑山军一丁驻守，曹操在马上忽有所思：自己部队倾巢出动，濮阳城中留守部队不足千人，我如果是那黑山军的白绕会如何作为？他以强兵袭我后据濮阳怎么办？此木桥是唯一要道，一旦被焚，我主力欲回救也不可能，岂不是要前后方俱失，首尾难顾？

激灵灵打了一个寒战，如梦突醒，忙传令部队原地待命暂歇，胜利不能凭侥幸，料敌于先机方是为将之道。

唤过夏侯惇，交与他两千轻骑，如此这般的交代一番，夏侯惇领命急驰而去；又把剩下的部队分给了曹仁两千，也是耳边锦囊，只见曹仁面露重色，率军转投他方；命令尚待命的两千余骑兵从对岸退回，隐藏于木桥两侧的树林中。

那黑山军的主将白绕会按自己的设计行动吗？

白绕是个在战场上滚打了多年的"老油条",是一员从实战中磨炼出来的惯打巧仗的将才,曹操的部队从濮阳一出动,他便得到了内线报来的消息,他心中不禁暗暗冷笑:在西边蚀了老本的败军之将,又想从俺这里捞回来?我让你连老窝也保不住!

吩咐部众遇到曹操的部队,放过他的前部,全力围住他的中军与后勤辎重,死困住他,尽量不与他列阵野战,平原作战,敌军是打不过就跑的机动骑兵,少马的黑山军步兵可没办法打追击战。

部属们也大乐,没有人愿意与强悍的敌军前锋拼命,灭不灭敌人另说,能抢到敌军辎重财物比杀人更提精神;白绕本人呢?更狠,亲带仅有的六千骑兵直袭濮阳,掏曹操的老窝去了。

正是,各人有各人的软肋,各家有各家的绝活,打仗这个活路,有时就有点博彩的味道,除了谋略、勇气,还需要那么一点点运气,现在的濮阳战场,运气的天平会偏向哪一方呢?

六千对战十万

曹仁所带的两千骑兵行军极为顺利,兵锋所指,乃是白绕的中军大营,黑山军的营寨依水傍林,密密麻麻,但却灯暗声寂,连一个点起火把出来看看是哪支部队的兵都没有,也有点过于轻敌大意了吧?

曹仁心中有些发毛,他不知道暗中有多少双眼睛在盯着他这位不速之客,曹操交给他的任务是后方战事一起,用这两千人搅乱黑山军的营盘，吸引黑山军的注意力，禁止攻打敌军的营寨，掩护夏侯惇所部偷袭敌军家眷营的行动，夏侯惇打响后伺机支援一下。

曹仁不那么想，他现在最担心的是后面的曹操，刚才他躲在一片小树林里，亲眼见到黑山军的大队骑兵开向了濮阳方向，那也是曹操所在的方向，一旦曹操有失，那这场战争就算是彻底结束了。

他早已暗自决定了：只要发觉情况不对，我才不管什么三七二十一呢，豁上这两千人，也要踹了白绕的老营，不信濮阳方向的敌骑不回救。

夏侯惇所率的轻骑中当地人也不少，所以轻松地找到了黑山军家属营的驻地，看来敌军也不是一点防备没有，家属营的前后左右都有敌军的驻军营帐，不时有小队士兵出来巡逻。

现在还是不要靠近，曹操临行前专门嘱咐：天不放亮不要动手，骑兵部队的战斗力在夜里是要大打折扣的，任务是武力劫持敌军家眷，而不是消灭他们的妻儿老小。

白绕所率的黑山军骑兵部队一行甚速，没有派什么斥候骑，奇袭的特征就是一个"快"字，越早扑到濮阳城下，成功的系数就越大，只要濮阳城一拿下，那曹操也就算完了，失去了后勤供应的骑兵就只能先放马去，除了逃跑还能做什么？

过曹操埋伏的木桥时白绕灵机一动，又想到了一个妙招，他吩咐自己的亲信卫队：部队通过后，把这座桥给我烧掉，咱们也好安心专注地清理那曹操的老窝。

这个过河拆桥的命令得到了执行。

　　不幸的是这个过河拆桥的命令是提前执行的，命令的执行人也并非白绕的卫队，而是突然出现的曹操的部队，因为几乎是在同时，曹操也下了一道同样的命令：烧掉这座桥，让咱们安静专注地接待这些送上门的贼寇，等他们过桥逾千骑就动手，曹洪等随我歼击过河之敌，夏侯渊负责堵住未过河的敌骑，这河水势湍急，宽深都不能泅渡，只要毁掉木桥，我们必胜无疑！

　　白绕作战向来是身先士卒，这次也不例外，一马当先地驰过了木桥，贴身卫队则留在了对岸，他们要等六千骑全部通过后再执行白绕的烧桥命令。

　　骑兵部队行军就是格外迅速，不一时木桥上已踏过将近千骑。突然，又是这个词，对所有感觉到"突然"这个词实际意义的战士来说，几乎都不是什么吉祥字眼，白绕卫队的勇士们现在就突然领悟到了。

　　对岸突然杀声四起，不知多少铁骑横插过来冲断了正在过河的黑山军行军纵队，一下绞成了一个蠕动的大"十"字，几乎是在同时，流星般的火箭如同急雨泻到桥头、桥身，桥上的群马惊了，一起向前撞来，马上的骑士们无法控制自己的坐骑，纷纷落马，随即便被后面的铁骑践踏而过。

　　后面的战马惧火不敢上桥，木桥面上一时只剩下了火苗，桥着火了。

　　白绕卫队是由千军万马中优中选优挑选出来的忠贞之士所组成，为了白绕每个人都能舍得自己的性命。在经历了最初的突然之后，很快明白了正在发生着什么，百余骑齐向桥上扑来。

　　战马遇火，站立不前，卫队勇士们毫不迟疑地下马步行拥上了桥面，谁想全体救主心切，欲速反而不达，多年的木桥本不甚坚固，又被烈焰燃烤，哪里经得住众人一起拥上？只听得噼噼啪啪、吱吱呀呀一阵乱响，竟然轰的一声断塌河中，桥上的勇士当然随之一齐落水，对岸仅剩下燃烧着的桥头，恰似一只巨大的火把，照亮了一个血腥的屠场。

未能过河的黑山军士兵一时目瞪口呆。

绑架、掏心，外加"斩首"行动

黑山军的大后方，家眷营地。

眼见得天已微亮，夏侯惇吩咐士兵扣紧战马肚带，做好冲锋的准备。忽听得家眷营地寨门吱呀作响，凝目分开树丛向营门望去，一时竟怀疑自己眼花。

只见寨门大开，一些黑山军的士兵衣冠不整，连武器也没带，三三两两地从营内鱼贯而出，有人还好似依依不舍地转身挥手，咦？竟然还有几个女子送出营门，趁夜色尚薄，执手交颈地在作吻别。

正是时机，夏侯惇挥手示意自己的士兵上马，随着一声长长的呼哨，一千骑兵同时杀向了家眷营地四周的驻军营帐，夏侯惇自己则率领其余的千骑直接冲进了家眷营门。

奇怪的是四周的军营竟然只有寥寥几个长胡子的老兵，根本没怎么抵抗就放下了兵器，追问军营中士兵的去向，老兵们齐把手臂指向了家眷营，原来，那些士兵都搂着老婆睡觉去了。

　　夏侯惇的士兵们没有对可怜的鳏夫开杀戒，转身策马举矛冲向了家眷营。进得营寨，却见夏侯惇正指挥士兵把蚁群般的男女们赶出帐篷，被驱赶者大多衣着凌乱，又是没遇到抵抗。

　　回过头来，再说白绕的中军大帐。

　　曹仁自看到远方的火亮，便驱军直冲白绕的中军大帐。随着曹军的呐喊，所有的营帐都乱了起来，中军营里只有不足百名黑山军士兵，在极仓促的抵抗中很快被杀戮殆尽。中军营四周登时人声沸扬，哨声迭起，号角连绵起伏。

　　曹仁的部队早就有了打恶仗的心理准备，集结部队冲向旷野，骑兵最得意的是在流动中厮杀，曹仁懂得如何最大限度地发挥自己部队的长处。

　　谁知众多敌军竟似无王的乱蜂，根本就无心与曹仁的骑兵作战，而是慌乱地拥向两个方向，大部分拥向家眷营方向，一部分奔向自己的来路，曹仁知道夏侯惇得手了，曹操那边既然起了越来越大的火光，战局看来也没问题了。

　　还是执行曹操原来的将令吧，去协助夏侯惇押解黑山军的家眷妻儿们去濮阳的大路。曹操用这一手曾在颍川尝到了甜头，回去后没少向手下将领们显摆自己这极得意的一笔，曹操的部下们也早就深谙了这一抽脊梁的人质战术。

　　曹操这边也没用亲自出马参战，白绕在曹军冲断木桥时便已意识到了事情不妙，如果他率领现有的骑兵扬长而去，曹操也是毫无办法的，但是后队被人咬住了，哪有不回身反咬的道理？什么兵法妙策这会儿都用不上了，拼命成了硬道理。

　　部队马头刚转，已有半数人落马，眼见得箭如飞蝗，耳听得惨呼不断，一瞬间自己的部队还剩不足三五百骑，而敌人的骑兵已完成了对自己的合围。

第一次冲锋，要杀出一条血路！

也是最后一次冲锋，英雄碧血染黄沙。

白绕的头颅被曹洪砍去了。不公平啊，在十余支长矛的乱刺干扰下，曹洪凭偷袭占了便宜，白绕脑袋落地也未能合眼，他到死也没弄明白自己错在何处，是在哪个紧要关节上出了重大失误？

对岸的黑山军惊心动魄地旁观了自己主将的殒命及这场可怕的屠杀，顿时心胆俱裂，斗志全无，谁还在这儿等死？

无头的苍蝇只能无奈地乱飞，正在不知去留之间，后方又传来消息：所有的家眷被掳，放下刀枪者允其团聚。那还等什么？隔河武器丢了一片，愿降的呼声竟然压过了曹军的呐喊。

濮阳一役，黑山军土崩瓦解，作鸟兽散，曹操威名大振，尤其是释放全部战俘及他们的妻儿老小这一义举，赢得了四周州郡喝彩声一片，不消说兖州刺史刘岱一时对曹操感恩戴德，兖州治下的官员将领无不对曹操满怀仰慕，就是那冀州牧袁绍也不得不有所表示，就坡下驴地向董卓的中央政府推荐曹操为东郡太守。

多年前曹操就坚辞过这个朝廷正式委任的东郡太守，怎么混了十多年一级没升，还要你袁绍向敌人推荐？曹操不禁觉得好笑，但还是高兴地做上了这个官，为什么？此一时，彼一时也。

现在东郡这块地盘是我曹操自己打下来的，你不封难道我还能拱手让给他人？在东郡我现在就是一方小皇帝，有小不愁大，没有指望啥，这个世界上，谁的拳头硬谁就是老大，周围州郡的鼠辈们，你们小心了，等着我曹操吧！

儿宰爹的事不稀罕

人显赫了不能过于张扬，这点上董卓做得有点儿过分了，半拉国家局势表面安稳以后，他把向来惮忌的皇甫嵩调离了军职，改任御史中丞，就这样还觉得不放心，还要在面子上、心理上都占上风才罢休。

有一天他路遇皇甫嵩，作为御史中丞的皇甫嵩当然要向身居太师极位的董卓磕头见礼，董卓竟然在众目睽睽之下羞辱这位前上级：

"你现在是不是真服我呢？以前你对我可没今天这样恭敬啊。"

"谁想到明公能坐上今天这样的高位呢？"皇甫嵩也是人在屋檐下，不得不低头，太师没说让站起来，还得就这么跪着。

"我乃鸿鹄，早有远大志向，哪里是你这个小燕雀能知道的？"董卓是尽羞辱之能事。

"那时候咱们不都是小燕雀吗？"皇甫嵩倒也回答得不卑不亢。

"你要是说句早就服我了，我就让你站起来。"董卓占了上风还不算完，觉得还没爽透，竟伸手摸着皇甫嵩的头说："你真不怕我董某吗？"

皇甫嵩实在忍不住了，也只好豁出去了："明公如果能以德治国，那便是举国大庆，我怕从何来？若以淫威逼强，那全天下的人都会恐惧，害怕的又哪里会是我一个皇甫嵩？"

噎得董卓无话可答，只好走人，从那以后倒也没再找过皇甫嵩的麻烦。皇甫嵩是个战场上的帅才，官场上却是个标准的低能儿，是绝不会主动去找董卓的麻烦的，从此两人基本上是井水不犯河水。

吕布可就没这么大的度量了，被董卓气头上顺手一戟差点伤命以后，一直耿耿于怀，怎么报复这个老家伙呢？他采取的是一个绝妙的方式：给他戴上一顶绿帽子。

现在的吕布兼着董卓的内卫队长，出入董卓的内宅是属于正常的工作范围，且又正值壮年，人长得帅对少女旷妇来说，是极具杀伤力的，天下人几乎都知道这样一句话：马中赤兔，人中吕布。

再说了，董卓年近天命，行伍出身使他练就了一副硬身板，是个眼不花心不花的主，挑明了做皇帝他暂时还没那兴致，但在收罗美女方面却愿意与皇帝比个质量高下、数量多寡。

董卓被蒙在鼓里，但大司徒王允并不单单是看到了董、吕之间这层微妙的关系。关键是他洞察出并州与凉州武人之间难以避免的矛盾，退入关内的并州军处境逐渐不妙，处于随时都可能被凉州军吞并的态势中，而失去了武装，吕布也就失去了立身之本，也就永远成了董卓的家奴，勇冠天下的吕布会甘心吗？为谋求自身及其集团的发展空间，吕布应该也会反戈向董的。

再说，王允还与吕布有同乡之谊（王允系太原郡祁人，吕布系五原郡九原人，二人同为并州人士），无形当中拉近了王、吕之间的距离；董卓进驻长安前，把凉州军的主力布防于长安以东的陕县（今河南省陕县）一线，用来阻挡关东士大夫武装可能的西进。这就为吕布敢于同董卓兵戎相见提供了可能。

一番背后的小动作，王允的策反成功了，吕布听大司徒由浅到深地讲解道理之后，觉悟了，为了自己并州军的长远利益，他决定支持王允，投奔革命阵营。

当然，担心与董卓侍妾的风流事败露也是一定的因素。

根据史书的这两点记载，经罗贯中大师一番妙笔生花，才衍生出王允的"连环计"和美女貂蝉来。要不然中国古代的四大美人还真成了麻将桌上的三缺一，就算凑上一个替补，那句脍炙人口的成语估计也不会有了闭月羞花之貌、沉鱼落雁之容。少了貂蝉拜月，也是免不了遗憾的。

初平三年夏四月辛巳（192 年 5 月 22 日），董卓在重兵护卫之下，前往未央殿赴朝会。当行至掖门的时候，宫门卫士突然手持长戟向他刺来，猝不及防的董卓慌忙大呼："奉先吾儿何在？"

"奉诏讨贼！"

未承想吕布却从怀中摸出一纸诏书，向他宣布了死刑，董卓体会到了义子的大义之所在，乃大义灭亲也！一矛殒命，董卓恶贯就此满盈。

董卓死了的消息传开，长安百姓顿时喜笑颜开，载歌载舞走上街头，喝酒吃肉，把这一天当作了节日，他们想当然地认为：董卓的死标志着苦难生活的结束。

殊不知这只是理想与梦想，快乐的心情像阴天里露出的太阳一样，只闪出了一时片刻，就马上被淹没在西方滚滚而来的乌云中。

谁又能想到这片更加血腥的乌云，竟是那位在诛杀董卓中有着首建之功，又在董卓死后成为朝堂领袖，被当时人视为"王佐才"（郭泰对王允的评语）的王允一手招来的呢？

司徒王允的政策与策略

初平三年（192）的王允在除掉董卓以后，就坐到了当时中国统治者的"置顶"位置上，随着头脑发热，逐渐晕了。

董卓死了，可他的西凉军还在，如何处理董卓的原部下成了政策和策略这种关系个人生命、朝廷安危的大问题。但恰恰就是在这个要命问题上，王允犯了大错误。

董卓死后的形势，一度是向着有利于吕布的并州军及王允为首的士人政府的方向发展的。驻扎在长安以东陕县一线的凉州军主力，在得知董卓死讯后，理所当然地乱了营。

凉州军统帅是董卓的女婿牛辅，岳父横死使他变得极度多疑起来，以后西凉军的出路在哪里？这时候一个贴心的"大师"及时地指点了他，牛辅也就按这个高人的指点采取了预防性措施，杀了自己的大将董越。

没想到这次"大师"没蒙准，预防性措施反而导致了自己大营的骚乱，牛辅索性带巨额金银与亲信胡车儿等几人一走了之，谁知应了那句老话：人为财死，鸟为食亡，牛辅竟被这几名亲信砍下了脑袋，劫走了金银。

这时的西凉军群龙无首，在一群中下级军官的会商下，提出了向长安中央政府讨要一张大赦令的主张，也就是说在投降之后，要保证西凉军人的安全。这个要求并不过分，仅是求王允给留条命而已。

可惜王允的答复太草率了，说什么凉州军本来就没有什么罪过，何赦之有？这种貌似大度的回答是聪明的表现，还是愚蠢的做法，自当别论。但凉州军没有吃到定心丸（大赦令没拿在手里），却又听到了风言风语：王允、吕布要杀尽我们凉州人！

要尽戮凉州人的谣言并不全是空穴来风，是由于丁彦思、蔡伯喈被杀引起来的。丁彦思，事迹不详。蔡伯喈，就是那位博闻强记、声名远播的大名士蔡邕，而丁彦思与蔡邕同列，想必也应该是位名士。蔡邕被杀，其间有着很多值得回味之处。

蔡邕的死因，谢承《后汉书》和范晔《后汉书》的记载大致相同，即蔡邕得知董卓被诛杀，情不自禁地发出了叹息的声音，从而被王允认定这是同情董卓的表示，王允的逻辑是：董卓是国贼，你蔡邕不喜反哀，必是董卓同党，那就该杀。

蔡邕得到董卓礼遇是事实，可是，董卓的种种作为，使得蔡邕发现自己的选择对象错了。于是，他就有了出逃的打算。他曾经为躲避宦官的迫害，在外浪迹十二年，也算是轻车熟路吧。可是，蔡邕的堂弟蔡谷提醒他说，你的长相比较特别，逃到哪里，都会被人认出来。蔡邕也就打消了出逃的念头。

既然蔡邕放弃了董卓，那么王允为什么又要在董卓死后硬性给他贴上一张董卓同党的标签呢？曾经给《三国志》作注的裴松之对此就大不理解，认为是史书记载有误。估计老裴没注意到王允在诛杀董卓、地位置顶后思想及智力的质变。

《后汉书》卷六《王允传》说："允性刚棱疾恶，初惧董卓豺狼，故折节图之。卓既歼灭，自谓无复患难，及在际会，每乏温润之色，仗正持重，不循权宜之计，是以群下不甚附之。"

也就是说，王允性情刚烈，疾恶如仇，开始是因为董卓太猛了，所以虚与委蛇，而豺狼般的董卓死了，敌人没了，自己成了挽救国家于危亡之际的功臣，朝臣的领袖，正义的化身。过去的装鳖现在不用了，当然架子要端足，杀一两个名士，对于树立个人威信，整饬朝纲，肯定会事半功倍！

实际上王允与蔡邕早有过节，蔡邕曾经在大庭广众之下没给他面子，这件往事记录在南朝梁人殷芸写的《小说》中，文曰：

"初，司徒王允数与邕会议，允词常屈，由是衔邕。及允诛董卓，并收邕，众人争之，不能得。"

王允杀蔡邕，是要了断个人的恩怨。这听起来未免过于心地狭隘。但如果我们来读读顾炎武由蔡邕而引起的一番评论的话，就大致可以理解这种结局的背后。

顾炎武说："东京之末，节义衰而文章盛，自蔡邕始。其仕董卓，无守；卓死惊叹，无识。观其集中，滥作碑颂，则平日之为人可知矣。以其文采富而交游多，故后人为立佳传。嗟乎！士君子处衰季之朝，常以负一世之名，而转移天下风气者，视伯喈之为人，其戒之哉！"

名士尚不免于一死，对于作为董卓的死党们的命运自可想见了。凉州军现在感觉走投无路了，干脆，三十六计，走为上计，部队化整为零，自逃生路吧。

231

血与火中的长安

这时候有位极具智识的人物——贾诩站出来说话了：

"听说长安城中正在商议如何铲灭我们凉州人，如果这时候我们散伙走人，我们就成了刀俎之肉，只有听任宰割了。反倒不如大家齐心协力，去攻打长安，为董公报仇。一旦成功，国家就是我们的了。不成功的话，再散伙不迟。"

现在不少文史爱好者极推崇贾诩，甚至认为此乃三国第一智囊，近羞郭嘉，远比武侯，岂不知聪明才智乃是小节，为国为民才是大义，像这种损国害民未必利己的点子都出的人，还是越少越好。

西凉军一帮没正头的将领校尉李傕、郭汜、张济、樊稠、李蒙、王方等人听了贾诩的鼓动，俱都服气：书生偏能有烈胆，文士未必少杀人！孤注一掷，兵发长安，就此坚定了背水一战的决心。

其实，就是现在，局势也还是有办法挽回的，那时就有人向王允献计说，让皇甫嵩去出任凉州军统帅。

皇甫嵩系出凉州名门，德高望重，其忠心为国早已是家喻户晓。可是，王允却认为这样做虽然能起到安抚凉州军心的作用，但却会使关东豪强们不免疑心，要是凉州军还是由凉州人来统帅，还横亘在长安与关东交通的要道上，那关东联盟的州郡大佬们能安心吗？

两害相权择其轻，王允做出了第二个错误判断：皇甫嵩出山是弊大于利！王允的这一想法，昭示了他在对待凉州军问题上的态度，那就是：董卓已除，凉州军的存在无足轻重，把朝纲整顿好了，把关东士大夫们聚拢回来了，那才是国家大计。

这纯属王允的单相思。

他根本就不知道，初平三年（192）的中原大地发生了些什么事情：

原关东联盟的盟主袁绍堂而皇之地窃夺了冀州牧韩馥的地盘，又与公孙瓒厮打在一起；

兖州刺史刘岱看东郡太守桥瑁不顺眼，结果了他的性命，却把自己的性命送给了余火复燃的黄巾军；

曹操这时正在进行他的又一次灭火行动，全力对付势力重新膨胀起来的青州黄巾军；

袁术在扬州机关算尽，总惦念着做皇帝，一觉醒来，才发现是一场梦；

原本在关东联盟中表现最为抢眼的孙坚，在荆州地界同刘表火并起来，结果丢了性命……

这些正忙着往自己嘴里抢食吃的饿狼，还怎能想得起在长安有个朝廷，还会认为他们是国家中的一员？为诛杀董卓成功而满心欢喜的王允没想明白这原本十分明晰的事情。

在王允心目中，国家社稷永远都是至高无上的，他不明白国家的大臣们为什么不会为"国"而舍身赴义？乃至后世人把王允看作是个粗鲁、迂腐的人。（叶适《习学记言序目》卷二八）

还有的高人对王允当时的心态表示不理解，并且说了些奉劝的话语，大意是说天下已经处于必亡之势，用什么药都治不了这个病，简而言之，就是叫王允想不明白也要明白过来。(《朱子语类》卷一三五)。

可是，还没等到王允明白过来的时候，在董卓死后短短一个多月的时间里，凉州军十万之众昼夜行军，已经将长安城围得铁桶一般。

当时就长安的军力来看，是很难与凉州军抗衡的。

长安城中具备战斗力的是吕布的并州军。在董卓死后，由张辽统率的一支千人规模的并州军，也归属了吕布指挥。

张杨所部的并州军此时已经进驻河内，吕布与张杨之间私交甚密，一旦并凉两军开战，张杨部会给予必要的策应。

而此前，吕布曾派出李肃一部对凉州军做过一次试探性的攻击，结果以并州军失败而告终。很明显并州军在军事上并不占优势。

长安城中还有两支部队，一支是凉州军余部，另外一支是叟兵。

王允对于凉州军余部自然是不信任，在凉州军主力杀向长安的时候，王允便将他们打发出去，自相残杀去了。而叟兵，来自巴蜀，是益州牧刘焉派来的勤王之师，他们对于政府的忠诚度是要打个问号的，似乎是对董卓更有些好感。后来，在凉州军猛攻长安时，他们果然倒戈了。

经过十日的浴血奋战，长安城被凉州军攻陷。只有吕布杀开一条血路，带着几百并州军逃了出来。长安城变成了血与火的海洋，在吕布杀开一条血路，要保着王允逃离长安的时候，王允说：

"安国家，吾之上愿也，若不获，则奉身以死。朝廷幼主恃我

而已，临难苟免，吾不为也。努力谢关东诸公，以国家为念。"（《三国志·魏书·董卓传》注引张璠《汉纪》）

不管视死如归的王允牺牲得多么壮烈，都难以抵消他在这之前所犯的错误，他使国家真正地面临了灭顶之灾，他使长安的百姓陷入了无底深渊。

李傕、郭汜、樊稠的西凉军血洗了长安城，太仆鲁馗、大鸿胪周奂、城门校尉崔烈、越骑校尉王颀等政府要员全做了无头之鬼，司徒王允带着小皇帝献帝躲上了宣平城门。

李傕、郭汜把皇帝堵在了城楼上，却也礼数周到地跪下磕头，并且坚持为忠于皇帝的董卓平反昭雪；但对王允就没有这么客气了，王允一人死了也没能算完，妻子宗族十余口尽皆被诛。

至此，西凉军的复辟行动大告成功，李傕、郭汜在欺凌小皇帝的本事上与董卓有得一拼，可谓青出于蓝而胜于蓝，二人最先展开的是各自的升官大比拼，今天你让皇帝封车骑将军、池阳侯，领司隶校尉、假节，明天我就去要个后将军、美阳侯，后天他再索个右将军、万年侯，小皇帝也极听话，基本上是有求必应，官名肚子里多得很，只要不掉脑袋，要啥给啥。

但西凉人也并非铁板一块，不服气李傕、郭汜的比比皆是，现在，西凉军老家凉州的留守将领韩遂、马腾就尽起凉州铁骑，杀向长安来了。

第五章

独霸一方

东郡根据地的建立

时间前推到东汉初平三年（192）。曹操终于有了自己的一小块根据地——东郡，地盘虽小，却也不用仰人鼻息，强敌环绕，曹操反更游刃自如。

这就叫强人、牛人！四周的几支政府军怕他，黑山的土匪也被他打裂了胆，甚至还有些暗存感激，毕竟曹操这次没有像以往那样大开杀戒，俘虏的黑山军都释放了，而且是不打不骂不搜腰包，愿意留下来的欢迎，愿意回家的欢送，虽没发给路费，但的确也称得上是一支纪律严明的模范军队。

栽下梧桐树，自有凤凰来。曹操总参部在东郡得到了大大的充实，值得一提的就是荀彧（字文若，颍川颍阴人），这荀彧乃曹操的前辈同僚济南相荀绲之子，年少时也曾经让南阳名士何颙相过面，被赞曰："王佐才也。"

一开始这荀彧是跟着袁绍求发展的，袁绍待荀彧也非常够哥们儿，虚心得像学生见到了老师，敬为上宾不说，就连荀彧带去混饭吃的兄弟荀谌，乡亲辛评、郭图也一并封了官，但人都是这贱脾气，你对他越好他就越看不起你，荀彧反而觉得袁绍难成大事，主动跳槽到了曹操这里。

　　曹操安抚荀彧花费的最少，只用了一项高帽："吾之子房也！"
荀彧便心花怒放地对曹操肝脑涂地了，可见，人多么需要夸奖这
种精神食粮啊！

　　曹操说这句话时是把自己比作汉高祖的，将来想夺天下的野
心昭然若揭，而荀彧为了这一句话便付出了自己的一生，不知有
的大师断言荀彧高风亮节，无限忠于汉室，是凭什么说的？

　　荀彧也确实有两下子，初平二年（191）时年二十九岁的荀彧
仅露了一手，便让曹奋勇将军佩服得五体投地：当时董卓威震天
下，曹操刚被其一个小小的副将打了个撇盔撂甲，就问荀彧怎样
才能对付这样一个超级大国呢？荀彧回答得胸有成竹："卓暴虐已
甚，必以乱终，无能为也。"（《三国志·魏书·荀彧传》）。

　　结果证实了荀彧预见的准确性，几个月后，董卓便在长安被
扒光了身体，肚脐上被人插了个棉捻，成了点燃了三天没熄灭的
大蜡烛，曹操还能不服？当即便任命荀彧为司马——高级参谋。

　　荀彧受到鼓励，索性再立新功，又引荐了自己的同乡郭嘉，
这是一个更牛的牛人。

　　郭嘉（字奉孝），颍川阳翟人，也是感觉跟着袁绍干屈才辞职
不干回乡务农的，曹操初次召见，郭嘉便从战略高度分析了天下
大势，曹操听后高兴地说："使孤成大业者，必此人也。"郭嘉也觉
得自己这匹千里马遇到了伯乐，出去高兴地对人说："真吾主也。"

　　文事方修，武事更备，曹操军队的顶尖勇将典韦（陈留己吾
人）就是这时候从夏侯惇军中发现的。

　　养兵就是用来打仗的，曹操在将近半年的时间里一直没让部
队闲着，他先屯军顿丘，准备彻底解决黑山军的余部，以战养战，

且又名利双收，权当实战练兵吧，不就是一年扔他十几个师嘛，小意思，大人物的胸怀一般都是广阔的。

初平三年（192）春，黑山军于毒、眭固部围攻武阳，形势急迫，曹操这时灵活运用了"围魏救赵"之计，他置众将建议直击武阳敌军侧后的建议而不顾，率全军径直进山扑向了黑山军的老巢本屯，结果于毒的黑山军被迫撤军回救，武阳之围自解。

谁知曹操在本屯虚晃一枪，便转军避开战力强劲的于毒部，长途奔袭，扑向了毫无防备的黑山军眭固部，眭固仓促力战，最终溃败。

正当于毒的黑山军在本屯严密布防，待着曹军来攻时，曹操突然又把兵锋转向了内黄，占据内黄的是匈奴人于夫罗，于夫罗在中平年间便联络了白波军为内应，叛汉入侵，与西河的白波军会合后，声势大震，破太原，摧河内，将诸州郡强掠一空。

曹操早就对外族人的入侵愤怒于心，这次趁剿灭眭固黑山军的余威，名讨于毒，暗袭匈奴，一举攻克于夫罗盘踞的内黄城，猎杀匈奴兵无数，匈奴人溃不成军，远遁漠北，自此多年不敢入侵。族中少年割草时从此不敢吐汉语，怕一旦结巴，说出"草草"二字，吓坏了破胆的族人。

就在曹操北逐匈奴之时，青州的黄巾军却又重振雄风，一时聚众百万，杀向了兖州，兖州刘岱在曹操大破黑山军的精神鼓舞下，豪气顿生，凭什么你小小的曹操能做到的，我刘岱做不到？

刘岱的政府军雄赳赳气昂昂杀向已失陷于黄巾军的东平，此行要反攻山东。

借虎驱狼大多是馊主意

咱们中国有句成语，叫"利令智昏"，什么样的人会利令智昏呢？有两种人：一种是穷极了的人，为蝇头小利，不惜挺身犯险；另一种就是被胜利冲昏了头脑，以致智商也变得低下甚至愚蠢的人：认为自己已经无所不能，干任何事都可以无往而不利。

这两种人都有一个共同的特点，那就是没有给自己准确定位，不知道自己一顿能吃几碗干饭，甚至忘了自己姓什么；不同点就是穷极的人一般是被迫的，而胜利者做利令智昏的事大多是主动的。

其结局当然是同样的：违背客观规律做事当然要受到惩罚，失败时免不了带上无辜的陪葬者，有时甚至送了自己的性命。

兖州牧刘岱现在就有些闹不清自己吃几碗干饭了，他似乎介于穷极与胜利者之间，自青州黄巾军犯境以来，他已经丢掉了任城、东平，并阵亡了东平相郑遂，确有被逼急了的感觉。

但他作为胜利者的感觉则更强些，没费多少事就杀掉原东郡太守桥瑁，并且成功地换上了自己的亲信王肱，虽然最后便宜了曹操，可那曹操也是他刘岱请来的呀，曹操击溃了白波的黑山军，刘岱感觉自己的本事也了不得了，如果本牧出马，兴许胜得更利索。

他要主动出击东平，于百万军中取那青州黄巾军首领的脑袋！风头焉能让你曹操一人出尽？

时任济北相的鲍信看出了不对头，对这位极为自信的上司他劝得苦口婆心："现在青州的黄巾军已达百万之众，老百姓都已被吓破了胆，我们的部队现在没有斗志，怎么能打得过他们呢？不过我看青州的黄巾贼携家带口，部队却没有辎重，看来只能以抢掠养兵，不如先把我们出击的部队用来分城固守，让敌军无处求战，攻又难克，敌军唯有哄散退兵，到时我们再以精锐的生力军在地形险要之处设伏，必然可胜。"

刘岱此时已经感觉自己具有纵横天下的勇气和智慧，哪里听得进去这种建议？自然意气风发地率领兖州大军直捣东平，也自然地率羊群进入了群虎口中，被青州黄巾军轻松地砍掉了脑袋。

兖州主官殉职，残兵势危，鲍信与州吏万潜等一时胆裂，难道只有坐以待毙不成？正在山重水复疑无路之时，来了个指点柳暗花明的人，此人就是东郡名士陈宫（字公台）。

陈宫乃风靡一方的智勇双全之人，自幼性情刚直烈壮，平日与海内知名之士多有交往。现在曹操于乱世之中安东郡一方，陈宫自然感激这东郡的大救星，所以义不容辞地投效了他早已仰慕的英雄曹操。见面礼便是自告奋勇去说服兖州官吏迎曹操接管兖州。

曹操经过近期的南征北战，纳降扩军，正在为地盘小而部队多而发愁，陈宫的到来正是雪中送炭。

陈宫向曹操建议："兖州现在已经成了无主之地，而目前朝廷已经无法任命新的州牧，我马上去兖州替明公做工作，让他们来请你就任州牧，凭这块根据地便有了称霸天下的资本。"

他来到兖州一番忽悠，使鲍信、万潜等人如同在黑暗中见到了一丝光明，漫天的乌云中透出了一线晴天。陈宫所言大意是：现在天下乱成一锅粥了，就如同骨灰级粉丝见到明星的场面，在这个时候你们的领导又牺牲了，这样下去你们离玩完可就不远了。现在天下谁是最牛的人，我们的老总曹孟德嘛。这老曹可不是凡人，那是相当厉害，知道包黄头巾的那帮乡下农民吧，是不是够厉害？我们曹总裁还不是照样把他们给灭了。哥儿几个想想吧，凡事别走了眼。

鲍信、万潜一想，对头哇，老陈讲得确实在理，包黄头巾那些个乡巴佬够牛的，大家都没辙，可人家老曹没费什么事，就把他们收拾了，不服不行，现在大家的本事都是半斤八两，心里又都互不服气，不如把曹操接过来，最起码大家也能落个心理平衡。

引进人才乃地方要务，谁如反对那当然是嫉贤妒能，要不然就肯定是有个人野心，曹操义救东郡时大家哪个不是口赞心服？就这样，决定了！大伙兴许日后跟着封侯拜相呢。

只是谁也没有意识到，这借虎驱狼之计终有一天会危及自身，现在名义上是暂聘了一位有才华的人，其实是请了一个贪得无厌的人。一个州就这样变相地送给了私人，给后世做了个坏榜样。

曹操接此恳请，表面上还显出有些勉为其难，心中自然欢喜万分，暗暗感激陈宫，自我发誓：君子报恩不在一时，将来你会享受到我曹操的报答的。

眼前最迫切的事情是要解决兖州军事方面的威胁，黄巾军那可是百万之众啊。东郡新聘的谋士们，现在看你们的了！

军刀支撑着的中央政府

中国哪个朝代当官的最多？东汉。我这样说肯定有人会怀疑，但只要你查一下东汉末年的历史就会知道，那时候可是官帽满天飞。汉献帝当时封的官很多，自李傕、郭汜的西凉军成功复辟后，皇帝主要的工作就是封官。据史载，连给皇帝送饭的伙计腰里也都揣一块竹牌，见到汉献帝扔过去，皇帝就得写上个官名。送饭去时还是个伙夫，回来就变成了御封的大夫、司马甚至将军了。

铸官印太慢了，跟不上封官发展的需要，就刻木头的，还太慢，就干脆找根萝卜，用锥子一划拉，大印就成了，比现在用电脑软件刻假公章还方便，而且还不是假的，那官可是皇帝金口亲封的。

这种随意封的官管用吗？不但管用，而且能派大用场，请看实例：

前面不是说了吗，非董卓系统的西凉军韩遂、马腾，不服气李傕、郭汜组建的临时中央政府，尽起手中的西凉大军，杀向了长安，眼见两支西凉铁骑马上就要火并起来了。这时，李傕、郭汜不失时机地向皇帝要了两顶官帽，一顶叫镇西将军，送给了韩遂；一顶称征西将军，扔给了马腾。二人受了这镇西、征西将军的封号，紧绷着的老脸马上笑容满面，自然转兵西向了，韩遂回了凉州，马腾稳了郿坞，一场兵祸消弭于无形，李傕、郭汜反而多了两个守边护院的勇将，可见这世上最厉害的买卖莫过于

245

官倒。

朝廷中残存的朝臣觉得看到了一丝希望，现驻郿坞的马腾原就是西凉军中的保皇派，现在持兵离长安如此之近，不趁机策反更待何时？侍中马宇与谏议大夫种邵、左中郎将刘范等人便秘密地联系上了马腾，许诺愿做内应，引马腾的西凉军偷袭长安，除掉李傕、郭汜这两个祸害。

双方一拍即合，马腾随即出兵长平观，谁知马宇等兴奋过度，把里应外合的机密泄露给了李傕阵营的樊稠，那樊稠现在已经是右将军、万年侯了，怎肯把已经到手的富贵扔掉随穷光蛋们冒险？当然向李傕、郭汜举报邀功，马宇等紧急逃亡槐里，樊稠则提大军伏击了马腾。

马腾猝不及防，中伏大败，樊稠率军紧追不舍，追至陈仓，被前去接应的韩遂阵前数语退军："世道无常，天地反复，谁能知道将来胜败？你我都是一个州的乡亲，因为国事出了点小摩擦，何苦赶尽杀绝？给自己留条后路以待将来见面岂不更好？"

樊稠也是个实在人，觉得韩遂讲得不无道理，便收兵回了长安，可他偏就忘了李傕的亲侄李利就在他手下干副将呢，这等大事他回去能不向李傕汇报？李傕听了不动声色，邀请樊稠参加东征会议，樊稠又实了一次，径自去参加了会议，没吃上免费的会议餐却丢了吃饭的脑袋。

对于那几个做内应的朝廷大臣，李傕、郭汜岂能养虎为患？遂出兵攻下了槐里，马宇等朝臣死于非命，李傕、郭汜还觉得不解恨，干脆放兵劫掠邻近三辅各城，十余万户人民家中被掠一空，以致饥急无奈，戮邻相食，人吃人，越吃越少，二年不到，已吃得三辅无人迹。

外敌暂时看不见了，李傕、郭汜二人又及时地开始了相互间的内斗。李傕与郭汜那是一场酒能喝到天亮的铁哥们儿，李傕家里有两大引以为自豪的王牌：其一是有一帮好厨师，烧得一手能羞煞满汉全席的好菜，所以李傕家就理所当然地成了两人拼酒量的好战场；其二便是搜罗的漂亮姑娘多，就是这其二给李傕惹来了大麻烦。

郭汜的老婆是个有名的醋罐子，最怕的就是自己老公的肥水流入外人田，郭汜最近以来不断地留宿李傕家，做妻子的当然要怀疑郭汜醉翁之意不在酒。

怎样才能一劳永逸地断绝郭汜可能发生的花心？郭汜妻使出了妙计，枕头风是这么吹的："自古一山不容二虎，那李傕可没你这么实在，我可听说他暗地里要拾掇你呢，你以后少往他家串门。"

谁知郭汜与李傕的酒肉感情非同一般，不是几阵枕头风就轻易吹散的，郭汜吃滑了嘴、跑顺了腿，照去不误。郭汜妻不得不让老公从实践中认识到真理在老婆手里了。

一天，郭汜又从李傕家痛饮回来，郭汜妻关心地奉上亲手用巴豆泡的解酒茶，结果郭汜是上吐下泻，折腾了一天两头忙，妻子及时地提醒："莫不是食物中毒吧？"

郭汜记吃不记泻，转天又去了李傕家，这次喝得真多了点，被人抬回家里来了，郭汜妻就是个面人这回也被内火烤熟了，索性一不做，二不休，把自家马桶里的屎尿混合汤抬过来一满盆，招呼几个人给郭汜灌了个肚儿圆。

郭汜先喝的美酒被后灌的屎汤给顶出了喉咙，这下酒醒了，心也醒了：要不是老婆及时灌屎相救，命岂不早没啦？李傕！为权忘义的小子，我要跟你拼命！

下毒之仇，不报非丈夫也，当下连口也顾不得漱，直接去军营点了本部军马，杀向了李傕家中。

在兖州打工的艰难岁月

按下郭汜报复李傕的下毒之仇不提，咱们先了解一下曹操如何享用天上掉下来的大馅饼儿。大州之牧，非同小可，其地位已经超出了曹操少年时的最高理想，可是，天上难道真的会掉馅饼儿吗？

先不说东部徐州陶谦不太安分，南方袁术蠢蠢欲动，北方袁绍虎视眈眈，就是现在从青州杀来的黄巾军就是个大难题，兖州的官员们可不是请曹操来做祖宗的，说穿了是牵一只狗来替他们赶狼的。

等到明白请来的曹操是一只饿虎，那是后来的事，现在众人的心理往好处估摸也就是请神驱鬼的意思。

员来到东郡，代表全州军民诚请曹操做老大，大家可谓苦口婆心，终于请到了曹操这尊真神，驱邪教总算看见了希望，灭黄巾指日可待。

鲍信本人有了曹军壮胆，信心陡然倍增，再加上也欲替兖州军挣点面子，便自告奋勇率本部军马为前锋，出击寿张，谁知青州黄巾军却不管什么曹操不曹操，毫不留情地出动大军围了鲍信，人海战术一经祭出，无不灵验，可惜这鲍信出师未捷身先死，致使曹操闻听噩耗泪满襟。

现在的黄巾军已不再是包黄头巾的乡巴佬了，久经战火的考验，作战技巧相当纯熟，根本不计较一城一地的得失，以歼灭敌人有生力量作为第一作战目标，寿张城根本就没有设防，趁鲍信以为胜利攻克寿张之时，黄巾军于寿张东突然以十倍兵力包围了包括主将鲍信在内的兖州军，他们在迅速攻杀鲍信之后便主动舍弃寿张，在济北将主力缩成一团，静待曹操送上门来。

曹操自接任州牧，首战即损兖州大将鲍信，而且尸骨无归，怎么向对自己充满希望的兖州军民交代？自己威信何立？信由何来？当务之急，不是驱赶外敌，而是怎样表现自己，以慰众望。

曹操不愧是曹操，不用别人指点便排演了一出借鬼作秀的好戏，延请巧匠，按鲍信模样刻香木为遗体，自己亲自扶灵发丧，拜祭如葬父母，痛哭似殇妻儿，一时感天动地，闻者为之动容，观者无不流涕，曹州牧多情重义之名声遐迩，兖州官员百姓无不叹服。

可惜作秀感动不了青州贼，眼泪哭不退黄巾军，要想让新子

接下来就是如何重振部队士气了，兖州兵已谈黄巾而色变，不免也感染了自己的东郡部队，所有能拿起刀枪的兖州军总数不满五万，分散在未失陷的十余座城池里（加东郡），每城不足三五千人，用于剿贼的机动部队也只有指望自己从东郡带来的

249

一万多骑兵了。

所幸自己和黄巾军打了数年的交道，可谓知彼知己，对方的弱点、自己的长处皆了如指掌，打心眼里就看不上这些乌合之众，且看我曹操的，打出个样来让你们瞧瞧！

军事家有下列几种：纸上谈兵真打就蒙的，其代表人物便是春秋战国时的赵括；身先士卒勇于实战的，其典型莫过于西楚霸王项羽；运筹帷幄决胜千里的，刘邦认为当首推张良。

曹操是几种兼而有之，以后笔者会逐步说到，今天要说的是他身先士卒的一面。曹操不是那种上了战场就在后面高喊"弟兄们，给我上"的人，而是属于跨出战壕高喊"兄弟们，跟我冲啊"的那种类型。现在的曹操就精选了一千敢死队，准备给大伙打一场样板仗。

还是走的老套路，大军负责接应，他亲率精骑捣敌后勤老弱军营，看准敌人七寸，一击丧敌斗志，毕其功于一役！

放出风去，说曹州牧亲自视察前沿阵地。只要敌军出动，则必然疏于后方，战机就在于你打你的、我打我的，看谁的腿快了。那还用比较吗？两条腿的步卒怎么能奈何得了俺老曹四条腿的快马？

曹操率部到了前沿，士兵们一见主帅亲临，不禁欢呼雀跃，跟这样的将军打仗，死了都值！曹操的心思其实都在敌营方向，就等青州贼寇倾巢出动了。派出去的探马果然急驰而来。

"黄巾军大队已离我不足五里。"

听了探马的急报，曹操暗喜，当即吩咐前沿部队保持现在的受阅状态，悄悄做好迎敌准备，不准与敌短兵相搏，只准以箭弩阻敌，只要能纠缠住敌军就是胜利。

曹操本人带了一千骑精锐，迂回奔向黄巾军的后方。眼看离敌营不远，曹操命令部队快速冲过黄巾军两营寨之间，不准恋战，直捣敌军中枢。

前敌营寨瞬间而过，曹操不由暗叹："毕竟是乌合之众，反应竟如此之慢，真为鲍信将军惋惜。"

正有点得意之时，前面的战马突然纷纷狂嘶，不断栽倒，冲锋的队形立时大乱。

细看时，才知前面的道路田野布满了绊马的绳索，难道钻到敌人的圈套中来啦？不及细想之间，两侧敌营中随着海啸般的呐喊，冲出无数的黄巾军，前方、左右均成了人海，伴随着如雨的箭矢，淹向了曹操的千骑精锐。

战马最易中箭，一时曹军人仰马翻，惊骑乱奔，曹操临危不乱，传令速退。但是已经迟了，后方也出现了大批的黄巾军，原来之前出营的敌军大队并未进攻曹营，而是转身堵住了曹操的后路，黄巾军预谋在先，早就给曹操布好了口袋阵。

曹操立于马上，虽然面色镇静自若，内心却如浇沸汤，眼见得无数敌军已经合围，入眼的是无边刀山，灌耳的是动魄呐喊，满目蠕动的黄色不由让曹操想起了颍川之战时漫天的黄巾飘落。

不过现在的曹操只能心里大呼：黄色歪风，祸害无穷！

济北之战：老干部遇到了新问题

自古有言：一将功成万骨枯。

细想来，一个时代，名将虽寥，但自以为是名将的却不计其数，大概这是名将本人悄悄地算过：死在我手底下的到了多少人了？好，过万了！于是一代名将横空出世！

但名将也不能吃老本哪，需要再立新功：老骥伏枥，志在千里；烈士暮年，壮心不已。于是继续死人，名将也自然会随之升格，至少被当代人承认的名帅也就出现了，杀人过千万，一代英主也就自然出世。

真不容易算出，需要多少副骨架才能支撑起一代王朝？

按这个数字推算，曹操现在也应该跨入名将行列了，经他的手、口将活人加工成的白骨架早已超过数十万具，名将头衔应该当之无愧。可能有人要产生疑问：那名将岂不等同于恶魔？

账其实还有另一种算法。电影台词曰：我佛慈悲亦惩恶。杀人一万，自损八千，若能救得身后亿万的生灵，当属无量功德。一句话，战争行为的本身并无过错，问题在于战争的性质。

济北城外，曹操的感觉是活到了生命的尽头，善于兵无常势的曹操这次遇上了青州黄巾军的水无常形，那就只有看老天照应谁了，仗打到这份儿上，啥兵法谋略都用不上了，保命只有先拼命，一个狠字决生死，是非功过且莫论，拼吧！

曹操于半生恶战中历练出来的胆量及战场指挥能力起了决定性作用，他立即传令，部队收缩结阵，将有限的牛皮盾牌布向两翼，曹仁断后，曹洪为尖兵，自己紧随其后，杀向——没有直接杀向自己的营垒——右侧的黄巾军营寨。

千骑精锐虽瞬间已损失三成，但毕竟是曹操亲手调教出来的特种部队，军心未散，斗志尚存，在箭雨中不计伤亡地完成了攻击编队，严密地守护住了曹操的两侧——据说这就是后来魏军精锐"虎豹骑"的前身。

大网已经收拢的黄巾军的确没预料到这时的曹军尚有勇气横向进攻，尤其是守右营的黄巾军，眼看到箭头型的曹军射向自己，急忙关起了寨门，一时间散花般礌石乱飞，泼水似的箭矢齐放。

而原来曹军前方的绊马索却成了黄巾自己伏军的羁绊，一时半刻大队靠近不上转向的曹军；曹营方向的黄巾军是这次围歼战的主力，此时却是鞭长莫及，有限的骑兵对曹军形成不了真正的威胁，大队步兵只能用得上弓箭，却无法缩短与曹军之间的距离。

接近敌营时，曹操突然率军转向，从敌营前加速掠过，直插向敌营与野外黄巾军之间刚闪出来的狭窄的空当，待黄巾军明白过来曹操真正的意图时已经迟了，曹军已半数突出重围，扬长而去。

曹操残军回营，计点出击士卒，折损过半，曹操那个心疼！这可是自己部队中为数不多的老兵啊，是全军的骨干，损易补难，虽然主要领军将领万幸全身而归，但要命的是自己带来的东郡部队已没了士气！

人心散了，队伍不好带啊。

兖州原来的部队更不用说了，官员之失望形显于色，期望值太高往往得到的是失落，曹操这支绩优股一时沦为跌停板，莫非投资错了？

青州军则连日庆祝大捷，曹军不可战胜的神话被打破，确值得一庆。问题还不仅于此，胜利的黄巾军并未被胜利冲昏头脑，依然表现得极为清醒理智，绝不出动小股部队接近曹军，始终保持"大雪球"状态,妻儿老小固然还是老传统随军就餐,但此时却是"大雪球"的中心,简直成了垂钓曹操这条大鱼的诱饵,曹操只能望饵兴叹,再没胆去咬钩。

最可气的是,黄巾军也玩起了政治,主动来做曹操的统战工作了。

密信寄到了曹操的中军大帐,信写得入情入理:

"昔在济南,毁坏神坛,其道乃与中黄太乙同,似若知道,今更迷惑。汉行已尽,黄家当立。天之大运,非君才力所能存也。"

看来一个人只要做哪怕一点点好事,人民也不会将他忘记的。曹操在济南相任上时,尽毁刘章的嗣庙,被黄巾军看在眼里,记在了心里,竟认为发现了一个志同道合的好苗子,你毁汉家的过去,咱毁汉家的今天,曲线乱国,殊途同归,还不应该是哥们儿?

这不是递过来的橄榄枝,是越海射过来的"宣传弹",曹操对此政治攻势看得很清楚,丝毫不敢大意对待,亲自提笔回书斥责,并将敌军来檄与自己回书公示全军,以免流言伤己,又防扰乱军心。

可是,打嘴官司顶不了打胜仗,那支百万大军还是摆在那儿,啃又啃不动,赶又赶不走,一不小心还兴许把自己给吞了,对方已熟悉了曹操的战法,以往的作战经验全用不上了,现在是老干部遇到了新问题。

曹操遍翻兵书,却无从找到一比五十的苦仗如何制胜的答案,月夜巡营问明月,日升把寨索彩云。胜机藏在何处?

两军相逢智者胜

初战失利，曹操五内如焚，兖州官军一时士气低落，谈贼色变。大家对推举他来"领"——也就是"代理"——州牧，心里画了一个大大的问号：这曹操难道徒有虚名？

且休提兖州众人的看法，就是曹操自己从东郡带来的部队也是危机四伏，那里面有一半以上是从黑山军招安过来的兵，本来"战场投诚"与"被俘觉悟"就是为了保自己一条命，现在见自己的老盟军又占了上风，心里岂能不会另有想法？

荀彧、郭嘉、陈宫一干成名的"王佐"、未来的"子房"现在也没了表现的欲望，虽有道不完的运筹帷幄之雄才大略，却难拿得出来决胜咫尺之退敌妙计，劳心者谋士一时不能制人，劳力者武将只有暂时被制，真正的危急关头到了！

坐以待毙不是曹操的性格，领袖气质体现于革命低潮时刻，总得做点什么吧？曹操外表镇静如常，军令频颁：战略上暂时采取守势，严令固守未丢失之各城据点，乡民强制性撤进城内，政策很简单：坚壁清野，焦土抗战！

谋士们明白主帅的用心，贼聚百万之众于一团，总得要吃饭吧？虽已经以两城军需资敌，但毕竟人多嘴众耗费日聚，与敌人拼消耗吧，看谁能熬得过谁？只是心里谁都明白，这样一来，兖州的百姓可就倒了大霉！

再说了，现在正值秋实，田野不乏未收稼禾，乡下人蹲在城里吃闲饭，那城里人以后吃谁去？现在的形势是黄巾军以农村包围城市，打后勤仗国军未必胜得过农民军。

曹操在这非常时期以身作起了非常之则，夜不卸甲，日不安食，与兵卒暂时同起了甘苦，领将士亲抵前沿，检查军备，观察敌情，鼓舞士气，寻觅破敌良策。

一日，正于帐前信步，猛然见半空中盘旋一巨大鸽群，上下翻飞，挤作一团，像是在抵御强敌来侵。果然，一只个头不大的猎隼犹如闪电般从鸽群边掠过，鸽群不惊不乱，反而更加密集，那猎隼却也不敢贸然冲入鸽群，只是趁势冲上云天，于九霄云外凌翅盘旋，似待鸽疲，再做一击。

群鸽像是有点灵性，依旧沉稳不散，阵型看似无懈可击。曹操心中微微一动，凝目远眺，欲看这鹰隼如何败群鸽？

方思索间，只觉得眼睛一花，横刺里不知何时又掠过一只猎隼，却只见片片白羽粉落，鸽群稍乱又聚，眼见得其中一只已被偷袭的猎隼掠去，高天盘旋的那只猎隼趁机化成一道利箭，直射鸽群中心，鸽群左右避让不及，被从边沿又掠去了一个同伴。

曹操心中忽然通亮，知道了自己应该如何对付那如同群鸽般的青州黄巾军了，此时，他觉得自己已化身为那高瞻张势、电掣雷击之猎隼。自己部队即将进行的袭敌计划也有了一个形象的好名字：猎隼！

不及与智囊团商议，曹操便立即升帐，传众将面授机宜。

不同的将领一样的任务，将所有的机动骑兵，分为五百骑一支，两支骑兵队为一组，每组分阴阳两队，互为掩护，阴阳可随机应变，阳队诱敌则阴队闪击，反之亦然。

唯有一条：不准恋战，有斩获即回，以将敌军困在营寨内为作战目标，如遇敌军的打粮部队，当然不能放过，能歼则歼，不能歼则伤，伤不得驱回敌军也算立功。

所有参加出击的猎隼分队，又分为阴阳两大组，阳组负责日出，阴组担任夜袭，目的也是唯有一个：让黄巾军昼夜不得安宁，惶惶不可终日，断敌粮草，磨敌斗志，动敌军心。觅得战机，能掳敌家眷者为大功。

战争的指导思想对路了，战局立时改观，曹操这种"零敲牛皮糖"的猎隼行动大见成效，黄巾军别说继续攻城略地了，一时自保尚且不能，每日士卒渐损，小股不敢出营，大队出动却又寻战而不得，所携之妻儿老小日渐难以果腹，士兵初到兖州时的昂扬斗志逐损而不再。

随着这挨打不能还手的战况日久，时光飞逝，转眼秋去冬来，天气渐寒，一股绝望的情绪在黄巾军中蔓延开来；现在是进不能克坚城，退难以回青州，原地据守则无望越冬，百万之众竟被曹操反困于兖州济北，总算领教了曹操的厉害。

曹军则相反，士气高昂，人人求战心切，连原黑山军的战士也无不庆幸自己跟对了人，走对了路，革命不分先后，一时也趾高气扬起来。原兖州的官员、将领、士民更是个个赞叹自己眼光独到，伯乐重生，发现曹操于乱世，舍我其谁？

大伙一致踊跃献策，要曹州牧洞察军心民意，及早发起最后总攻，荡贼于顷刻之间，还民于长治久安，对反抗政府之邪教，决不能心慈手软，定要斩草除根，无论老幼，杀无赦！

其实曹操对如何发起总攻心中早有定算，参谋部早就成了政策研究室，冬季攻势马上就要付诸实施，只不过改为了政治攻势，上兵伐谋，不战而屈敌之兵，方为上上策也。

于是，一封促降书送进了青州黄巾军大营。

胖得快未必是件好事

曹操的促降书奏效了，一下子把百万黄巾军教育成了"俊杰"，走投无路的青州黄巾军接受了政府军的改编，刚才的生死对头转眼变成了亲密战友，番号也一下变成了正规军地方部队：青州军。不但如此，就连奋勇将军、领兖州牧曹操也率原东郡军、兖州军一并加入了进来，从此，青州军便成了曹操部队的招牌。

这一下曹操招了多少兵呢？据史载：光在编的部队就收编了三十万，曹操选其精锐编成了兖州官府的青州军。曹操自起兵以来，一直过的是兵员缺乏的苦日子，所以估计不会舍得主动裁下去多少，被裁兵员数量绝不会超过原兖州政府军的部队，所以说，现在曹操能指挥的部队不下三十万。

剩下的六七十万老弱病残怎么办？安排不当将会直接影响到军心，这可是关乎安定团结的大问题。

曹操欲待遣散，却又担心惹出难以预料之兵变，可六七十万张嘴生啃兖州更不是办法，没玩过经济的曹将军一想便觉得头大，民以食为天，天上要能下粮食就美了。

天上固然不会下粮食，可粮食能从地上生出来呀。一位在兖州避战乱的高人给曹操出了一个高招。

　　这高人是哪位？乃陈留平丘人氏，姓毛名玠字孝先，曾经是一个以清廉著称的县吏，曹操新接掌兖州，优待原兖州故吏，这毛玠也跟着沾了些恩惠，被聘任为治中从事，毛玠一来感激曹操安排自己的就业之恩，二来也确实看出了曹操将来能成气候，所以便适时向曹操献上了一个良策：

　　天下大势，分崩已成定局，天子流落，人民百业凋零，百姓被饥饿所迫而流离失所，州郡遭战乱之殃无度岁储粮，国不能安民，焉能持久？袁绍、刘表，虽地阔民稠，然守富家而安小康，未必有经略天下之雄心；自古倡议者战则能胜，财足者守土方固，将军只需奉天子以令不臣，重农耕而储军备，何愁不能称霸天下？

　　毛玠也不是纯粹空讲大道理，他的修农植桑的建议就被曹操化为了首次土地改革，百姓不是大多逃亡了吗？那抛下的耕地我就可以趁机收归国有了，谁耕种？不是现正愁着六七十万青州军老弱无法安置吗？正好各得其所，我租给你们种，我出白得的土地，你出闲着的劳力，收获二一添作五，总该满意了吧？

　　至于眼下饥荒，那只有靠以战养战了，看看四邻哪州稍弱，对不起了，我曹操要和你开仗了，理由吗？代天伐罪，替民讨逆……多了。待俺先托付好家小，先行南征。

　　兵者，凶器也，离乡远征，兵势虽强，却谁也难保万全，曹操的家眷托付给了哪位值托之人？曹操看人从来没有错过——老吕家那次例外——这次也是，他把一家老小托付给了他的铁哥们儿陈留太守张邈。

　　为什么先打南边？一是北边的袁绍暂时还惹不起，二是南边袁术正好给了曹操一个讨伐的借口：你哥哥袁绍邀我来教训你，我这是代兄讨弟，名正言顺，外人就少插嘴吧。

战场广阔得很，阵线也莫名其妙得很：曹操与素来不大对头的袁绍结成了临时盟友；袁术、陶谦、公孙瓒、刘备结成了统一战线，一场地道的军阀混战就此拉开了序幕。

皇帝也有被绑架的时候

《三国演义》的首句便是："话说天下大势，分久必合，合久必分。"这句话是罗贯中大师全书中水平最高的一句话，一下站到了历史的高处，简直可以说是总结了以前，指导了今后，回望青史，莫不如此。只是这分合的过程却是华夏民族的灾难，黎民百姓的大劫！诗圣杜甫有诗："君不见，汉家山东二百州，千村万落生荆棘……"

事实上，中国古代任何一个新朝的巍巍大厦，莫不是以累累白骨作为基石，朝代更替之日，即是全国人口锐减之时。

公元192年的东汉，便是合久必分之血腥过程的初期，分得最为零散，乱得一塌糊涂，关外的中原开始了乱打，关内的三秦大地也开始了血战，全国山河尽被血染！

天下第一猛男吕布带几百并州军杀出了血火长安，一时成了丧家之犬，总要投靠个主人吧？怎奈他连杀了两任干爹，口碑实在太差，哪个不要命的敢有胆收留这随时反咬的野狗？

我诛杀国贼董卓，有大功于天下，为什么大家还不以鲜花献英雄，反而见了我恨不能都想咬一口？吕布实在想不明白。

他先投袁术，认为自己替袁家报了诛三族的血海深仇，袁术还不得拿自己当作大恩人？事实上袁术一开始对吕布还真不错，宾客相待，礼遇有加，可就是不给他官做，也就是表明了没有长期留用的意思。

再加上吕布带的几百并州士兵也太不给吕布长面子，初从荒凉的边地来到富饶的南阳，看见啥都觉得稀罕，大姑娘、小媳妇远比并州的耐看，在老家又都抢惯了，一时哪能收得住手？没几天就把袁术给骚扰烦了，干脆连他们的军粮都停止供应了。吕布看出了袁术的逐客之意，只好另投奔同乡河内太守张杨。

张杨自己虽然十分厚道，但部下却不买他的账，有人想把吕布杀了，送他的头去长安，向李傕、郭汜领赏。吕布是个乖巧人，看出了风头不对，早走吧，此地不留爷，自有留爷处。于是，带着他的部队就又转投了袁绍。

对袁绍来说这可是雪中送炭，袁绍正被黑山军张燕弄得头疼，几次围剿均是损兵折将，见送上门来一个咬狼的狗，当即便收留了他，并且让吕布代理自己赴前线剿匪，你们谁伤了谁俺老袁都欢喜。

至于李傕、郭汜对吕布的通缉，袁绍才不去理会呢。现在他执掌冀州，兵多将广，再说现在的李傕、郭汜自己正打得不亦乐乎，也没工夫管这等闲事。

郭汜恼怒李傕对自己的屡次施毒，引军要宰李傕，那李傕却是更恼郭汜：想找借口除掉我，自己掌朝政啊？也太毒了吧！那咱就比比谁的拳头硬气，俩人加起来正好是个五百整数，谁怕谁呀！

这两支西凉精锐正是兵对兵、将对将，精锐对精锐势均力敌，在长安城内外杀了个天昏地暗，血流成河，李傕、郭汜两位主帅也单挑了不止一次，都是半斤对八两，正所谓棋逢对手、将遇良才，越杀越上瘾，欲罢不能。

这时候有两个人稳不住了，其中一个相信大家能猜得出是谁，便是当时中国的名誉一把手，小皇帝汉献帝，至于那后一个是谁？大家暂时先闷一会儿，花开两朵，各表一枝。笔者一口塞不进俩馒头，饭要一口一口吃才更香甜。

皇帝坐不住是情理之中，俗话说："覆巢之下，安有完卵？"要是由着这两位说不清是自己下属还是上司的愣头青在长安折腾下去，日复一日，月复一月，皇帝自己这颗大卵破壳流清散黄是早晚的事，去跟他们做个和事佬吧。

去做这两家的裁判员皇帝是不敢的，裁判是一个免不了时常挨扁的角色，挺正规的足球场上尚且如此，更别说这两个自己定规矩又从不讲规矩的浑球儿了，就是劝架，皇帝也没那个胆量亲自出头，派太尉杨彪去传达朕意吧。

谁知现在的太尉已经不值钱了，比不得曹操的老爸曹嵩花一亿铜钱买的时候了，现在最值钱的是长安粮食，据史载："是时谷一斛五十万，豆麦二十万，人相食啖，白骨委积，臭秽满路。"太尉这个全国最高的军事长官，在李傕、郭汜眼里还比不上一斛谷子。

郭汜拔刀就想先砍了这多事的太尉杨彪，幸亏杨彪嘴还利索点，忙申明自己是替买看吃，两军作战还不斩来使呢，哪有拿劝架的使者开刀的？

郭汜反应迟钝点，到了李傕那里便不同了，一句奉天子命提醒了李傕：对呀，得先把这小皇帝控制在手里呀，如果被那郭汜捷足先登抢了皇帝去，弄出个这诏那旨来，我岂不是要政治上处于下风？天下人还以为我李傕不忠君爱国呢。

事不迟疑，英雄做事从不婆婆妈妈，随即传达军令：给我抢了皇宫！掳了皇帝！管她什么妃子、宫女，一律给我抢到军营劳军！

西凉军执行军令从来雷厉风行，三千骠骑出动，抢了皇帝，俘虏了众嫔妃，宫女们当然也就跟着做了李傕的战利品。至于皇宫财物、大内珠宝，自然也就充了李傕的军资。

郭汜闻听李傕抢了皇宫，劫了皇帝，心中大悔：怎么俺老郭就没想起来先动手呢？没办法，比着葫芦画瓢吧，你先抢了一个皇帝，我就后抢文武百官，你掌握着天子，咱控制住朝臣，也不算落多大下风！

其实众朝臣是自己送到郭汜门上去的，文武百官闻听天子被劫，一下感觉成了没娘的孩子，聚在了一起，人多胆自壮，决定集体向二位将军请愿，呼吁放了皇帝，两家罢斗。郭汜一见满朝文武到了自己军营，心中大喜！都别离开了，啥时那李傕放了皇帝，俺郭某再放了你们，这叫曲线救主，大家先委屈几天吧。

两位国家栋梁闹得实在不像话了，终于有人看不下去了。

与大兵说理不容易

笔者前文说过，对李傕、郭汜二人的火并最坐不住的有两个

人，其中一个是皇帝，另一个就是给李傕、郭汜二人出过决定性
主意的贾诩。贾诩这个人聪明才智是不缺的，不过大都是为自己
谋划，帮别人出主意其实骨头里还是为自己，看人也称得上入木
三分，李傕、郭汜是块啥料他心里明镜似的。

李傕、郭汜政变成功，当然要酬谢这位帐下高参，就给了他
一个尚书仆射的高官，位居九卿之首。在当时三公虚位的中央政
府里，这官相当于丞相的地位。但贾诩没敢接这顶官帽，表面的
理由是谦虚：

"尚书仆射，言之师长，天下所望，诩名不素重，非所以服
人也。"

其实他是看透了李傕、郭汜不是什么可造就之才，跟着占点
小便宜还凑合，要是出头替恶人顶缸，贾诩是不干的；再说了，
夹在李傕、郭汜与皇帝中间，那日子绝对不好过，所以仅接任了
一个尚书的头衔，实质上做的是官员提拔任用的工作。

现在朝政眼看着被李傕、郭汜二人搅成一盆糨糊了，贾诩能
不急眼吗？可是他心里也清楚得很，这两位军头现在已经身居太
上皇的地位，只能听赞歌，是听不得反面意见的，所幸有起事时
的大功在，李傕、郭汜对自己惮忌之外还存几分亲近，暂时还不
会对自己开刀，但现在朝廷中的一、二把手都发疯了，自己这实
际上的三把手的日子还能好过吗？

朝廷已成了是非之地，早躲开为妙，现在机会来了，皇帝及
百官已被李傕、郭汜各自劫掠在自己的军营，贾诩便趁机交印溜
之大吉，投奔了自己的老乡段煨。值得一提的是，在贾诩没辞官
之前，对被扣在郭汜军营的朝廷百官，还是照应了不少的，小皇

帝和百官能逃出生天，主要是由于贾诩对李傕、郭汜直言相劝的原因。当然，还有一个原因也举足轻重：有人对局势看不下去了，站了出来要抱打不平，这个人就是李傕、郭汜最早的盟友，镇东将军张济。李傕和郭汜掐架时，张济正屯兵弘农（今河南灵宝市），闻听朝廷政局有变，当即提兵前来劝架。别觉得稀罕，劝架的还要带着大军？那当然，没见太尉杨彪差点因为劝架丢了脑袋吗？

张济的军力虽不甚强，可现在来得正是时候，便如站在了一个大天平中间，压上了哪头另一头也受不了会翘起来，李傕、郭汜现在不得不卖面子了，因为张济一来就声明了："两家罢兵，释放天子与众朝臣，哪家不从，张某即与对方并力讨之！"

李傕、郭汜这时谁不想抢先把这个潜在的盟友拉到自己这边来？于是表示接受张济的调停，暂时停战，至于放人，却都要求对方先行动，二人的理由一样：我先放了，你那边变了卦，我岂不是被忽悠成了天字一号的傻瓜了！

两边又顶上了牛，总不能请位裁判来喊个一、二、三吧？张济也没有好办法。偏偏皇帝又犯开了思乡症，坚决闹着要回洛阳，再也不想在这个令人伤心的长安待下去了。

其实李傕也不希望皇帝回长安皇宫，那里值钱的物件都被自己抢得一干二净，要是将来有一天皇帝追查失物怎么办？可要是把皇帝放回洛阳去感觉也不大对头，一时拿不定主意。

恰逢三辅大旱，庄稼颗粒无收，又加长安战乱，百姓心如汤煮，尸体相食已尽，活人亦难幸免，今天啃了他人的胫骨，不知明日自己的大腿又将是何人口中的美味。

朝臣也不能幸免，一个个仅能以西凉军士的残馐剩饭为食；

皇帝呢？也好不到哪儿去，那李傕也不是什么舍斋的施主，尤其是那些皇帝的左右侍从，连个半饱也难混到。

皇帝实在饿得撑不住了，就找李傕想要副牛骨头啃，你们吃肉，俺们啃点剩骨头总行吧？李傕心想：活得挺滋润啊，还想熬骨头汤喝？不想闪了皇帝的面子，就派人给皇帝送去了一架臭了十几天的牛骨头，嫌臭？那还是饿得轻！

又一位出来抱打不平了，这位见义勇为的好公民是李傕的亲信部将杨奉，原牛辅部曲将董承也及时响应，郭汜的阵营也不甚稳定，曲将杨定也喊起了忠君保国的革命口号，这下两人终于受不了了。

再加上小皇帝的软磨硬泡，一个劲地夸李傕忠君爱国，说那郭汜可就差多了，最后干脆又送了李傕一顶大官帽——大司马，感动得李傕心肠一软，便将皇帝放行东归了，郭汜见状犹豫再三，也释放了众朝臣，不过也没白放，也勒索了一顶车骑将军的官帽戴到了头上。

皇帝与朝臣们总算聚到了一起，事不迟疑，快走吧，免得夜长梦多。现在大家就盼有人能施舍一顿饱饭，做官的如果断了顿，那饥饿感可能比平头百姓来得更强烈。

当回乞丐吧，可要饭也不易赶门哪？此去洛阳，千里少人烟，饥民遍地，树叶草根早已挖尽，想从人家嘴里求食吃，可也得人家嘴里有呀！没奈何，只得走到哪儿算哪儿吧，前面第一站便是段煨所驻军的华阴郡。

想要着返回洛阳也不是件容易的事，他们才从长安逃出去不久，后面就响起了震天动地的喊杀声。原来李傕、郭汜醒过神来了，俩哥们儿加仇敌一琢磨，不对呀，真让皇帝及大臣回到了洛阳，能饶得了咱们俩？别内斗了，掉转枪口一致对外吧，把敌军消灭了咱兄弟俩再较量高下也不迟，谅他们拖家带口也走不远，先追上灭了这个中央政府再说！

不过皇帝现在也有了护驾的军队，就是忠君之心突然发现的杨奉、张济、董承、杨定，保皇派与造反派的血战又将进入高潮，只不过其结局将使皇帝与大臣们陷入比做乞丐还要凄惨的境地。

东归难，难于上青天

以革命的名义做扼杀革命的事，想干掉皇帝又要举着保驾的招牌。现在的郭汜正在使用这一招数，郭汜一开始也是护驾东归中的一员，大概是因为李傕在释放皇帝时顺手讨了个大司马的官，让他心理有点不平衡。凭什么呀？

那俺就当一回半道的解差，把大家劫到郿坞，那时再与你李傕比个高低上下。至于打的旗号？当然是保国救驾到郿坞。

作为领衔护驾东归的郭汜现在位居车骑将军，官是最大，可将皇帝移驾郿坞这么大的事还是要统一大家的认识的，马上召集护驾领导班子开会讨论。谁知那杨定、杨奉、董承三股合一，郭汜反而成了少数，而且这时的杨定被封为后将军、杨奉为兴义将军、董承为安集将军，并且董承还是当朝国丈，女儿是汉献帝的董贵人，比官也比不过这几个保皇派了，所以才无奈回军与李傕讲了和，二人马上就要重新合兵杀来了。

打的旗当然是拥护朝廷，招牌是救驾：奸臣们劫天子东窜，意欲何为？

皇帝及文武百官逃出魔窟之后，行动非常迅速，虽然忍饥耐寒，但还是不敢有丝毫拖拉。就这样他们一行好不容易到了华阴，饿得眼睛都绿了。所幸华阴的宁辑将军段煨不是小气之人，大伙总算吃上了一顿饱饭。人说温饱思淫欲，大臣将军们还没来得及温饱呢，保皇派的内部就出了邪事。

后将军杨定与段煨有点旧怨，见皇帝当晚宿在了段煨的大营，自认为抓到了把柄，当夜便声称段煨扣留了皇帝，想造反，咱们要去救天子呀！他指挥本部军马开始进攻段煨营。段煨也不是个软柿子，打起仗来也有自己的一套招数。结果两部打了十余天也没有分出胜败来，这期间段煨供应御膳，招待百官，毫无造反的迹象。

就在这时，李傕、郭汜赶到了。毕竟打的旗还是来救驾，所以就先拾掇背义的杨定。杨定经不住前后夹击，全军覆没，只身逃亡荆州。

一战未平，另一战又起：张济出来抱打不平，与杨奉、董承又闹起了矛盾，张济又一次掉转了枪口，与赶来"救驾"的李傕、

杨奉原来是被董卓招安的白波军将领，现在所带的都是以前的并州部队，本来战力就不如剽悍的西凉军；董承所部更属弱旅，怎么能抵抗得住联合起来的西凉铁骑？弘农东涧的一场大败当在情理之中，只是苦了军营中的皇帝与百官。

杨奉、董承二人拼全力保着献帝逃往曹阳，百官与宫女们可就遭了殃（皇帝用一顶大司马的官帽从李傕手中换回了宫女与嫔妃，至于染缸里倒出的是不是白布就不好说了）。据史载："百官士卒死者不可胜数，于是弃妇女、辎重、御物、符策、典籍，略无所遗。"

董承、杨奉现在以残兵困守孤城曹阳，文武百官则重陷西凉军之手。曹阳城中的皇帝现在几乎是真正的孤家寡人，有了穷途末路的感觉。仗是打不下去了，那就和谈吧，可在李傕、郭汜、张济那里是不叫和谈的，叫投降，没实力了，谁和你和谈？

董承、杨奉现在顾不上这名誉上的事了，叫啥都行，不是还没有最后通牒无条件投降吗？那就先谈谈优待条件总行吧？

骄横的西凉军倒是乐意和败军之将慢慢地谈谈，对胜利者来说，那也是一种享受，没见大多数猫咪逮住了小耗子故意不吃吗？玩弄失去了抵抗能力的对手，比一口吞到肚里更加有强烈的快感。

这其实是董承、杨奉的缓兵之计，所有故意拖时间的和谈大概都是同一个目的，给时间，就有机会！董承、杨奉的机会在哪里？就在不远的河东郡。

杨奉是白波军的旧时主将，与现在河东的李乐、韩暹、胡才儿，会拉一把的。

果然，几个铁哥们儿一听老弟兄有难，无不义愤填膺，尽起河东全部骑兵（不过数千），抄了西凉军的后路。

李傕、郭汜、张济的西凉军猝不及防，再加上董承、杨奉的部队及时出击，西凉军一时不知援军的铁骑来了多少，军心大乱，保皇联军趁机掩杀，西凉铁骑竟然溃败。

等到稳住心神收集败兵之后，方才感觉解围的敌军数量并不多，回军再战曹阳，却已经是人去城空，董承、杨奉在李乐、韩暹、胡才及右贤王去卑的掩护下弃曹阳突围而去。

董承、李乐护卫车驾前行，胡才、杨奉、韩暹、去卑断后死战，这时敌我兵力已明，啥妙计都用不上了，硬磕硬又不是西凉铁骑的对手，只得以人命血拼，用尸骨做盾，且战且走，磕磕绊绊地熬到了陕郡（今河南三门峡市）。退进城后，董承、杨奉计点本部兵卒，已不满百人。

李傕、郭汜、张济现在再也不信什么和谈幌子、投降鬼话了，大军出动死死地围住了顽抗的皇帝卫队，战马绕城驰骋，军士呐喊云碎，被围之官员将士，闻之胆丧，士卒皆有怯意，谁都知道：明天的太阳不属于自己了。

早知今日，何必东来？不过现在悔也迟了，汉献帝定下了听天由命的方略。

小妾生子后患多

敌人的敌人未必是自己的朋友；朋友的朋友也未必是自己的朋友，同理：朋友的敌人未必是自己的敌人；敌人的朋友也未必是自己的敌人。

实力陡然膨胀的曹操现在手握三十万青州大军，又虎踞中原腹地的兖州大郡，手下勇将甚多，谋士成群，英雄自然要寻找用武之地。至于近期的盟友，自然要挑选与自己相匹配的豪强，要攻打的州郡当然比自己弱，吃柿子先捡软的捏，曹将军当然懂得这个顽童都明白的基本工作方法。

所以冀州的袁绍与兖州的曹操便顺理成章地一拍即合了，两大强势先对付谁？第一个被用来试刀的是袁绍的弟弟袁术。

其实现在的袁术也可算得一方强势，地广粮足兵多，且又贪得无厌，总觉得这个小娘养的哥哥袁绍事事压自己一头，是自己将来身登九五的最大障碍，不除掉这个事业上的拦路虎大患永存，怎样对付这个不共戴天的兄长呢？

首先是广结盟友，与徐州牧陶谦、幽州刺史公孙瓒结成了损兄统一战线，陶谦与公孙瓒也因为感到了袁绍的威胁，积极响应了袁术的揍哥号召，摆出了出兵声援的架势。

陶谦亲率大军进驻袁绍南面的要地发干，直接威胁袁绍的南部边境；公孙瓒则派自己信得过的临时部下刘备屯兵高唐，经营平原，威胁袁绍的侧背；袁术自己则提大军扬言征讨冀州，要与哥哥争一回到底谁是老大。

袁绍还真没拿这位不争气的弟弟当回事，知弟莫若兄，大娘养的这位弟弟那两下身手当哥的最清楚，弟弟身边的那两位盟友，袁绍更是有点瞧不起，公孙瓒是自己的手下败将，出头的刘备那点兵还不够他塞牙缝，至于刘备到处标榜的帝胄出身、皇叔名分，更是笑料：连皇帝我都想废了他，何况你这个真假难辨的所谓"皇叔"？陶谦守城兵力尚且不足，怎有胆量捋我虎须？这些盟友只不过是做做样子给袁术看，连理都不用理睬；对袁术倒大意不得，毕竟人多势大，怎样对他迎头痛击？

弟兄俩打架，你竟然找帮锤的，难道我袁绍不会？当即便分别修书请领兖州牧、奋勇将军曹操共争袁术地盘；又请荆州牧刘表出兵分享袁术的充足粮草，有便宜大家沾，诱饵相当有吸引力。

首先是刘表响应了袁绍的呼吁，出兵直奔袁术的粮草囤积地而去，虽未能如愿，但也切断了前方袁术大军的后勤供应。袁术尚顾不得两线作战，只得将大军屯于封丘，进击张邈主事的陈留，欲取食于彼。

曹操与张邈那是啥关系？想当初若不是铁哥们儿张邈在陈留助自己起兵，哪来的曹操的今天？况且又有袁绍的恳请，于是愉快地出动了青州大军，挥兵南下，直击袁术。

那袁术这几年依仗着孙坚的威风，西征南讨，所向披靡，自我感觉已经成了中国的军事老大，现已掌豫州及两淮之地，对曹操刚招安的青州新军甚是不屑，昔日董卓的手下败将，竟敢前来招惹西凉铁骑的克星，岂不是小老鼠拉着老猫上擂台——自找挨抓送猫食来了！

哪知曹操不自量力，竟然全军出动将袁术的大将刘详围在了兵家要地匡亭，真叫人好笑又好气！既然你捋了猫须了，那我就趁势张嘴吃了你！

袁术把曹操看成了以身作食的小老鼠，焉知今日的青州军已非当年汴水的陈留弱旅；而失去了孙坚的豫州军早已淡然了当年孙坚的霸气，谁是猫谁是鼠马上就要见分晓，绝不是背地里骂人家几句鼠辈自己就会变成老猫！

更何况，现在的曹操又哪里是一只偷油的小老鼠？简直堪比一只卧踞中原的饿虎，现在这只饿虎已在匡亭张开了血盆大口，袁术却不知天高地厚地率军来到了曹操的利齿之间！

吕布：给袁绍打工的那段日子

俗话说："人中吕布，马中赤兔。"

这话虽然免不了渲染夸大的成分，但却是人们从实战中认识并加以分析出来的。全国的精锐大部集中在并州、凉州，战场厮杀西凉军败少胜多，那自然是因为军中勇将众多，高手如云，而吕布却是西凉军中人人服气的第一高手，这高手中的高高手自然是当之无愧的天下第一！

至于吕布屡败于孙坚之手，人们自然会主动替吕布开脱的：不就指望打群架吗，单挑试试？

其实单挑孙坚也未必弱于吕布，试想：如果孙坚没那两下子，怎敢一再兵逼吕布，而且数战都以弱旅大胜吕布的强军，以至于董卓、吕布不敢接战，远避长安。

关键是孙坚殒命太早，遂使吕布成名。大家对过世的人一般是难以有兴趣关注的，为了现实需要拿过来炒作几天倒是不鲜见，但也就是临时作作秀，不久自然也就人走茶凉了。

当然，吕布也绝非浪得虚名之辈，先天条件决定了他是个名副其实的搏击高手。吕布，字奉先，五原郡九原人，五原地处蒙古，吕布是否有少数民族血统已不大好考证，但吕布自小便熟悉弓马，膂力过人，应该是幼时的环境使然。

据史载，吕布曾被号称为飞将，也就是说他堪与西汉名将李广相媲美，身高史未详载，小说家说他身高九尺，汉代的一尺相当于现在23厘米左右，也就是说有两米还挂零，估计是根据有史载的他人身高类推出来的。

但对他的神箭绝技却是史载明证，古时候箭弩乃是战场的第一利器，箭不虚发就可杀人于无形。群殴也好，单挑也罢，要是有人能于五十米开外要你的性命，那还不够恐怖？

吕布带着他仅剩的百十名并州军现在投奔了袁绍，并且承担起了剿灭黑山军余部的重任，在吕布没来之前，袁绍的战略是拒敌于国门之外，即严守边境，敌来犯即迎敌，敌未至则防备，其实就是等着挨打，还没法子知道那一耳光啥时扇过来。

吕布主持军事之后，一改从前的战略战术，变被动防御为主动出击，兵也不多带，就自己原来那点并州军士兵，倚仗着西凉马快，打了就走，还没等敌人回过神来，要命的飞骑又回来了，有时连吕布带来厮杀的骑兵有多少还没看清呢，一阵骑弩过后，自己死伤成片，敌人又没影了。

农民出身的黑山军啥时候见过这个？尤其是领军的吕布，只要他一出现，黑山军则必然死人，对吕布的恐惧感越来越强烈，战事的情景越传越广，越传越神乎，天天挨打还不能还手，吕布简直成了上天派下来的索命神将，这仗没法再打下去了！

黑山军首领张燕权衡利弊，很无奈地接受了袁绍名义上的招安，实际上是签订了一个心照不宣的互不侵犯条约，真正的招安却是在日后曹操的兵威之下完成的。

吕布的确立了大功。他的威名也日益见盛，带的士兵自然也随之骄横起来。在袁术处时的老毛病又发作了，打个家劫个舍成了消遣，抢个大姑娘小媳妇成了正常的娱乐活动，闹得袁绍也有点烦了。

没拉完磨一样要宰驴

袁绍更清楚吕布终非池中之物，与他这样的无良超人在一起总缺乏安全感，如果赶走他，后患更是无穷，不管吕布去帮谁，将来都免不了是自己的大敌，想个法子宰了他吧。

一日，袁绍向吕布前来恭喜，说接到了朝廷的制书：吕将军被朝廷委任为旧都洛阳的"领司隶校尉"，这下吕将军可以在洛阳大展宏图了，将来发达了，可别忘记袁某的推荐之功啊。

其实是纯粹在胡扯，献帝这个小孩子，当时正处于李傕、郭汜的掌握之中，哪里能够颁发任何的制书给袁绍或任何其他军阀？

为感谢吕布剿灭黑山贼的大功，袁绍还特意派了精兵三千护送吕司隶校尉去洛阳赴任，吕将军的安全就是俺袁绍最大的幸福。

吕布带了他的几十名部下，在袁绍所派遣的三千精兵的护卫下离开邺县，到洛阳就职。他在董卓死后，败于李傕、郭汜，奔向南阳，在袁术之时，尚有几百名军官与士兵。其后，转往河内投张杨，又由河内转往常山投袁绍，走了许多地方，部下的军官与兵越走越少。现在又离开邺县往洛阳走，部下就只剩了几十人了。

　　这几十人，与其称为被保护的对象，不如称为被递解出境的罪犯，三千精兵不如称为押解吕布的狱卒。

　　袁绍是真的要把吕布及那点可怜的部下押解出境吗？非也，他是要吕布把命留在冀州，袁绍早已吩咐了领军的亲信：走出邺县不远便将吕布干掉！吕布可不是个白丁文盲，跟着并州刺史丁原干时曾"屯河内，以布为主簿，大见亲待"。主簿者文书也，就是后来杨修做的活路，可见吕布其实是个文武双全的角色。

　　他看出了这些精兵护卫的真实目的。在某一天的夜晚，吕布坐在帐篷里弹筝，弹了一阵，把筝交给了一位亲信继续演奏。自己却在筝声之中，悄悄地由帐篷后溜之大吉。

　　那三千精锐中吕布的"贴身卫队"，就藏在帐篷前门之外不远的地方，偷听吕布弹筝，一直听到了筝声停止，似乎吕布已经就寝酣睡。于是一声吆喝，刀斧齐下，把帐篷砍碎，把帐篷里面的东西也砍碎，却不曾砍到吕布，这家伙啥时溜啦？

　　吕布脱险以后，也知道没有必要再往洛阳走了，什么就任"司隶校尉"之职？那是袁哥在忽悠吕哥呢，再说了，洛阳有什么人肯欢迎他、承认他？能保住命就不错了。

　　袁绍接到谋杀吕布未遂的消息，一时吓破了胆。吕布的武艺，可是非袁绍下面的任何一员大将所能匹敌。于是，赶紧下令：把邺县的城门关了，叫将士登城去防守，吕布一定会来邺县算账的。

　　吕布却并无找袁绍算账的勇气。他想来想去，在这世界上只有张杨真对他好，于是只好厚着老脸皮，奔往河内。张杨果然是唯一真对他好的朋友，再度收容他，不计较他上次的不辞而别。

　　提一句，吕布在路过陈留之时，又交到一位好朋友，即陈留太守张邈。张邈对吕布的武艺十分佩服，对他热诚招待；临别之时，还和吕布"把臂言誓"。这四个字的意思，可能是结为同盟，更可能是"结拜为异姓兄弟"。

当时有人向李傕、郭汜的中央政府告了密，说吕布就匿藏在河内的张杨处，可李傕、郭汜对张杨暂时还不想招惹，于是便顺坡下驴，索性再送给张杨一个大大的人情：董太师早就成旧鬼了，咱们为忠良报仇也就是说说，与吕将军一笑泯恩仇吧。

一旨诏书颁下，封吕布为颖川太守，这吕布给别人打了好几年工，总算有了个自己吃饭、喂马的小窝了。

吹牛装熊都是兵法

现在兵力充足的曹操在初次运用围点打援的战术，对付以兵力强盛著称的袁术，不用一点谋略胜败还真不大好说。这是曹操的参谋部集体制定出的作战方略，具体是哪一个的功劳，史未详载，笔者当然不敢刻意拍哪一个的马屁。

曹操的青州大军其实并未倾巢出动，兖州是新接掌的地盘，这个"领兖州牧"也是自己封的，并未得到当时被李傕、郭汜所控制的东汉朝廷的承认（一年后崩溃前夕的中央政府终于批准了曹操的当官申请），内部稳定问题曹操不得不以预防为主，所以便留下了十万兵马由荀彧率领，巩固兖州的革命根据地。

对于曾用以起家的东郡，则委派了在接管兖州时立下大功的陈宫接任太守。让陈宫在他自己的家乡做父母官，大概是曹操有意的答谢行为，对地方的稳定无疑也是有益的。但本地人做本地官，也有其无法避免的弊病：那就是最容易尾大不掉，成为外人难以涉足的国中之国。这苦头曹操还当真就尝到了，而且就在不久的将来：第三次南征徐州时。

据守匡亭的刘详是一员被袁术充分信任的大将，指挥着足额足饷的五万正规军，论说守一个小小的匡亭应该不在话下。这匡亭，刘详也清楚它对袁术大军的重要性：这是袁术军被刘表截断粮道后唯一的后勤供应基地，一旦有失，那袁术军也就不用讨伐袁绍了，先解散了要饭吃去吧。

曹操恰也看准了这一点，这就是兵书上所说攻其不得不救的要穴，虚点此穴，袁术也会心惊。真要是强攻这粮草充足的坚城壁垒，曹操自认还没有那个实力，青州军刚整编完毕，首次实战便用来攻坚，不是用兵之道。

曹操首先把二十万大军"减负"，对外号称十万。

抱狼崽子引来了群狼

为什么曹操要将自己的部队隐藏起来一半呢？有三点原因：

第一条是怕把袁术吓住不来了；第二条是怕袁术开过来的援军过多，自己啃不动，落得个被迫撤军，那样就等于把游戏给玩爆了；第三条最重要：兖州乃四战之地，周围强敌环绕，虎视眈眈，曹操现在有三十万大军早已是公开的秘密，匡亭这边少了，自然就是告诉大家后方兖州的部队多了，自然也就威慑住了那些想趁火打劫的"强盗"。

匡亭的刘详没被曹操骗过去，兖州潜伏的情报人员早已将青州军出动了二十多万的军情传到匡亭，想示弱诱我出城迎敌？刘详认准了曹操的奸诈目的，决心来个你有千条妙计，我有一条主意，那就是：决不出城上当，坚守匡亭待援。

谁知这种不求有功、但求无过的战法，正对了曹操的胃口，曹操本来开到匡亭城下的不过五万士卒，每天都真真假假地攻一阵城，当然每战都是假装败下阵来。

刘详是个战场上的行家，焉能看不出曹军假败的伎俩？还是想诱我出城追击！我偏不会上你的圈套！你退了咱就开宴喝庆功酒，当然也忘不了派人偷偷出城去向袁术报功催援，为了使袁术知道战事的严重性，求援报功书上这样写道：

"曹贼势众，举廿万悍匪围弱城；末将逞勇，捐数升热血报主公，五万士卒苦醋战，四城将士白刃红，狼烟蔽日月，杀声冲太空，朝夕退顽敌几次，早晚念援军数声，职部泣血顿首拜，望穿秋水盼雄兵！"

如此妙文到了袁术手上，焉能不感袁动心？没说的，"御驾"亲征吧（现在的袁术还没公然称帝，所以笔者给这位内心深处早已认为自己是皇帝坯子的人加了个引号）！

也不仅仅是因为刘详所请"枪手"写的妙文，那匡亭袁术是非救不可的，总不能当真领着三十万大军讨饭去吧？干脆对这小娘养的哥哥不打了，全军杀向东北，给曹操来个杀鸡也用牛刀！誓灭曹朝食！

这一手倒是大大出乎曹操的预料，好不容易赶上一回富裕仗，谁知堵狼崽子引来了群狼，保不齐还兴许伤了自己，怎么办？撤围匡亭？撤不得，你围城兵一转身，那刘详的五万精兵肯定会趁势杀出，这一回算是骑在了老虎的背上：前攻不下，后撤不得，拖着更不是办法，那袁术的大军逐日逼近，等到他赶到匡亭之日，也就是青州军的灭顶之时。

再说了，这次出兵的目的就是抢地盘、打食吃，养兵需要粮饷呀，就算能全身而退回到兖州，那以后的日子怎么过？

有谋士建议：把打援改为阻援，倾全力攻下匡亭，然后携匡亭的敌军辎重逐步退回兖州。问题是攻得下来匡亭吗？攻不下来怎么办？历来的攻城战都是攻方倍于守方的伤亡，就算血战攻下来，合算吗？

还有，阻援阻得住吗？一旦援阻不住，城又攻不克，岂不是要全军覆没于此？这种一厢情愿的险冒不得！退一万步说，就算战局的发展一切如了心愿，那袁术的三十万大军又岂肯来此度黄金周，旅游一圈回去照常上班？大军开进了兖州境内，岂不是把战火引向了自己的地盘？一句话：这是条馊主意，用不得。

饶是曹操熟读兵书，久经战阵，面对即将到来的困境危机，一时也感到进退两难，前景不妙。

俗语：打虎最好亲兄弟，
　　　　上阵还是父子兵。

感想：最怨阿瞒兄弟少，
　　　　莫非太尉性低能？

正是：既然未备金丝钓，
　　　　巨鳖游来空叹息。

且看：苍天将倾有山擎，

　　　　太祖称武正适宜。

把自己押上了赌桌

孟子曰:"故天将降大任于是人也，必先苦其心志，劳其筋骨，饿其体肤，空乏其身，行拂乱其所为，所以动心忍性，增益其所不能。"

伟人是怎样炼成的？其实就是如先贤孟子所述，于危难之时坚持出来的，从困境中挣扎出来的。

现在，考验曹操的时候到了。

他决定再冒一次绝大的风险：以自己作为诱饵，打乱袁术三十万大军结团稳进的战场部署，阵势一乱，必然有隙可乘，至于胜负？走到哪一步说哪一步就是了，袁术难道追求的不是胜利？只要能利用上他这种心态，那最后的胜利者必将属于我曹操！

笔者发现了一个有趣的现象，曹操一生，大小数百战，绝大多数皆是险中求胜，而且胜得令后人荡气回肠，至今仍感魏武雄风扑面！唯有赤壁之战，当时的曹军属绝对的恃强凌弱，曹丞相准备周密，计划详尽，却败得那叫一个惨！不，惨字不能尽表，应该换一个字，爽！败得那叫一个爽！

计划永远都是制订容易实施难，曹操这次的作战方案却是连制订都不容易。首先是两关难过：现在的曹操还没有形成一言堂的家长式管理作风，还是尊重自己的参谋部——谋士班子的意见的，谋士们集体反对——虽然有舍不得孩子套不着狼之说，可那也不过是说说，谁听说过有人用自己的孩子当诱饵引狼的？要有也是拿别家的孩子，用自己的孩子当诱饵套狼的绝对不是一个好父亲！

而现在曹操却欲拿自己的脑袋当诱饵去套袁术这条恶狼，简直不是愚蠢透顶就是疯了！谋士们表示：要去大伙都去，要自杀大家一块赴难，黄泉路上也有个伴，曹州牧想欲独自先行，不干！这时文士们的确真心趋义，愿相随曹知己于地下——士为知己者死吗！

第二是武将关难闯，这活委派哪位将领都行，还用得着主公亲自出马，以身犯险？莫非是俺这一帮人里挑不出一个不怕死的？士可杀不可辱，将更可杀不可辱！抗议！除非是你派我去！能替曹操涉险赴难，绝对的狭窄的空当！当然都是真心诚意。

说服文臣们曹操仅用了一句话："此计不妥？请出妙计安之！"是啊，这行不通，那不稳妥，总得拿出个走路的办法来呀，就这样坐着等死？知道坐以待毙怎么解释了吧？谋士们哑了，心里唯盼曹操带自己同行，于愿足矣！

应付武将们曹操也是只用了一句话："诸将军如哪位自认能在袁术目中代替曹某，曹某求之不得，愿让位于大才！"这句话虽然说重了，有点伤武将们的心，尤其是面子，可也是实情：你想让袁术倾全军对付你，够分量吗？肉包子打狗，人家要是领头的狗王不瞅你，派个小狗崽把你给叼了去，那才是割肉饲鹰呢！

事情就这样决定了：曹操带典韦引一万铁甲重骑及防弩车仗直击袁术中军心脏，一旦占据有利地形即扎寨固守待援，战役目的为吸引敌军前来围攻，只要能达到使静止的敌军处于运动中即算成功，至于后事如何，只有等到了那个下回再分解了。

李典、夏侯惇各领轻骑二万从两翼远远迂回敌军后方，战役目的为切断敌军的后勤供应，佯攻袁术的辎重部队可以，真打不行，只要能调动敌军重兵救援，就算大功告成，此两支轻骑的运用妙处在于：发现敌援要佯装溃退，能让敌军保持在运动中的攻击状态就是功上加功，要点即是让敌军攻击的距离越长越好，前进的速度越快越好。

至于曹洪、夏侯渊、于禁、乐进等诸将，每人引兵一万，分头攻击袁术大军的两侧，战役目的为惊扰敌军，能使敌军动起来就达到了目的，这是青州军的主力，现在却被派上了疑兵用场，笔者不得不感叹曹操对兵无常势、水无常形的理解及运用。

从围困匡亭的部队中悄悄集结三万人马，布于匡亭与主战场之间的险要之处，刘详的部队如出动，则以伏击刘详军为主要作战任务，刘详军若仍然坐城观虎斗，该军则是青州军的总预备队，由郭嘉掌握，到时候根据战场形势机动。

那置敌于死地的一刀在哪里呢？

杀猪捅屁股，各有各的宰法

袁术的"御驾亲征"的确当得起一个"御"字，其实他比现在的皇帝威风多了，咱们的小皇帝即将要返回故乡，比丧家之犬还要丧气几分。袁术则是比皇帝出宫还要辉煌几分：

三万铁甲开道，两侧各五万步骑混合部队，再加上后卫的两万重装备战车步兵，用了一半兵力给袁术筑成了一座移动的钢铁与血肉混合方城，外围是真正的铜墙铁壁，坚不可摧！

若有恐怖分子万一混进了这活动城堡怎么办？那他就算是把自己的脑袋塞进铡刀口里了，三万弓弩兵正等着他呢，后面还有随时准备出击的两万近卫部队，那可是精锐中的精锐，长枪大刀戟斧剑，杀人的家什一应俱全，你说，有多少脑袋能让他们砍得手软？

袁术的中军更如同一个巨大的钢铁保险柜，数千死士构成了袁术的最后一道血肉屏障，这些战士都洗过脑的，个个都能用自己的生命捍卫袁术的安全，即使非战时也是发双饷的，养兵千日就等用在这一刻了。

至于袁术的贴身宿卫就更不用说了，几百人平日都是拿着蜜水当白开水喝的，干脆这么说吧，生活上和袁术简直是一样的待遇，为什么要加上"简直"二字呢？因为袁术周围的小姑娘多，这点儿宿卫们比不了，那活路严重影响身体健康，袁术是舍不得让他们干的。

可能有古代的战史专家要给笔者挑毛病了：有这样把三十万大军列阵打仗的吗？这是标准的等着别人来打的阵式啊，别人如果不来攻击怎么办？二十万大军挤成一坨，光是开饭也是个大问题啊，大小便都能把主帅给熏死！

别急，这个砣可是个大家伙，黑压压方圆百里，大军行过之后，田野支禾无存，逢山开路，遇水搭桥，沟坎崖豁但经部队踏过，便成了无边无沿的大场院，小青年上去溜旱冰都绝对没有问题，至于开饭的问题，那是袁术部队中火头军的工作。

　　说到战役列阵问题，其实这正是袁术的高明之处：不求主动进攻，但求稳步推进，只要到了匡亭城下，就等于胜券在握。对曹操的战法，袁术向有所闻，曹操善于奇袭，胆大非凡，部队一旦集结稍疏，只怕将使曹军有机可乘，如此结阵，等大军抵至匡亭，两翼部队马上迂回包抄，自己正面的三万铁骑、三万强弩、加上两万内卫精锐堵住青州军的退路，就基本上将敌军三面合围，再加上匡亭城中的刘详及时出动，曹操即使插翅也绝难逃脱！

　　再说了，据刘详战报，青州军业已死伤惨重，精锐部队想必在攻城战中损耗甚大，再说新收编的黄巾余寇，能有什么战力可言？一经被围，后有大军欲噬，前有坚城难克，不作鸟兽散又能有何为？

　　这一战袁术要安社稷、定乾坤：灭曹之后，回军擒兄，北征公孙瓒于幽州，东摧徐州之陶谦弱旅，荆州刘表必然望风而降，那时集中国之雄师，挥戈西向，小皇帝不让位谅也无地可残喘，九五大位，舍吾其谁？

　　这袁准皇帝正于中军帐中想象着自己登极时的威风，品咂着做皇帝的幸福滋味，却有人大煞风景地前来急报紧急军情，恨得袁术直想当场宰了这个不识时务的家伙，惊了当皇帝好梦的人确实够可恨的。

　　"禀主公，有万余敌军趁夜色从我前军与左军的接合部潜入了我军防区二十里，内卫军正竭力抵挡，但来敌甚是剽悍，人马俱披重甲，现已被他们占据离此十里的一座土山，前军无军令不敢回马歼敌，左军无将令不敢分兵侧向，请主公定夺。"

　　"嗯？何人领军？"

　　"月黑天暗，不能细辨。"

"命内卫弓弩将其围住即可,待天亮时再作攻杀,其余各部不得妄动。"

"得令!"

袁术犯开了猜思,曹操这是干吗?送一小股人马来让我吃掉?以试探我的军情部署?还是来测探我军的战力?不会愚蠢到凭这点兵力对我实施"斩首行动"吧?

正疑惑之间,部属又报:内卫军抵挡不住来敌推进,正缓缓退守中军。

这还了得?待我亲战!还未披挂,一振奋人心的绝好消息报来:借箭矢流火之光,有人认出了敌军的指挥大将,正是青州军主帅曹操本人!袁术问:不会错?谍报答,认出的人是曹操的同乡,不会错。

袁术马上来了精神:传我将令,重赏这位认出曹操的乡亲!

哈哈!曹操啊曹操!天堂有路你不走,地狱无门尔自来,没想到我竟高估你了,取尔头颅,就在今日也!

当机立断,紧急飞骑传令:右翼向中军靠拢;前军左军各留万人对敌警戒,全部主力围住深入之敌,内卫部队全部随我出动,今天本将军要亲斩曹操!

曹操,曹孟德,曹阿瞒!明年的今日即尔周年也!

入虎口是为了拔牙吗

天大亮了,军情连连报到前线的袁术处:左右均未发觉敌军有大的行动；前方约有青州军步兵的万人，正与留守的我军重骑前锋在进行拉锯战，骑兵领军校尉几次请示出击——毕竟防守不是骑兵的长项——都被袁术阻止了，胜负的要点不在前方，就这样纠缠下去最好，只要攻下了被自己重兵围住的小土山，以后的仗就不用打了，那是青州军的脑袋，曹操在那儿呢。

重兵围向进攻中的曹操军时，曹操及时地撤回了小土山，并且以难以置信的速度伐树扎了简易营寨，由于占据了居高临下的地势，袁术军的骑兵派不上用场，仰射的箭弩比不得曹军俯射的射程，少许的火箭一时引不着曹操鲜树扎的营寨，组织了几次敢死队了，都死光在曹营寨前，攻坚战一时陷入了胶着状态。

只是有一点令袁术兴奋，那就是确认了被围困的敌军中确有曹操本人，两人甚至还搭上了话，袁术劝曹操认清形势，及早投降；曹操劝袁术尽早撤围退军，以免全军覆没，嘴官司打不下去了，就在攻守上见分晓。从目前的情况来看，暂时谁也无法奈何谁，但总的形势无疑对曹操不利，毕竟被袁术围了个水泄不通。

对曹操来说，目前的战场态势正是计划中所追求的，现在就等着一样事了，等着袁术围自己的主力调动南退的时刻，袁术的主力会退吗？那就要看李典与夏侯惇了，对自己的这两位亲信将领，曹操是无比信任的，自己决定实施这个近似于疯狂自杀的作战方案时，其实就等于将自己的性命交给了这两位勇谋皆出彩的将领。

终于等到了，袁术的大军开始了明显的调动，不对！精锐的内卫军顶到了前面，虽然大部骑兵已南进，估计是李典与夏侯惇的战术行动有了效果，但袁术的主力很显然地没有被调动，曹操现在仍然被十余万敌军围困并攻击着。

　　此时的袁术，已经得到了辎重部队遭到敌军骑兵突袭的消息，他非但没有惊慌，反而觉得一块悬着的石头落了地，一直对曹操的行动不理解的迷惑现在有了答案，原来如此，不就是点辎重吗？全丢了又能如何？只要干掉你曹操，还怕抢不回来？俺现在是要命不要财，认清了你的那点蹩脚伎俩，反而更放心了，不好攻，困也要困死你，不信你的兵马不需要吃饭。

　　话虽这么说，辎重部队还是要去增援一下，毕竟自己的部队也要吃饭，总不能与被困住的曹操比谁耐得住饥渴吧？于是前锋的两万重骑被派向了后方，怕不保险，又从左军里面抽出了三万部队，同去增援后方。但这些都与你曹操的生死无关，你还是脱不了困，提不走脑袋。

　　曹操现在心慌了吗？没有，这也是他预料的几种形势之一，曹操是何等人？这种大战岂能不预备出现万一的后招？勇将曹仁的两万精骑，此时就隐藏在与袁术军前锋进行拉锯战的后面，一旦出动，将是一把利刃，直刺袁术的——不是，目标不是袁术。

　　前面给大家出的考题马上就要揭晓了，那就是究竟青州军把自己最致敌军一命的利刃藏在哪里啦？先说一半，并不是曹仁的部队，曹仁部队的任务还是吸引、牵制袁术。

　　算了，不吊大家的胃口了，揭开这个谜底吧，大家可以在心中对照一下，看自己是否猜对了，如猜中，那你也称得上半个曹将军。谜底：那把利刃就是曹操自己！

　　就在袁术盘算如何一举攻下曹操占据的土山时，只见匡亭方向的前线，鼓声大振，号角相闻，不多时，只见一支彪骑如同铁篙划开了水波，直冲曹操的小土山而来，自己的铁骑纷纷避让，未及避让者无不落马，领军大将，直如同恶煞现世，魔鬼再生，一柄砍刀一经挥动，马前即滚落一颗人头，己方数骑同时迎敌，竟然未能稍滞此将片刻，左右马上告诉袁术：这便是曹操手下第一勇将曹仁是也！

袁术明白了，曹操等待的就是这路最后的援兵，灭了他，或者阻住他，曹操就彻底完了，活无望矣！随即指挥强弩硬弓，如同泼雨一般射向曹仁的骑兵部队，接着令旗挥动，将自己的内卫精锐围向曹仁而去。

眼看自己的内卫精锐与那曹仁交上了手，那曹仁肯定冲不过来了，谁知被围的土山上突然木寨齐倒，如同天崩地裂般的一片呐喊，大队铁骑居高直冲下山来，啊？不好，竟然是直冲自己来的！

袁术心中不禁冷笑，黔驴技穷哉！就我这数千近卫死士护卫在前，你能奈我何？终于在高坡上待不住了？那就平地上打个歼灭战吧！所有步骑军向中军靠拢，趁敌军与近卫厮杀时，合围曹操于旷野，这场大戏也该落幕了！

眼看着曹操一马当先，勇将典韦双铁戟护卫左右，直奔袁术而去。袁术心中大喜：曹操，你再快些，快些送死来吧！

曹操也是另类水利工程师

水有常形？大概又有朋友说笔者在擅改祖宗的兵法了，那可怨不得俺，是曹操改的，在制订这打援的作战计划的时候，水有常形就是曹操计划里的一部分，水无常形是因为少了堤坝约束它，约束不住可以开条河渠疏导它，这就是曹操这次作战的主导思想。

要是还有朋友不明白，笔者就打个比方：现在袁术的三十万大军就如同没有堤坝约束的洪水，眼看就要泛滥成灾了，曹操的十五万青州军（围匡亭城的五万没算在内）就是欲圈住洪水的堤坝，如果是曹军的兵力强盛，那就是堤坝高于泛滥的洪水，现在曹操的青州军处于弱势，那就是欲用三尺高的堤去围阻七尺高的水头，是没有办法拦住的。

怎样才能使袁术的大军——这汹涌的洪水成为有规矩的常形呢？前面我们知道了，欲使水有常形除了加固堤防外还有一个办法，那就是疏导。

上古史载，大禹的老爸就是因为只知道教条地筑堤围阻洪水，结果越堵越泛滥，事倍了功却连半也没有，被舜砍了脑袋！

大禹接了老爸的班，使用了开河引洪的疏导法，成功了，舜给了禹所能给的最高奖赏：把自己的天子位子让给了禹。

曹操现在就是把自己所有的兵力都用来做疏导工作的，马步三军怎么疏导？看下去就是了，比疏导泛滥成灾的洪水还要容易，用不着像大禹那样苦干很多年，三过家门而不入。

曹操率典韦等一万重甲骑兵冲下据守的土山，直奔袁术的中军而去，袁术急调全军主力向中军集结，欲使用狮子搏兔的战术一举吞掉曹操这只肥嫩的兔子，哪知这只兔子却是肥而不笨，及到饿狮嘴边，突然转向南窜，竟是直扑袁术派出去增援后方的部队，哪里走！雄狮发怒，猛追狡兔！

就在此时，四方飞骑紧急来报：不知多少支青州军马，同时来攻，由于周边的主力被抽调，实在抵挡不住人多势众的青州军。

袁术觉得头大了，隐隐感到今天的战事有些不妙，怎么战局的每一步发展变化都出乎自己的意料呢？脑子里只剩下了一句话：我要胜！我要胜利！目光中仅剩下了一样东西：曹操及他那一万骑兵的背影。

追上去！灭了曹操！所有的战局都塌了架也没关系，只要咬住你曹操！

其实，如果现在的袁术能保持哪怕一分理智，也不会做出率全军向自己的后方追击的举动，因为只有周围的几百人知道你是在追歼敌军主帅曹操，九成九以上的士兵与将领都是本能地跟着主帅向后逃跑，而且身后还有不知多少的敌军追着自己掩杀，稍慢一步，头已丢去，大部分人心里已确认：自己的军队已经败了！

仗打败了的时候怎么办？逃命去呀，跑不动了的怎么办？投降呀，总比被人砍了脑袋舒服点吧！一切顺理成章，袁军降卒一眼望不到边了。

袁术假如冷静一些，重新收兵结阵固守，也就是个不胜不败的战局，就算损失了八万辎重部队，最多也就是个小败一场，重新开向匡亭，只要能与匡亭的刘详会合，也绝对掌握着战略优势与战役主动权，可惜——可惜世界上从没有卖后悔药的，战场竟成了这种局面！让我们乘架直升机往下俯瞰：

最西南方：袁术的八万辎重部队，那也是相当有战斗力的部队，虽遭到了李典与夏侯惇两支轻骑的袭击，也只是略有小损，很快就形成了大纵深的防御体系，由于在对阵器械上占便宜，局面上并不处于下风。

由于增援部队的及时到达，李典与夏侯惇很快闻风而鼠窜，袁术军十几万人集结到了一起，士气大振，自然要奋勇追击。

后面跟着的是曹操率领的万余重骑，中间的袁术部队认为是来救前面的敌军脱险的，所以仅分出一小部分兵力来阻击敌援军，追击的速度并没有缓慢多少。

再后面是袁术大军的主力，开始是追歼曹操的万多骑兵，后来就变了味道了，袁术主力仅有最前面的一部分是在追击敌人，其余的是在逃命，啥时候想杀人的也跑不过怕被杀的人呀，很快逃命的就超越了打仗的，袁术开头还很得意：看，咱的部队素质怎么样？作战时争先恐后，想是俺教育有方！

后来就看出来不对头了，怎么光跑不打呀？

最后面是青州军的主力，全是万人队，掩杀追击的速度也不算快，接受投降、安排战俘太繁重了呀。

看清楚了吗？笔者这架直升机巡视战场的速度也挺慢，应该能看得明白。不就是像接力赛的赛场跑道吗？你追着我，我又追着你，好一场马拉松大赛！是不是更像被疏通到河渠里的洪水？水流畅了，就停不住了！

不知道啥时候最前面李典与夏侯惇的两支轻骑跑得没影了，跑得就是迅捷；原来排在第三序列曹操的重骑兵也趁乱退出了战场，马力有限，不能继续跟着没完没了地跑下去了，疏通引导的任务已经完成，也没有必要陪着熬到黑天了。

已经争到了赛跑第一位的袁军正欲歇息马力，搜索青州部队的溃军，谁知后面拥上来了真正的溃军，无边无沿，漫若洪水，直听到处在喊：

"快跑啊，前面让个路行吗？你想死老子还不想死呢！"

溃军的洪水把前面的袁军给淹没了，大家现在身份都一样了，都成了溃军，这溃军中间也包括被几百宿卫死士保护着的袁术，袁术现在已经变成了个木头人，大脑几乎停止了运转，里面就剩下了一句话：

"咋会败了呢？"

狼走千里为吃肉

像袁术这样的人，你说他是勇冠三军呢，还是谋略超人呢？都不是，还不是因为扛了块上"四世五公"的牌子，便能执掌一方军政大权了，但血统毕竟代替不了血气，基因增加不了智慧，遇上了不屑他那块"四世五公"招牌的曹操，他也就只能逃命了。

说明一下，逃命行动最开始袁术绝对是被迫的，后来就是充分发挥了个人的主观能动性，那曹操的青州军现在已由肥兔变成了饿狼，而袁军则稀里糊涂地从雄狮变成了绵羊，不抓紧主动逃命，你说怎么办？别站着说话不腰疼，有胆量你到溃败的乱军中体验一下生活。眼下的情景正是：

乱战一天，暮色苍茫；三餐水米未进，四面箭矢如蝗；人马奔窜之眼底，喊杀声不绝于耳旁；举首只见得人涌，低头更忧虑马殇；恨曹贼乱战抛弃道义，怨自己为何不生翅膀？真个是英雄多歧路，最痛心无处话凄凉；更无奈将找不着兵，却愁煞兵找不着将；念天地之悠悠，独怆然而涕淌；一个个，泪汪汪，哭爹的哭爹，叫娘的叫娘！

好不容易被残兵裹挟着逃到了封丘，一顿安稳饭没吃完，曹操的青州军又到了，眼看封丘就要被围成死地，趁还有没来得及围严的空隙，再溜吧！一口气窜到了襄邑，谁知一口气还没喘过来，那曹操竟又尾随而至，袁术的军队再也不敢与曹操打了，军中将士已谈曹色变。

惹不起还躲不起吗？去太寿！这曹操竟像苦追着一群温柔的绵羊的饿狼，也跟着扑到了太寿，怎么办？既然甩不掉，那就拼一场吧！太寿城高池深，你曹操除非生了翅膀能飞进城来！

太寿城高池深的确是真的，曹操的大军围城之后还真有点望城兴叹，城市攻坚战不是青州军的长项，骑兵用不上，步兵爬城也需要付出极大的伤亡，还不定能否登上城头。围困吧，曹操所携带的粮草又支应不了多长时间，本来是出来猎羊、夺地、打食的，假如在这里被耗尽粮草给饿回去，那前面的一串胜仗就算白打了。

曹军只能速战速决，容不得旷乎日久，可袁术现在就像老鼠进了洞，缩在城里死活不出来，你能拿他怎么办？莫非还能像灌老鼠洞一样把这只大老鼠给灌出来？

灌？对！曹操被灌老鼠洞的想法给启发了，太寿城墙虽高而厚，却是一座土城，再厚的土城墙也经不住水冲啊，你不是依仗着太寿城高池深吗？咱就用你的池深破你的城高！

翌日攻城开始，青州军三面虚攻，一面真干，大量的云梯集中在了地势最高的西城，士兵手持盾牌将登城云梯架得层层叠叠，密密麻麻。袁术亲自赶到了西城楼，开始还有些怯意，待青州军的云梯一架上了城墙，袁术不禁哑口失笑：原来曹军所有的云梯没有一架能够得上太寿的城头的，太短了，最长的云梯架好后离城头还有三尺，就算是没人守城也绝对没有人能爬上来。

水灌耗子洞

青州军作战也太教条主义了，竟然不顾战场的实际情况，云梯还是冒着箭雨檑木照架不误，而且是长短都架在了城墙上，短的在下，长梯在上，一层又一层，像是在借着城墙在搭一溜水的房子，士兵们也在开始顺梯爬城。

袁术暗叹曹操野战内行、攻城外行，索性传令守城将士停止射箭掷木，且看他怎的飞上城来？果然，登城的青州军士兵爬到了梯顶便立刻傻眼了，只得蹲在木梯上以盾牌护住自己，动弹不得，好似一只只的傻鸟，更可笑的是，大量的傻鸟还是继续上了云梯，继续往上攀爬，爬到上面的人的脚下，又动弹不得了，可是下面的还是照爬不误。

袁术不禁心里一阵阵苦酸！自己怎么会败在这样一帮傻兵手里？太冤枉了，没听说过曹操傻得这么可爱呀！他不禁对这些傻兵动了恻隐之心：

被洗过脑的人们太可怜了！

慢慢地，袁术感到了不对劲，他发觉那些可怜的傻兵不见了，仅是把盾牌不知用什么绑在了云梯上，人看来早从云梯下面溜走了，而一层层绑了盾牌的云梯既不怕箭又不怕石，扔几根檑木下去，也就是颤几颤，连火把都奈何它不得！

袁术突然明白谁是傻鸟了！

这个世界上最傻的人，其实正是内心认为别人都是傻鸟的人！

眼看着青州军在自己的眼皮下搭了一片极大的房子，宽搭满了整个西城，长搭过了护城河，曹操想在这大房子下面干什么？不好！青州军在掏城墙！

一转念，袁术心里又乐了，掏城墙？也亏你曹操想得出！知道这城墙是用什么材料怎么做的吗？是用米汤为浆夯实的，我借给你家什，管你饭食，再提供茶水，你一个月能打个小洞吗？

看来领导闭着眼瞎指挥害死人啊！

袁术一面感叹曹操的愚蠢，一面赞叹自己的聪明，吩咐左右中午在西城上摆宴，喝着小酒，欣赏着别人的愚蠢行为，应该是世上最幸福的事情！

他甚至有了把曹操请上城楼饮几盅的想法，要是你曹操敢来该多好！俺袁术保证让你胆战而来、尽兴而归，哪会舍得杀了你？

有时候，敌人也能给自己送来快乐的。

快傍晚了，袁术心里想象着两个月后的情景：太寿城墙被曹操千辛万苦地掏了几十个小洞，士兵爬进洞里企图进城。守城的士兵早就在洞口举刀等待，爬城墙士兵刚在另一面露头，就被守城的士兵挥刀砍了。露一个头，砍一个头，伸一条腿，斩一条腿，要是有先伸手的呢？

手莫伸，伸手必被捉，我和众将在监督，众目睽睽难逃脱！

算了吧，血淋淋的怪残忍的，还是用水灌吧，来个水灌老鼠洞！不行！土做的城墙，水会把城墙给泡塌了的。

想到此，袁术激灵灵打了个寒战，袁术突然醒悟！曹操不是在掏城墙，是在挖河，在把护城河与城墙挖通！大水一旦到了城墙，此城休矣！

"水！水！"袁术大声惊呼。

好像是在响应袁术的呼唤，西城内几乎同时喧起了一片惊呼："水！水！大水进城了……"

袁术这次反应极敏捷：完了！曹操的引水入城工程完工了！

啥也别说了！大势已去，走为上策吧。三十六计确为高人所著啊，幸亏俺将这最后一条练习得极熟，甚至都熟能生巧了！

于是乎，袁术仅带部分亲兵，少量部队，趁夜色朦胧，窜出太寿，逃往宁陵，自己的羊群小多了，可后面的狼群却渐大了，并且扑过来的势头越来越猛，羊群刚到宁陵，狼群紧跟着就围了上来，没奈何，继续撒丫子跑吧。

残部一口气直趋九江。

这次曹操没有做赶尽杀绝的工作，离兖州老家太远了，一旦根据地有闪失，曹操大军将退无所据，只能让这位"四世五公"的后代继续招摇撞骗几天了。

又谁知就在曹操一连串的军事胜利之后，却被胜利冲昏了头脑，犯下了一个让时人绝不能原谅的大错！此一错埋下的祸根，险些将他半生的心血毁于一旦，甚至连性命都差点赔了进去！尤其是在政治上、道德上，恶劣影响竟延续到曹操身后，直到今天，肯定还会延续下去。

这大错起因于一件意外的惨案！

招摇钱财引来的灭门之祸

　　曹操的老爸曹嵩被强令从太尉的职务上退休好几年了，虽然临不干被汉灵帝坑了一亿铜钱，但也没伤筋动骨（这家伙贪了多少?），剩下的金银细软也是海了去了。

　　攒钱无非是为了享受，可是现在琅邪的消费环境实在是太差了，洛阳街面被董卓春天里的一把火给烧了个茫茫大地真干净，娱乐场所的基础建设也不是一时半刻能恢复的，已成废都。曹嵩果断地决定换地方消费钱财，找自己的儿子去!

　　初平三年（192），曹嵩和曹操的兄弟曹德带了一百多辆车的行李与金银财宝由琅邪去兖州，过于招摇了点，不过也可以理解，如今看到儿子曹操名副其实的强爷胜祖，换了谁也会这样，至于招祸? 以曹操此时的军事实力与威名远播，些许毛贼，敢来招惹吗?

　　是的，小毛贼兴许不敢，可他老人家偏忘了：中国最不缺的就是穿兵服的大毛贼，兵匪难分，古来有之。

　　曹嵩率领的金银财宝游行车队一路招摇，浩浩荡荡开向兖州，你别说，曹操的招牌比那绿林瓢把子的令箭还管用，只差敲着梆子喊"平安无事"了。老爷子也不当真赶路，一路携美妾游山玩水，不亦乐乎。

　　需要提一句的是，东汉时好像与唐代差不多，女子以肥为美，曹嵩的小妾就绝对美出了不止一个重量级，当然，也可能这仅是曹老爷子的个人爱好。

当游行到陶谦的辖地琅邪国与泰山郡的交界处华县时，陶谦的边防战士一看来了这么大的一块肥肉，哪里还顾及官军的身份，毫不犹豫地脱下了军装扮演起了强盗。

守备此地的军头是归属陶谦领导的都尉张闿，据《三国志·吴书》记载，陶谦事先已经专门做了叮嘱，要热情接待曹操的老爸。《三国志·魏书》及《世语》中则一口咬定：扮强盗围捕是陶谦一手安排的。

笔者认为还是中立的吴书可信性较大些，理由很简单，身为一州之牧的陶谦，怎么会愚蠢到为了一点私财去树曹操那么个强敌？但治下不严的领导责任是免不掉的。

那张闿起了歹念，率部越界袭击了曹嵩下榻的宾馆。曹嵩慌忙从后院挖墙洞逃跑，不想他的小妾身体太肥，堵在洞口进退两难。官匪们冲到后院，曹嵩当场被杀。同时丧命的，还有曹嵩的小儿子、曹操的弟弟曹德。

张闿携财逃亡了，曹操却不追捕张闿，一口咬定陶谦是杀父仇人，实是孝子之意不在父，而在乎于徐州钱粮也！

那么，徐州该打吗？这次战争的得失对曹操真的有利吗？

用脚后跟都能想明白的借口

把袁术赶得像绵羊一样到处避难的曹操现在腰杆子硬了，喘气儿也粗了，名气则更不用说，威震华夏！如日中天！这时候他

299

已率大军回到定陶，开始物色下一个猎物。他已经不能满足于镇守一州了，中国是个广阔的天地，他曹操是可以大有作为的。

曹操现在考虑的是扩充地盘，凭兖州的一州之地是养不起现在的三十万大军的，在天下大乱的年月来个百万大裁军不现实，精兵政策如果实施的不是时候就会招来大祸，在生存竞争愈加激烈的野生环境中，自己弄不好就会成为别人的点心。

挑起战端无可厚非，生存需要嘛，问题在于选择猎物上，曹操圈定的目标是徐州的陶谦，也是该着陶谦及徐州的百姓有此劫难，前文说过，一件谁也无法预料的事件，给了曹操一个发动战争的冠冕堂皇的借口。

曹操的老爸及全家在陶谦的辖区里出事了，全家被灭门，所有财物被打劫，这件事情的来龙去脉笔者前文已讲述，现在再分析一下曹操兵发徐州的真实原因：

一、站错了队。在二袁哥俩相斗的战争中，曹操支持的是连他自己都厌恶的哥哥，而徐州陶谦声援的是实力稍弱的弟弟，这是政治立场的大是大非问题，绝对不能原谅。

二、徐州富裕。匹夫无罪，怀璧其罪。军事实力相对稍弱的陶谦，竟然占据着这么富的一个大州，凭什么？那就像一个十来岁的孩儿看守着一份家产万贯的祖业，不抢你抢谁？

三、打仗方便。兖州徐州唇齿相挨，大军朝发夕至，谁让你给俺做邻居呢？不拿你开刀难道还要我远征长安的西凉军去不成？

曹操唯一没理睬的就是政治上的合法，道义上的愧疚，陶谦是被朝廷任命的合理合法的州牧，而这个朝廷是一直被曹操承认的中央政府，你没有得到中央指使，擅打邻州城池，与扯旗造反有何区别？

在二袁狗咬狗的撕架中，陶谦惹不起袁术，出兵做做样子，实是无奈之举，实际上并没有与袁绍或曹操真开战，所以并无血仇；徐州富裕那是因为陶谦执政有方；而且陶谦本人向来以清廉知名当世，深得徐州百姓的爱戴。城池、粮秣与舆论、民心孰轻孰重？

至于曹操所打的为父报仇的旗号，那是根本站不住脚的，凶手还不知道是谁，你先起兵报仇，就算灭了陶谦，那真正的凶手岂不是要乐歪了嘴，就算缉拿凶手也要先找罪魁祸首吧？哪能闻凶信就想当然地认定陶谦是幕后主使？

所以说，即使没有曹嵩全家的意外事件，徐州也是免不了兵祸的，攻击徐州是曹操的既定方针，问题在于这个决策对吗？对曹操的事业发展是利大于弊，还是弊大于利？

虽然有大秦远交近攻而称霸的成功案例，但此一时、彼一时，四邻州郡并没有拿曹操当作敌人，徐州战端一开，四方无不心惊，为求日后自保，家家扩军备战，播下了迫使曹操戎马一生而难竟全功的种子。

日后的荆州刘表离心纳刘备；刘备对曹操一再示好不屑一顾；对曹操曾有大恩的发小张邈不惜与曹操反目成仇；对曹操入主兖州起过决定性作用的陈宫倒戈相向；以致后来孙权的坚决抗曹；甚至延续到今天的奸贼形象，其实都是从曹操这次轻率的决策开始的。

那曹操应该做出的正确决策是什么呢？这点是仁者见仁、智者见智，连大才如荀彧、郭嘉、程昱等都难以出谋，笔者又何以敢妄言？但作为后代人，有一点敢于向曹州牧建议：首先巩固根据地，把后来的屯田政策提前付诸实施，再往后还真应该远征长安，最起码能落个得道多助。

自然是笔者站着说话不腰疼，那三十万部队不用笔者出粮饷养着，所以才敢隔两千年纸上谈兵，也未必就谈对了。曹操没听笔者的，出动大军杀向了徐州，揍人的理由不仅是为父报仇，因为仅凭此借口有公报私仇之嫌，于是又加上了一条更加荒唐可笑的理由：陶谦勾结造反称帝的阙宣。

这个连用脚后跟一想都能明白的借口，竟然被堂而皇之地记入了《三国志·魏书》正史，实在令人们对当时的官方语言产生了怀疑。

《后汉书·陶谦传》中说，陶谦与阙宣合从不久，就杀了阙宣，吞并了他的徒众。事实是，陶谦从阙宣开始造反的第一天，便开始对他讨伐，很快就击败了他，并将他杀死。阙宣从造反到战败被杀，前后不到一个月。

《后汉书·陶谦传》大部分是从陈寿《三国志·魏书》中抄来的。《三国志·魏书》是魏朝史官留下给晋朝的官方记录，魏朝史官大概对陶谦有着不得不向坏里说的苦衷，因为陶谦是魏朝开创者曹操的敌人。

不过侃史的不侃政治，论古代不论今天，还是看笔者给您详述曹州牧如今的兵威！

腥风血雨屠徐州

曹操的"代天讨逆"大军出动了，事情就是这么荒唐：一个自封的"领兖州牧"替不承认自己的朝廷出兵了，讨伐的是朝廷自己的州郡；事情还就是这么合理：一替国家平叛乱；二替父报仇。其实心里的话是：你政府不给我发军饷，还不允许我自己筹集吗？

曹操没地方找汉奸兵去打，所以只能坚持两点：谁有粮打谁；谁实力弱打谁。但只顾得眼前利益的曹操却从此埋下了一个大祸根：原兖州的官员、部队、士民自此与他们请来的州牧离心离德了，鸿沟一旦形成，再无填平之日。而曹操此时却想当然地认为：自己替父报仇是孝顺的最高表现形式，当然站在了道德的制高点上；劫掠徐州是替兖州的人民省军粮，兖州人民应该欢欣鼓舞地感激自己才是啊。

初平四年，曹操大军东犯徐州，兵锋所至，摧城如踏弱枝，但凡破城，所有会喘气的一个不留！徐州相对其他州郡原是一方尚属和平的乐土，各县城挤满了躲避李、郭战乱的百姓，谁想这下等于逃进了一架巨大的绞肉机。其实曹操心里有数：不杀光了你们，粮食如何省得下？财物如何抢回兖州？莫非还要留下将来找我报仇的人吗？

待边境急报传到徐州时，十余座城池已尽属曹军了。此次战事青州军的目标很明确：以杀人、劫财、夺粮为第一要务，所以导致大军过后，十室十空，官仓府库则更不必说，大批幸免于难的百姓拥向了彭城，那里是徐州最大的粮仓，百姓逃过来是为了求食保命。

曹操的中期战役目标也是彭城，不吞下这块肥肉曹军难饱，至于徐州境内的百姓，那不是他曹操考虑的问题，要是你陶谦把徐州牧让出来吗……那另当别论，现在还没到我曹操有这个闲心的时候。

陶谦无奈，只得尽起徐州主力，开向彭城，为救徐州百姓，只有在彭城与曹军做殊死一搏了。曹操闻听军报，不禁大喜，能在彭城解决了陶谦，一来青州军有食，二来又避免了徐州攻坚，实是送上门来的大好事，于是便尽起二十万青州大军，直趋彭城。

大战即将来临，徐州军有两个作战方案可供选择：一是凭借彭城的城墙高大坚固，军粮充足，依城固守，曹军人多势众必乏粮，只要能顶住曹操的前几轮攻势，可以说战争即胜利在望，待曹军无粮被迫退军之时，徐州大军出动掩杀，必可稳操胜券；二是依托彭城为后据，大军屯于城外，以逸待劳，等曹军疲师远来立足未稳之时，及时出动对其实施打击，此方案胜负当在两可之间，好处是就算不胜还可以退守彭城，继续执行第一方案。

陶谦没来得及过多地斟酌，便采取了第二方案，理由很简单，就算彭城能守住，城外的老百姓怎么办？若全部撤进城内，万一城破，彭城便成血海，因为曹操早已颁布飞檄：凡城池被围之后而降者，破城之日，也即屠城之时，无论老幼，格杀勿论（那意思是，就算降了的也不免被屠城）！

趁曹军未到，陶谦做了两件事情，一是紧急疏散城中及四乡百姓，大部动员逃往郯城，并且派了军队车仗沿途护送；第二件事情嘛，是徐州军的绝对机密，现在笔者还不能透露，不过正是这第二事情救了徐州，也救了陶谦自己。

青州军开到彭城时，陶谦已尽率徐州军全部主力在城外列阵以待，未等青州军前锋回过神来，便全线出击，摆明了一副拼命的架势。曹操的前军猝不及防，竟被徐州大军一下冲乱，片刻间便被分割包围，围住曹军的徐州军将士，早已风闻此次来犯的曹军军纪极为败坏，抢杀奸掠，无所不为，现在到了替本州百姓报仇之时，岂不人人奋勇、个个争先！片刻间便如同砍瓜切菜一般，将曹军的前锋部队一戮而尽，领军的曹仁拼死杀出一条血路，逃往后方。

陶谦看到自己的部队初战得手，心中大喜，原来闻名天下的曹操不过如此，随即挥动令旗，出动了后续部队。徐州军士气大振，曹操的青州军毕竟长途跋涉，立足未稳，一时难以抵挡徐州军的锐气，只得且战且退，弄得主力大队的阵型也一时零乱。

曹操闻报，率中军精锐赶上前来，欲要稳住阵脚，却见曹仁单人独马，衣甲凌乱，浑身是血，逃进了青州军的主力大队阵中。

难定胜败的彭城大战

却说陶谦指挥着徐州军不依不饶，竟直追了上来，紧随着鼠窜的曹仁扑向了青州军的主力大队，致使青徐二军在没有任何准备的情况下陷入了混战之局。

一切都出乎了两军主帅的预料：陶谦没想到胜敌人前军是这么的干净利落；曹操没想到陶谦会来这么一手，徐州军竟然能困兽犹斗。

曹操久经战阵，看见徐州军迎面扑来的架势也不禁暗暗心惊，一个个血红着眼，不顾伤亡，直向前扑，就好像谁杀了他老子娘似的。可不是吗？参战的徐州军士兵，大多都有自己的亲属、亲戚伤亡于曹军之手。正是仇人相见、分外眼红！

战场上的曹操永远是冷静的，他一面发出一道道命令，派出陆续赶到的生力军投入混战的战场，一面估计着对方的凶猛攻势还能持续多久：看似无穷无尽，攻势如同浪潮，一波接一波，一轮比一轮汹涌！但实战中历练出来的青州军也非同凡响，虽势头不如徐州军，却也稳步后退步步为营。

一场不分阵势的血腥大战，直杀得天昏地暗，日月无光，接触敌人的唯一目的就是杀死对方，至于自己是否被杀，没有人思虑这些，人们已经被血腥味给熏疯了！被砍掉一条腿的士兵倒在地上也没忘记给对方的腿上也来一刀，都躺下来拼命吧！

这时候就看双方主帅的战场临时应变能力了，这点上曹操无疑有着绝对的优势，陶谦心里想的唯有如何再加强自己部队的攻势，能坚持到敌人坚持不住的时候就是胜利；曹操则不同，眼前的局面虽然对自己不利，但他并没有过于关注，他在静静地等待着自己后续部队的赶来，后续部队到来后，他也不急于把他们投入到眼前的战场上。

他吩咐于禁、夏侯渊各领步骑一万向两侧迂回，以自己中军的对空火箭为信号，同时从两翼投入战斗；吩咐飞骑，通知后面还没到的夏侯惇部重骑兵，绕开此地的主战场，直袭彭城！

等着吧，时候快到了，眼前的战场很快就会变成一个巨大的屠场，光知道拼命算不得将军，让俺曹操教教你陶谦怎样打仗！于是，他提前下一道军令：这场战役为了惩罚敌军的顽抗，不留俘虏，战士们一律以敌人的首级邀功。

不留战俘的军令一传到战场上的士兵耳中，曹军士气立时大振：这是主帅已确定青州军必胜无疑的信号，致使抵抗着徐州军疯狂进攻的士兵，有不少人拼着命还不忘收集人头，有的因此被敌军砍掉了脑袋。

一切如曹操所料，彭城遭袭的消息一传到陶谦的耳中，陶谦几乎本能地命令自己的总预备队立即驰援彭城，曹操一看敌军后方的旗号开始向彭城方向移动，便下令中军射出了对空火箭，这是聚歼敌军的信号，于禁、夏侯渊两军从左右同时扑入了混战的战场。

战场上正拼命的徐州军将士发现了自己的后军正向彭城后退，士气大挫，眼见左右又不知多少敌军扑来，而曹操的中军精锐却突然趁机发起了反攻，瞬间斗志尽丧，战场上凭的就是一股气，气一泄就只有等着挨宰了。

以下的战事笔者不忍细说，总之是徐州军大败，青州军歼敌已无法计数，据《三国志·魏书·陶谦传》载：死者万数，泗水为之不流。陶谦引残部退守郯城，彭城呢？不用问丢给了曹操。

谁知曹操进了彭城才意识到，这场战争已确定无法取胜了！这陶谦太狡诈了！因此，对陶谦的怨恨不免又加重了几分。

原来这就是陶谦战前采取的第二项措施：彭城所有的军粮辎重都被陶谦趁护送难民时转移到了郯城，曹操费尽九牛二虎之力得到的却是空城一座。

二十万青州军军粮将尽，现已无法得到彭城军粮补充，曹操傻眼了！

无奈之下，只得试攻郯城，那陶谦自彭城领教了青州军的战力，接受了教训，坚决不出城作战，弄得曹操虽恨却无奈，发动

了两次攻城战，落了个损兵折将毫无战果，再拖下去怕是连兖州
也难回去了，咽口气，退兵吧。

　　为免三军成饿殍，

　　暂忍一怒回兖州。

　　杀父血仇非旧怨，

　　夺地劫粮是新仇！

皇帝的流浪者之歌

　　大自然中狼这种动物繁殖力较强，一般一窝都能生四五个，
有时会更多，狼崽子们在抢奶吃的时候是需要拼命的，稍大点后，
在争夺狼父狼母带回来的食物时，一场血战更是每日必修的功课，
弱肉强食先从自己的兄弟姐妹开始。狼其实是人类的老师。

　　狼爸爸和狼妈妈在这一点上目光极远大，绝对不会干涉这种
欺凌弱小的行为，即使懦弱的亲生幼子因此丧命也在所不惜，狼
心的冷漠是入了成语的，理由大概就有一点：你连窝里斗都没本
事，以后怎么应付外族类的强敌？还不如死了算了！

　　人类毕竟是动物中唯一被冠以“高级”二字的物种，锄强扶弱
才是被人们所承认的社会公德。在一个没有分家的大家庭里，家
长们逢到强势的兄长欺负弱小的弟、妹时，一般是出面维护弱小
的，这大概就是人性强于狼性的具体表现形式，也大概是导致人
类能主宰这个星球的重要因素之一。人性毕竟进步于狼性。

　　东汉末年的各地军阀就像一群争食吃的狼崽子，相互之间拼

命的残酷比狼崽子们有过之而无不及，曹操的初战徐州致使数十万百姓丧命于无辜，陶谦大恚却无奈，军事实力决定一切。挨了一巴掌，还手是不敢的，问题是第二巴掌再扇过来时，怎么避开巴掌打到脸上？

陶谦采取了两个应急措施：一是向自己的同道好友紧急求援，穷不帮穷谁照应？唇亡齿寒的道理大家都明白，坐视曹操吞并徐州，成为单极超霸，你们被灭的一天也就到了，不为徐州，就为你们自己也该拉兄弟一把吧？这项措施有了回应：青州刺史田楷起兵来援，值得关注的是田楷带着时世称英雄的刘备来到了徐州。有关刘备的事容笔者下文细讲，咱们先了解一下陶谦的第二项措施。

陶谦的第二项措施就是告状，向谁告状？朝廷啊，别看现在的朝廷是被李傕、郭汜把持着，可自己这顶徐州牧的官帽就是人家给戴上的，关键是这个中央政府现在被曹操所接受承认，并且眼下曹操还正有求于这个西凉军政府，曹操正三番五次地遣使向中央表示友好，以期获得对领兖州牧的承认。

朝廷表态了：此案不予受理。因为什么呢？曹操不是朝廷任命的正式国家干部哇，没有义务对他实施管理呀。其实没有力量管是真的，你想管，曹操理睬你吗？对于曹操自我封官的积极表现，朝廷更是不敢提一句的，不久还正式追加任命了曹操为兖州牧，朝廷更是欺软怕硬。

求天求地求人皆不如求己。还是安心备战吧。

放下陶谦备战不提，再说说小皇帝的情况。小皇帝此时也正处在哭天天不应、叫地地不灵的处境：被困在陕郡的汉献帝已经做好了驾崩于此地的准备，李傕、郭汜、张济西凉军的重新大联合使皇帝绝望了，也使董承、杨奉等一筹莫展，总不能等死吧？

人被逼急了就会走险路，现在的险路就剩下一条，就是偷跑。李乐的水性好，趁夜缒城泅渡黄河偷了条船，趁黎明前的一阵黑，把皇帝也缒下了城，董承、杨奉架着皇帝往河边匍匐前进，后面的随从、宫女们可就没人管了，多数从城上自己滑落，死亡伤残，不复相知！

人争攀船，董承、李乐以戈击之，不少手指坠入船中。随皇帝渡过河者，唯皇后、宋贵人、杨彪以下数十人。宫女皆为兵所掠，衣服尽失，发亦被截，冻死者不可胜数。

皇帝到了大阳（今山西平陆东北十五里），住进了李乐军营，命总算是保住了。

河内太守张杨派数千人负米来贡饷，饭总算是有得吃了。

皇帝乘牛车到安邑，河东太守王邑奉献绵帛，穿衣也有着落了。

温饱有了，那就是标准的小康了，总不能白吃白拿大家的吧？皇帝能有什么？唯有封官答谢：悉赋公卿以下，封王邑为列侯，拜胡才征东将军，张杨安国将军。张杨派人至弘农与李傕、郭汜、张济等讲和，李傕等很惮忌张杨，不得已放回了公卿百官及宫人妇女。

就这样，历经万难千险，终于完成了东归的壮举，回到了废都洛阳，一片废墟之中，皇帝开始了正常朝会工作。

真可谓：天当被，地当床，搭个席棚当朝堂，文武百官荒草跪，磕头倒不硌得慌。

超级大帅哥孙策出世

子承父业的现象从古至今屡见不鲜，古代帝王把政权传给自己的儿子，那是天经地义的事情，也是中央集权专制政权的特点之一。传承得当，天下就能获得一段时期的稳定，老百姓也就谢天谢地了，一旦这接力棒传递之间出了什么差错，小民百姓不免又要血里火里走一遭了。

所以，聪明的帝王都会及早选好接班人，以示肥鹿有主，别再妄争了。

孙坚牺牲后，传承问题马上就摆在了眼前。按着一般规矩，孙坚的传承者应该是他的儿子。但事实上，承袭孙坚官位的却是他的侄子孙贲，这当然是东家袁术故意玩的把戏，因为，现在军中任职的只有孙坚的侄子孙贲，把孙贲牢牢地抓住，就可以把孙坚那些身经百战的旧部属收拢住。

孙坚有四个儿子，从大到小排序为：策、权、翊、匡。孙坚于岘山之中被黄祖部将暗箭射杀时，十七岁的长子孙策正在舒城侍奉母亲，也就是在那个时候结交了好友周瑜。

孙策的成长经历与他老爸孙坚完全不同，孙坚小时差不多是一个社会小混混儿，孙策却是打小就开始接受正统的教育。孙策的母亲是个大家闺秀（就是孙坚抢来的那个吴家美人），很注意对儿子们的教育，孙策自幼习武弄文，结交的都是些江淮名士，名声甚佳。

　　父亲在战场上的突然殒命，使年幼的孙策担起了家庭的顶梁
柱的角色，孙策的舅舅吴景，当时是丹杨郡的太守，孙策就携家
投奔了他。安排好母亲、幼弟之后，孙策便去了父亲孙坚的葬
地曲阿，借着父亲的威望，在曲阿招募了几百精壮，在兴平元年
（193）投奔了父亲的故主袁术。

　　孙策时年一十八岁，生得面如美玉，目若朗星，又加上练就
了一副体操运动员般的匀称身材，绝对是一个超级大帅哥。当时
袁术见到他时，忍不住地脱口而出："使术有子如孙郎，死复何恨！"

　　军帐前一试身手，竟然上马如蛟龙，步战赛猛虎，不似孙坚，
胜似孙坚，真个是青出于蓝而胜于蓝！袁术一高兴，当即把孙坚
的旧部班底赏还给了孙策，并任命为怀义校尉。虽然很快又后悔
的这次封赏，但话已出口，已经无法收回了。

　　程普、韩当、黄盖等一见孙策，如见旧主孙坚，激动得热泪
盈眶，一年来随袁术被曹操撵得四处奔逃的窝囊气也一泻而空。
孙家军虽然只有千余，却是打不烂拆不散的铁班底，再加上孙策
为人爽朗，谈事必痛笑，行事潇洒，做决定从不拖泥带水，所以
深得将士爱戴。

　　孙策治军比乃父有过之而无不及，赏罚从不顾及权贵。有一
次，部下一名袁术的同乡违反了军规，论律当斩，其人为保命逃
进了袁术的中军，隐藏于袁术的女眷内厩，孙策则不管什么上司
忌讳，断然下令强搜内营，当场砍了那人的脑袋。事后他到袁术
处谢罪，袁术虽然尴尬却不能不夸赞他："兵人好叛，当共疾之，
何为谢也？"

　　自此整个袁术军中，闻孙策大名，无不胆寒，袁术却隐隐感

到不安起来：一旦孙郎做大，我怎能管得了？

因在新败之余，正是用人之际，袁术只得暂时容忍，心想只要不让他掌握过多的军权就是了。

想让人替自己拼命，总要给人一点念想。这是主子都知道的道理。袁术也是个大方主子，一张口就许给了孙策一个九江太守，第二天心里又后悔了，就干脆装忘了，委派丹杨的陈纪去了任上，孙策无语。

后来袁术欲反攻徐州，想从庐江太守陆康处求借军粮三万斛，这庐江太守陆康明白这是一笔有借无还的债，就托词没借。

朋友之间开口借钱，借不到便是仇人。袁术和陆康就是这样。陆康拒绝了袁术，袁术就与老陆做下了仇。这下用得着孙策了。老袁吩咐孙策："以前我错用了陈纪，弄得你九江太守没干成，这样吧，你去打下庐江来，我让你做庐江太守。"

孙策又当了真，出动本部兵马攻取了庐江，袁术马上派自己的故吏刘勋当了庐江太守，孙策又被忽悠了一把，还是无语。

估计再在这种说话从不算数的东家手下打工，是永无出头之日的。怎么办呢？炒东家的鱿鱼？要等机会，现在还没到时候。

江东曲阿被扬州刺史刘繇给强占了，袁术派兵收复，一直损兵折将未能如愿，孙策看到了袁术的为难之处，对袁术说："派我去吧，我替你灭了他！"

袁术心想：还是孙策贤侄会体贴人啊！就允许孙策挂帅出征了。

为防备帅哥孙策人小鬼大，像鹰一样放出去回不来，他就给了孙策一个虚衔：折冲校尉、殄寇将军。兵一个没添，将一员没给，就这样，孙策仅带着原孙坚的那一千多旧部上了战场。

袁术心里有数："这点兵你若能保命回来就不错了，想打胜？除非太阳从西边出来！"

令袁术没想到的是，孙家父子的威名是如此深入人心，小部队出征曲阿，一路上四方的民众、勇士踊跃投军，及到了半程的历阳，部队就膨胀到五六千人，而且士气高昂，都想跟着孙少将军去拼个革命的大好前程！

孙策先派人将尚居在曲阿的母亲及全家偷迁到了阜陵，解除了后顾之忧。之后便率部渡江，直击曲阿刘繇，一路严肃军纪，秋毫无犯，百姓无不焚香持壶迎义师，曲阿刘繇未战先自怯了。

果然，大军所到之处，所向披靡。诸城莫敢当其兵锋，刘繇率部竭力抵抗，还是被不要命的孙家精锐杀得溃不成军，情急之中，刘繇弃军遁逃，余卒皆降孙氏，江东诸郡守皆捐献城池，踊跃非常！

孙策先摧刘繇，后破会稽，遂自领会稽太守，出兵驱逐江东军阀严白虎，义收勇将太史慈，如同摧枯拉朽一般降伏了江东诸州郡，从此江东姓孙矣！

屠城带来的后遗症

一个军事集团发展到了一定的规模，就必然演化成为一个相关的利益集团，而作为这个集团的领袖人物，此时最需要的是站在战略全局的制高点，敲定一个适合自己集团发展的战略方向，并为实现这个目标而提出一个足以使人们相信的政治口号。

虎踞兖州的曹操一开始的战略方向是正确的：向南，向南，再向南！南方豫州连年战乱，人民流失，土地大片荒芜，对曹操已经认可的屯田养兵政策的实施大为有利，然后可挥兵西向，经略司、并二州，尽量靠近即将重新成为全中国政治中心的洛阳，且制造了一个极具感召力的政治口号：西征长安，迎驾救国！

但曹操被初次南征的一连串的胜利给烘晕了头，转兵东向，不惜杀戮人民，劫富济己，虽有小获，但却从政治上失去了一大批士子精英的信赖，可以说是得不偿失。

例如，原九江太守边让，从九江离职回到家乡的时候，孔融还特地给曹操写了封信，让曹操重用这位有才的人。但等到边让回到家乡后，曹操一征徐州的战争已经结束，边让对曹操的看法也发生了180度的大转弯，不屑与曹操为伍了，更别说屈身做他的属下了。

边让，兖州名士，是一个有文才的人，蔡邕则说他是个天才，"聪明贤智"。当初大将军何进招揽天下名士的时候，边让就是其中之一，做了大将军的令史，后来做到九江太守。

《后汉书·文苑列传》中说："恃才气，不屈曹操，多轻侮之言。"

就在边让看不起曹操的时候，曹操又犯下了第二个大错：既然你不能为我所用，我就杀了你！结果曹操不但杀了边让，连他的全家也没放过。兖州一个曾任一方太守的名士，在没有任何罪过的情况下，全家被灭了门。

中国著名历史学家田余庆曾指出过：曹操杀边让，兔死狐悲，物伤其类，兖州士大夫从边让事件中"深感悲哀和恐惧"，这就形成了"士林愤痛，民怨弥重，一夫奋臂，举州同声"的局面，兖州士大夫站到了曹操的对立面。

要命的曹操有错却不自知，仍然沉醉于以往的胜利中，在做二征徐州的准备，丝毫感觉不到火山就在脚下，即将爆发！

首先是曾对曹操倍加推崇过的东郡太守陈宫突然发觉自己把曹操看错了！曹操并不是自己向兖州士子们宣传过的那样，是"命世之才也，若迎以牧州，必宁生民"。

陈宫现在认为，血的事实证明，曹操是个草菅人命的乱世奸雄，让他来统治兖州必然会给兖州人民带来灭顶的灾难，自己是引狼入室的祸首，所以有责任驱狼出境，以抵消自己的罪过。

他找到了现在有相同看法的张邈。张邈曾是曹操生平最信任的密友，是光着屁股一块长大的发小，而且数次在曹操最困难的时候施以援手，可以说是曹操的大恩人，以至曹操在一征徐州前，将全家老小托付给了这位绝对信得过的铁哥们儿。但现在情况变化了：哥们儿之间有了一条不能逾越的底线。这条底线的形成，很大程度上是心理在作怪，从人性的角度来讲，被助者是绝对不能超越施助者的，否则就会造成救助人心理上的极大失衡，这点大家可以自行体验一下，容易得很。

设想一下：你从每月三百元的生活费中节省出了一百元，捐助给了一个你认为急需救助的同学，而有一天你意外地发现，这位被你救助的同学每月的消费都在五百元以上！你会是怎样一种心情？

张邈现在的心情就是这样。他敬业为官，清廉一生，好不容易混到了陈留太守的位子，现在却成了曹操的下属，这就好像刚从大门口救了一个饿晕的苦孩子，这孩子刚活过来就成了你的领导，那心情怎么会爽得起来？

再有，袁绍来信，委托曹操杀掉张邈，曹操仗义地通知了张邈。张邈当时也挺感叹曹操的情分，可是一转眼曹操便与这个欲除掉自己的人结成了同盟，怎不叫张邈疑惑？

又加上曹操于徐州连屠五城（彭城、阜阳、取虑、睢陵、夏丘），枉杀了边让一门，张邈实在忍不下去了！所以与陈宫一拍即合，做出了一个义无反顾的决定：

既然外聘的总经理已经开始败家了，那就炒了他的鱿鱼！另换新人！换哪个？此人的武力必须与曹操相抗衡，甚至要比曹操更狠。张邈的人选是：刚结拜的朋友、以勇武而闻名天下的"人中吕布"吕奉先！

大话天下猎鹿人

群雄毕至，各逞风流，在中国广垠的大地上开始了围猎竞赛，围猎的目标当然是"天下"这头肥腴的大鹿，至于这头鹿原来的主人，现在只能无可奈何地看着它易主，不过抢鹿的人们现在还都是打着替原主家抢鹿的招牌，中国人从不缺乏助人为乐的精神，最爱标榜自己毫不利己的动机。

东汉时中国人心中的天下还狭窄得可怜：仅是指地理上的黄土高原、蒙古高原，再加上东部平原而已，天下的东部边沿至海而止；南方的云贵高原、岭南两广，那时候被认为是蛮夷荒凉之地。虽然说是"普天之下，莫非王土"，但被委派到那里的官员，多有流放惩罚的意思。

军阀们真正争夺的天下，范围就更小了，也就是函谷关内外的三秦之地，及中原的长江、黄河中下游流域，政治上的暗斗与军事上的明拼也就在这一个大舞台上展开。

在这个历史舞台上，生旦净末丑轮番出场，角色们各展自己的绝活，各领一时的风骚，也合理地各自黯然或尽兴退场，给后人们留下丰富的小说创作素材及戏剧舞台形象，文人墨客无不按照自己的好恶描绘着不同的先人。

关羽最运气，霸占了一个长期的红脸；

刘备、孙权、诸葛亮等也分得了一个须生的角色；

袁术、袁绍抢了一个三花脸当在情理之中；

赵云、周瑜则以英俊武生的形象面对观众；

派给董卓一个大白脸，他应该是当之无愧；

唯有对曹操，大白脸的舞台形象一直争议不断。

冤乎哉？大家最好听笔者侃完曹操一生再下论断，红白颜色自己选吧。

在这场猎鹿大战中，占先机的本来是西部边陲的军头董卓，可惜他宰鹿过于血腥了点，犯了众恶，丧命于家臣。

李催、郭汜等西凉武人抢过了董卓的衣钵，只不过痛快地在肥鹿的旧主面前喝了一点鹿血，却导致了内火过盛，死相难看。

袁绍后来居上，雄踞冀州，先手提起了鹿腿，是否能饱餐一顿鹿肉？我们还要拭目以待。

孙策割据江东，也算是砍下了一块鹿臀，能否有福享用那就不好说了。

袁术最搞笑：刚摸到鹿尾巴就忙不迭地宣称占下了！结果自己先扮演了一回被围猎的鹿，那个仓皇可怜劲儿笔者以后还要细讲。

至于张杨、公孙瓒、吕布、张邈、陶谦、刘表、刘焉、刘备等人，暂时还没有独享肥鹿的想法，主要是还没有那个力气。

曹操现在等于抱住了一只鹿腿，下一步他是将利刃凑向肥鹿的颈喉呢，还是捅向鹿腹？或许是指向其他的猎鹿人？这将关乎兖州军事集团以及他自己的命运！

曹操现在的目光实际上已经盯上了徐州的更远处：那就是当时天下真正的心脏——荆州！

大家注意：现在所有的猎鹿人还都表现得大义凛然：讨伐的都是朝廷的叛逆，维护的都是神圣的皇权，猎获的鹿是准备献给皇帝的。

而现在长安的皇帝却正处于血与火的煎熬和饥寒交迫之中，身边的文武大员们整天饥肠辘辘，连个半饱也混不上了。天下事与肚子圆哪个更重要？不大好说，天下大事本来就是让天下的老百姓吃饱肚子，不过，自己的肚子瘪的时候一般是顾不上芸芸众生的。

新一轮的乱战又将拉开序幕，实在是因为天下这头肥鹿太诱人了。但并非所有参加猎鹿的人都被人们称为英雄，史书上承认的英雄，多是那些成功地把肥鹿据为私产的猎手，就连打手、帮闲也都能混个二流英雄；而失败的猎手只能沦为贼寇；天下的小民充其量也就是肥鹿身上的一部分，那是逃脱不了待宰的宿命的。

一曲《八声甘州》作为本卷的收尾：

把千年往事唱一回，抚琴弄春秋。

叹英雄沧桑，红尘滚滚，淹尽风流。

演绎前朝善恶，指点已封侯。

戏缀兴亡事，却使唏咻。

沽酒邀来知己，话古今鬼魅，抒尽情仇。

看身边狼狈，欲讽口且收。

黯神伤，何消惆怅？趁醉时，垂钓戏鱼钩。

观流水：一江浪醉，两岸猿吼！